EN Y MÁS ALLÁ DE LOS TRIBUNALES

HISTORIA Y CIENCIAS SOCIALES

General Editor: Greg Dawes
Series Editor: Carlos Aguirre
Copyeditor: Gustavo Quintero

En y más allá de los tribunales

*La justicia ante los crímenes de lesa humanidad
en la Argentina
Su impacto en la elaboración de la verdad pública y en la
memoria social*

EDITADO POR
Emilio Crenzel

Raleigh, North Carolina

Copyright © 2025
All rights reserved for this edition copyright © 2025 Editorial A Contracorriente

Complete Library of Congress Cataloging-in-Publication
Data is available at https://lccn.loc.gov/2025025124

ISBN: 978-1-4696-9257-9 (paperback)
ISBN: 978-1-4696-9258-6 (EPUB)
ISBN: 978-1-4696-9259-3 (UPDF)

For product safety concerns under the European Union's General Product Safety Regulation (EU GPSR), please contact gpsr@mare-nostrum.co.uk or write to the University of North Carolina Press and Mare Nostrum Group B.V., Mauritskade 21D, 1091 GC Amsterdam, The Netherlands.

This is a publication of the Department of World Languages and Literatures at North Carolina State University. For more information visit http://go.ncsu.edu/editorialacc.

Distributed by the University of North Carolina Press
www.uncpress.org

ÍNDICE

Introducción 1
Emilio Crenzel

¿Litigio estratégico en dictadura? El caso "Pérez de Smith, Ana María y otros", acciones y repercusiones 17
Gisela Cardozo

El Juicio a las Juntas: la construcción de un acontecimiento entre el estrado y las plazas 43
Diego Galante

Responsabilidades en crímenes de lesa humanidad en la Argentina, Políticas de juzgamiento y elaboraciones académicas 68
Emilio Crenzel

"Videla está preso". Las causas judiciales por apropiación de menores en Argentina durante la vigencia de las "Leyes de impunidad" (1987–2005) 91
Fabricio Laino Sanchis

Tramitaciones familiares y procesos memoriales en torno a los juicios por la desaparición de personas en Argentina. El caso de Julio César Schwartz. 112
Ayelén Mereb

La causa Ford: una lucha de los trabajadores y sus familias (2002–2018) 133
Cecilia Vázquez Lareu

La construcción de una "verdad jurídica" sobre la represión a las Ligas Agrarias en Chaco 157
Claudia Calvo

Testigo 581 del juicio Menéndez III: el hallazgo de restos óseos de víctimas del terrorismo de Estado en el predio de La Perla en Córdoba 180
Vanesa Garbero

Las tensiones entre la palabra del testigo colaborador y el devenir textual de la sentencia. La edición del testimonio de Juan Martín Martín en la sentencia de la Megacausa "Operativo Independencia" 207
Rossana Nofal

Testimonios desobedientes: paradojas y desgarros. Familiares de genocidas por la memoria, la verdad y la justicia 226
Verónica Estay Stange

Reverberaciones testimoniales en la escena judicial 239
Claudia Bacci

Los/as autores/as 265

Introducción

LA ARGENTINA HA RECORRIDO una trayectoria original en el tratamiento de los crímenes masivos y sistemáticos cometidos, durante los años setenta del siglo pasado, por su última dictadura militar. Como señaló Kathryn Sikkink (2011), el país constituía durante la dictadura un Estado paria en el concierto internacional por la comisión de masivas violaciones a los derechos humanos y se transformó, desde el retorno a la democracia en 1983, en un protagonista global por las medidas adoptadas para la promoción y defensa de los derechos humanos.

En efecto, producto de la lucha del movimiento de derechos humanos y de diversas iniciativas de diferentes gobiernos constitucionales, el país fue el primero a nivel mundial en crear en 1983 una comisión, (la Comisión Nacional sobre la Desaparición de Personas –CONADEP-), para investigar las desapariciones causadas por la represión ilegal, que cumplió sus metas y publicó su informe.

La CONADEP, se convirtió en modelo para más de treinta comisiones de la verdad creadas desde entonces en diversos continentes, pero en especial en América latina, en contextos de transición de dictaduras a democracias y de guerras civiles a la paz. Su informe Nunca Más expuso la responsabilidad estatal en secuestros, torturas, asesinatos y desapariciones forzadas (Crenzel, 2008). Y, luego, se volvió un modelo de consulta insoslayable para los informes de las nuevas comisiones las cuales expusieron nuevas verdades públicas sobre los procesos de violencia que atravesaron esas sociedades (Barahona de Brito, 2001; Funes, 2001; Hayner 2001 y Marchesi, 2001).

Argentina, además, enjuició a los máximos responsables de las violaciones a los derechos humanos a través del juicio a las Juntas militares, el cual abrió a escala internacional un proceso en "cascada" a partir del cual se repuso a la justicia penal como herramienta para enfrentar violaciones sistemáticas y masivas a los derechos humanos (Galante, 2019; Sikkink, 2011). Este instrumento había sido abandonado como método para tramitar altas responsabilidades en crímenes sistemáticos, con la excepción del juicio a los coroneles griegos

(1975), desde los juicios de Nüremberg (1945-1946) y Tokio (1946-1948) a los jerarcas nazis y japoneses.

También, Argentina fue pionera en reparar económicamente a familiares de desaparecidos y sobrevivientes de los centros clandestinos y se introdujo, para ello, un nuevo estatus legal en el ordenamiento jurídico local "ausente por desaparición forzada" que reconoce esa figura (Guembe, 2006).

Tras la derogación en 2005 de las leyes de Punto Final (1986), que estableció un plazo límite para la presentación de causas, la ley de "Obediencia Debida" (Junio de 1987) que presumió la imposibilidad de los subalternos de desobedecer órdenes superiores y los Indultos (octubre de 1989-Diciembre de 1990) que liberaron a todos los condenados y procesados incluidas las Juntas militares, los nuevos procesos extendieron el enjuiciamiento a estamentos medios e inferiores de las Fuerzas Armadas y policiales. Pero, también, a empresarios, jueces, médicos, enfermeras y personal civil de inteligencia involucrados en los crímenes. Simultáneamente, fueron creados diversos vehículos – sitios de memoria (en los ex centros clandestinos de detención donde estuvieron recluidos los desaparecidos) los cuales son visitados anualmente por miles de estudiantes, se incluyó este pasado en el currículo educativo, en el calendario nacional –mediante el feriado del 24 de marzo día del último golpe de Estado consagrado como día de la memoria- se crearon archivos, como el Archivo Nacional de la Memoria que resguarda entre otros los archivos de la CONADEP y del juicio a las Juntas- monumentos, como el dedicado en el Parque de la Memoria a orillas del Río de la Plata a las víctimas del terrorismo de Estado- para transmitir el conocimiento y la condena de los crímenes a las nuevas generaciones.

Los perpetradores fueron inhabilitados para ejercer cargos públicos sean estos electivos o designados y, se creó el Banco Nacional de Datos Genéticos para identificar a los menores apropiados y la Comisión Nacional por el Derecho a la Identidad para localizarlos (Penchaszadeh, 1992: 291-305). Se crearon equipos de asistencia para sobrevivientes y familiares para tratar las consecuencias psicológicas del crimen y en el ámbito jurídico internacional Argentina fue promotora en las Naciones Unidas de la "Convención Internacional para la protección de todas las personas contra las desapariciones forzadas" sancionada en 2006.

En la mayoría de estas iniciativas el Estado y el movimiento de derechos humanos jugaron y juegan un papel decisivo pero, también, son el resultado de un movimiento capilar y desde abajo que, impulsado por otros actores de la sociedad civil sostiene la voluntad de no repetición. A estas iniciativas estatales se les correspondieron otras por parte de grupos de la sociedad civil, como la conformación del Equipo de Argentino de Antropología Forense dedicado a la búsqueda e identificación de los restos de desaparecidos el cual se ha convertido en una referencia mundial. Ciclos teatrales como "teatro por la identidad" creado en función de impulsar la conciencia social sobre la búsqueda de las personas apropiadas por las fuerzas represivas, películas -como "La historia oficial" o "El secreto de sus ojos" que obtuvieron el premio Oscar a la mejor película extranjera-, documentales, la danza, la música y la literatura han abordado la figura de los desaparecidos y diferentes marcaciones en el espacio urbano: baldosas, parques, murales, placas, nombres de calles y escuelas los recuerdan. Además de una gran producción ensayística, periodística y testimonial, desde los años dos mil los estudios de historia reciente y memoria han ido examinando su figura y las formas que asume su significación (Franco y Lvovich, 2017).

El rasgo peculiar de la experiencia argentina consistió en la judicialización de los crímenes de Estado a partir del juicio a las Juntas militares, ordenado tres días después del retorno a la democracia al país el 10 de diciembre de 1983.

Sabemos que las formas jurídicas constituyen un dispositivo de conocimiento específico y que la verdad jurídica trasciende los tribunales, modela ideas y representaciones sobre las víctimas, los perpetradores y la sociedad en que se cometió el crimen (Foucault, 1986).

De hecho, la CONADEP operó como una verdadera instancia prejudicial de la acusación de la fiscalía de Estado contra las Juntas y, hasta nuestros días, su archivo es de consulta obligada en los juicios por crímenes de lesa humanidad. A su vez, la narrativa humanitaria del Nunca Más –la presentación de los desaparecidos a partir de sus rasgos sociodemográficos y socioeconómicos como víctimas absolutas del poder dictatorial- modeló la acusación de la fiscalía en el juicio (Crenzel, 2008). La búsqueda de justicia y el lenguaje judicial constituyen claves medulares del movimiento de derechos humanos. Pero, además, mediante diversas producciones culturales y pedagógicas los procesos judiciales han intervenido en la construcción de la memoria histórica. Films como "Argentina, 1985" (2022) de Santiago Mitre, que reconstruye el juicio a las Juntas, fue visto en el cine por 1.147.474 espectadores y por un número amplísimo de espectadores en diversas plataformas virtuales y en cines de países distantes como España o Chile, programas como "La escuela va a los juicios", creado en 2014, posibilita la aproximación de estudiantes secundarios a los juicios por crímenes de lesa humanidad, canales de streaming como "La retaguardia" los transmiten en vivo y obras de teatro como "cuarto intermedio", escrita por Mónica Zwaig y Félix Bruzzone, los retrata con ironía.

Esta singularidad de la experiencia argentina ha sido analizada como objeto específico de estudio. Por un lado, ciertos trabajos se enfocaron en el proceso de elaboración de la verdad que se objetivó en el informe Nunca Más y en sus usos y resignificaciones (González Bombal, 1995 y, especialmente, Crenzel, 2008).

Otras contribuciones examinaron el tratamiento jurídico de los crímenes de Estado. El juicio a las Juntas fue analizado desde el campo del derecho (Sancinetti, 1988; Andreozzi, 2011) en el marco de las relaciones políticas de la transición (Acuña y Smulovitz, 1995), en el proceso de circulación de sus imágenes (Feld, 2002) en sus efectos políticos (González Bombal, 1995; Nino, 1997, Vezzetti, 2002), en su impacto en el campo de la justicia transicional a escala global (Sikkink, 2011 y Lessa, 2013 y 2022) y en la historia de su génesis, usos y resignificaciones (Galante, 2019). Otras contribuciones estudiaron los "juicios por la verdad", original estrategia jurídica en tiempos de impunidad (Andriotti Romanin, 2013).

Simultáneamente, la verdad elaborada y la memoria de las violaciones a los derechos humanos se fueron reconfigurando en el marco jurídico. Los testimonios de los familiares de las víctimas y de los sobrevivientes de los centros clandestinos, como lo habían hecho en las denuncias durante la dictadura en el país y el exilio, describieron en los tribunales las vejaciones sufridas precisando tiempos, lugares y características de los hechos, describiendo, en el caso de los sobrevivientes, los centros clandestinos de detención, las torturas sufridas y reponiendo nombres de otras víctimas y victimarios. A partir de ese encuadramiento sus memorias alcanzaron una legitimidad preponderante como voces autorizadas para dar cuenta de este pasado (Jelin, 2010).

Desde mediados de los años noventa el campo de estudios sobre la memoria social, la historia y las ciencias políticas tomaron como objeto el examen de las luchas libradas entre diversos actores, en especial el movimiento de derechos humanos, los gobiernos democráticos y las Fuerzas Armadas y sus aliados para imponer el sentido de este pasado en diversas arenas, entre ellas los tribunales (Acuña, et al, 1995; Vezzetti, 2002; Lvovich y Bisquert, 2008).

En ese marco, las categorías y el discurso jurídico fueron incorporadas a la reflexión académica y, fruto de la expansión de las investigaciones sobre historia reciente y memoria, los/as académicos/as fueron convocados a los estrados judiciales para brindar su saber experto sobre este pasado (Romero 2007; Cattaruzza, 2010; Águila, 2010 y especialmente Funes y Catoggio, 2022).

En este contexto, a partir del papel determinante del tratamiento judicial del pasado de violencia ciertos autores comenzaron a interrogarse, desde perspectivas disímiles y muchas veces contrapuestas por los efectos que, en el plano de la verdad pública, la cultura política, la memoria social y la comprensión histórica, ha suscitado el predominio del "paradigma punitivo" en el procesamiento de las violaciones a los derechos humanos (Izaguirre, 1992; Kaufman, 1997; Malamud Goti, 2000, Jelin, 2001, Crenzel, 2012, Hilb, 2013 y Feierstein, 2015).

Esta preocupación también ha recorrido los abordajes académicos recientes de la judicialización de procesos signados por violencias extremas y experiencias límite a escala internacional.

Estas contribuciones se preocuparon por comprender las relaciones entre la producción del saber judicial, el conocimiento académico, la verdad pública y las memorias y representaciones sobre estos pasados enarboladas por las asociaciones de víctimas y a analizar los procesos de transmisión, mediante diversos soportes, como los sitios de memoria, de las narrativas sobre los pasados de violencia.

El campo de estudios de la justicia transicional, comenzó a examinar los efectos de la tramitación jurídica de pasados criminales más allá de los estrados judiciales dando cuenta del impacto de esta intervención en las ideas y representaciones sobre víctimas y perpetradores así como de las sociedades donde se produjeron los crímenes. De este modo, los procesos de judicialización comenzaron a ser abordados más allá del territorio de los tribunales, del examen de las pruebas, las condenas, las absoluciones y los fallos

El análisis de las representaciones del pasado, sus víctimas y perpetradores producidas en los tribunales son examinadas a partir de comprender el proceso de judicialización y de las influencias que, mediante la circulación de ideas y diversos repertorios de acción colectiva ejerce el campo académico, el activismo de las organizaciones de derechos humanos y los grupos y movimientos de la sociedad civil que fueron objeto de la represión.

Asimismo, estas investigaciones examinan los procesos de judicialización sin descuidar las influencias que ejercen los discursos del campo de la justicia transicional a escala internacional y los procesos de expansión de la cultura de la memoria a escala global (Almqvist y Esposito 2012; Fijalkowski y Grosescu, 2015; Israel y Mouralis 2014).

Ello, ha permitido constatar la conformación de tropos −o paradigmas- universales de la memoria, el entramado de experiencias históricas que confluyen en la construcción de la legislación penal a escala global y la circulación trasnacional de formas de victimización paradigmáticas. Es decir, la expansión del derecho internacional humanitario y la constitución de una memoria cosmopolita de las experiencias límite y de violencias extremas (Huyssen, 2002; Sriram, 2005: Gatti, 2011; Teitel, 2014 y Baer y Sznaider, 2015 entre otros).

En síntesis, estos nuevos enfoques fueron superando dos lecturas que se habían constituido en las perspectivas tradicionales dentro de la literatura del campo de la justicia transicional que examinaban el proceso de judicialización de las violaciones a los derechos humanos. Por un lado, aquellas que proponían lo que sucedía en el escenario de los tribunales como mero resultado de la intervención de las élites políticas (O'Donnell, Schmitter y Whitehead, 1986;Kritz 1995; Barahona de Brito, González-Enriquez y Aguilar 2001) y, por otro, aquellas que proponían un enfoque de los procesos judiciales y memoriales de manera independiente, sin analizar sus vínculos, el papel de los actores que mediaban en sus mutuas determinaciones y los soportes y vehículos a través de los cuales, más allá de los tribunales, estas representaciones del pasado se transmiten y diseminan.

Dada la importancia ya resaltada del proceso de judicialización del pasado reciente en la Argentina y su impacto en la elaboración de la verdad pública, la memoria social y la producción de conocimiento académico, consideramos que este libro contribuirá a comprender este proceso poniendo en evidencia a los actores y a los vehículos que en y más allá de los tribunales contribuyen a que alcance esa condición preponderante en la elaboración de sentidos sobre las violaciones a los derechos humanos en el país.

El libro se compone, además de esta introducción, de doce contribuciones.

En el primer artículo, Gisela Cardozo aborda una de las primeras y más importantes iniciativas jurídicas presentadas durante la dictadura la causa "Pérez de Smith, Ana María y otros", presentada por abogados de la Asamblea Permanente por los Derechos Humanos (APDH), organismo creado en diciembre de 1975 meses antes del golpe de Estado ante el recrudecimiento de la violencia estatal legal e ilegal bajo el gobierno constitucional de María Estela Martínez de Perón. Este recurso englobaba un conjunto de desapariciones entre ellas la del Secretario General del sindicato de Luz y Fuerza, Oscar Smith cuya esposa le dio nombre.

Cardozo analiza el proceso de elaboración de la presentación que involucró la solicitud a la Corte Suprema de que intervenga ante la falta de resultados en cientos de habeas corpus previamente presentados por personas desaparecidas y examina el impacto de la respuesta de la Corte que reconoció, por primera vez, la existencia de una situación de privación de justicia y exhortó al Poder Ejecutivo a dar cuenta de las medidas necesarias para que el poder judicial realice las investigaciones pertinentes. De ese modo, esta presentación puso en evidencia la ausencia de garantías jurídicas en el marco del ejercicio de la represión enunciada por el propio poder Judicial.

En el segundo trabajo, Diego Galante analiza las memorias sociales sobre el Juicio a las Juntas en cuatro coyunturas. La primera, en el período inmediatamente posterior al juicio (1985-1988). La segunda, tras la revitalización de las memorias sobre el Juicio a las Juntas a mediados de la década del noventa, durante el período de impunidad. La tercera, tras la reapertura de los juicios de lesa humanidad en Argentina, durante la primera década del nuevo siglo y, por último, desde 2015 hasta la actualidad período signado por la asunción del gobierno de fuerzas políticas liberales y negacionistas. De este modo, el artículo analiza los cambios y continuidades que ha transitado la memoria del juicio en función de contextos históricos y de relaciones de fuerza diferentes que atravesaron las luchas memoriales.

En el tercer artículo, Emilio Crenzel examina el camino paralelo pero a la vez independiente que asumieron las contribuciones académicas a nivel internacional sobre las responsabilidades en los procesos de ejercicio de violencias extremas y las determinaciones políticas sobre las responsabilidades por desapariciones forzadas de personas en la Argentina. Si bien las decisiones políticas y jurídicas locales fueron refractarias a la incorporación de la literatura sobre responsabilidades en el marco de crímenes masivos y sistemáticos a escala global, especialmente aquellos vinculados con el genocidio perpetrado por los nazis, se expondrán las afinidades sincrónicas entre los criterios y fronteras que existieron para el juzgamiento de estos crímenes en el país y las perspectivas dominantes en la reflexión académica sobre este tópico a escala internacional. De este modo, el artículo propone la existencia de un diálogo tácito entre las perspectivas conceptuales asumidas en los juicios locales y la investigación académica a escala global.

En la cuarta contribución, Fabricio Laino Sanchis analiza, a partir de su tesis doctoral (2020), los procesos judiciales por apropiación de niños en

Argentina durante la vigencia de las "Leyes de impunidad" (1987–2005). Pese a que estos juicios se desarrollaron en un período signado por la clausura de otros procesos penales dadas las leyes de "Punto Final" y "Obediencia Debida", trascendieron esa coyuntura ya que su impacto incluyó pero trascendió los estrados judiciales a partir del involucramiento de diferentes actores sociales y políticos y de fuertes repercusiones en los medios de comunicación. En estas disputas colisionaron memorias y representaciones antagónicas sobre el pasado dictatorial, así como discursos y saberes sobre la infancia y sus derechos, la familia y la noción de identidad, provenientes de diversos campos disciplinarios. La importancia de estos juicios no solo estribó en sostener los reclamos de los familiares de las víctimas de la dictadura sino que contribuyeron a derogar las leyes de impunidad y a la reapertura de otros juicios penales.

En el quinto trabajo Ayelén Mereb examina, a partir de un estudio de largo alcance (Mereb, 2023), como las condiciones materiales de existencia familiar y la configuración como localidad pequeña y alejada de los centros urbanos de El Bolsón, en la provincia de Río Negro, afectaron las memorias sociales y la tramitación de la desaparición de personas. Para ello, analiza el caso del derrotero judicial que atravesó la familia de Julio César Schwartz, secuestrado y desaparecido el 1 de abril de 1978 en esa localidad. El artículo recorre desde la presentación del primer hábeas corpus presentado a escasos días de los hechos en la ciudad de Buenos Aires, hasta la sentencia del juicio ABO 3 en 2018, en la que se investigaron los delitos cometidos en el circuito clandestino de detención Atlético–Banco–Olimpo en el cual Schwartz estuvo detenido-desaparecido.

En el sexto trabajo Cecilia Vázquez Lareu enfoca el cruce entre condiciones materiales de vida y la lucha por la verdad, la memoria y la justicia a partir de la experiencia de las esposas y familiares de los trabajadores de la empresa Ford Motor detenidos-desaparecidos en 1976. El artículo presenta los principales obstáculos que enfrentaron y las estrategias que desplegaron inicialmente los familiares de estos trabajadores para saber dónde estaban detenidos, demandar su libertad y luchar por lograr justicia. A partir de este contexto, examina el tortuoso proceso de judicialización de la causa, su materialización a principios de los años dos mil y la sentencia que, en 2018, condenó a dos de los civiles imputados. A partir de ello analiza el impacto de este juicio en las luchas memoriales y en las representaciones sobre la autoría criminal que, en esta causa, trascendió a las Fuerzas Armadas, policiales y de seguridad para involucrar a gerentes de una empresa trasnacional de renombre mundial.

En el séptimo artículo, Claudia Calvo a partir de su tesis doctoral (2022) examina el proceso de judicialización de la represión en la provincia del Chaco, en el noreste argentino y, específicamente, la verdad jurídica elaborada sobre los crímenes de lesa humanidad cometidos contra miembros de las Ligas Agrarias –una organización de familias campesinas que luchó en la década del setenta, hasta su desarticulación fruto de la represión, por la propiedad de la tierra y la justa comercialización de la producción- en esa provincia. Para ello, describe el contexto y las características que asumieron los juicios por crímenes de lesa humanidad en Chaco, cómo se hizo presente en ellos la militancia liguista y la represión que sufrió el campesinado. En función de ello, examina los trazos particulares que asume la elaboración de la verdad jurídica en torno a la represión a los trabajadores rurales y sus familias en Argentina, teniendo en cuenta el histórico proceso de invisibilización de este grupo social en tanto sujeto político.

En la octava contribución, Vanesa Garbero analiza los testimonios ofrecidos por vecinos de los centros clandestinos en el juicio "Mega causa Menéndez III" en la provincia de Córdoba. Su trabajo, derivado de su tesis doctoral (2017), examina las declaraciones de quienes habitaban las inmediaciones de los centros clandestinos razón por la cual estuvieron espacialmente cercanos al ejercicio de la represión y fueron testigos de algunas de sus prácticas. En función de ello, Garbero analiza la influencia recíproca entre la escena judicial, los sitios de memoria –constituidos en los ex centros clandestinos- y la práctica de la antropología forense conjunción que se tradujo en la elaboración de nuevas pruebas y evidencias, específicamente el hallazgo de restos óseos de cuatro detenidos-desaparecidos, que contribuyeron a condenar a los acusados, les ofrecieron a los familiares la posibilidad de hacer el duelo y a las memorias sociales de los habitantes de las adyacencias de los ex centros clandestinos la posibilidad de abandonar su condición marginada y silenciada.

En el noveno artículo, Rossana Nofal examina las tensiones entre la palabra del testigo en las audiencias del juicio por la causa "operativo Independencia" en la provincia de Tucumán, operativo dispuesto en febrero de 1975 por la presidenta María Estela Martínez de Peron por el cual autorizó a las Fuerzas Armadas a intervenir en función de aniquilar y/o neutralizar el accionar subversivo en esa provincia- y su presencia en la sentencia del tribunal a partir de la edición del testimonio de Juan Martín Martín. A partir de ello, Nofal examina el trayecto que recorre el testimonio oral hasta su traducción escrita como parte del argumento del tribunal en el momento en que enuncia la verdad jurídica a la que arribó mediante el fallo de la causa. El análisis en contrapunto entre la versión integral del testimonio y su presencia en la sentencia atiende, en especial, al modo en que testimonio oral y sentencia escrita abordan la dimensión de la militancia política de las víctimas.

En la décima contribución Verónica Estay Stange aborda los testimonios de los integrantes de "Historias desobedientes. Familiares de genocidas por la memoria, la verdad y la justicia" colectivo conformado por descendientes que rechazan y condenan a sus padres autores de crímenes de lesa humanidad y que hizo su presentación en la escena pública en 2017. Su análisis, basado en sus declaraciones en la prensa, en los estrados judiciales y en producciones artísticas se focaliza en los dilemas y desgarros íntimos con los cuales estos familiares de represores "desobedientes" se confrontan al dar testimonio. El artículo asume, así, la complejidad de la toma de la palabra de los integrantes de este colectivo que condensa, en ese acto, la desobediencia a mandatos y a un universo no solo ideológico sino también afectivo del cual hasta entonces formaron parte.

Finalmente, en la última contribución Claudia Bacci examina las implicancias subjetivas del acto de dar testimonio en juicios por delitos de lesa humanidad en la Argentina. Específicamente, recorre tres nudos especialmente complejos: la narración de experiencias lacerantes -como las violencias sexuales padecidas en los centros clandestinos-, la enunciación de compromisos políticos revolucionarios -que se sitúan por fuera de los márgenes admitidos de la práctica política en la actualidad- y el registro de estos testimonios en archivos audiovisuales que se proponen como vehículos de la transmisión memorial para los contemporáneos pero, también, para las nuevas generaciones.

A partir de ello, el trabajo evidencia los desafíos del acto de tomar la palabra cuando el testimonio debe dar cuenta de vejaciones que vulneraron la intimidad, tornan presente la pertenencia de las víctimas a organizaciones que ejercieron la violencia y cuando debe asumir la trascendencia de la experiencia para investirse de mensaje y legado memorial.

De este modo el libro recorre, a partir de diversas claves, la relación del proceso de judicialización con la elaboración de la verdad pública y la memoria social sobre la desaparición de personas. Lo hace examinando las decisiones y repercusiones políticas del despliegue de determinadas estrategias jurídicas; el vínculo tácito entre las representaciones sobre la responsabilidad penal en los juicios locales con la reflexión e investigación académica sobre los crímenes de lesa humanidad; analizando las relecturas que escenas judiciales particularmente significativas, como el juicio a las Juntas, han tenido en función de diversos contextos histórico-políticos. Pero, también, el libro propone asincronías al analizar cómo, a contracorriente de coyunturas signadas por la impunidad, procesos como los juicios por apropiación de menores oficiaron como llaves para abrir una ventana de oportunidades que desembocó en la reapertura de los procesos penales por otros crímenes de lesa humanidad.

La obra, también, examina la escena judicial a partir de dimensiones que alumbran desigualdades de larga duración basadas en claves culturales, de clase, localización geográfica, entre otras. Pone en evidencia los fuertes obstáculos, que se traducen en largos procesos, que deben sortear diferentes personas, grupos y movimientos sociales para poder constituir el proceso judicial penal como posible y real, para que sus demandas sean oídas, que resuenen en la legislación, que sean interpretadas por los encargados de impartir justicia.

Esas desigualdades interrogan al mundo jurídico sostenido en la afirmación de la condición de igualdad ante la ley pero, también, al poder político e, incluso, a las organizaciones de derechos humanos muchas veces distantes de las desigualdades de larga duración que sufren e invisibilizan la propia existencia y los derechos de clases y grupos subalternos.

El libro concluye con el análisis de los avatares de diversos testimonios en la escena judicial. Desde aquellos que, forjados en la experiencia personal y conservados en la memoria permitieron hallazgos que contribuyeron a probar los crímenes; otros en cuyos recorridos se revelan las distancias entre su expresión oral y su apropiación por el saber, las normas y las prácticas jurídicas hasta los desgarramientos que supone el poner el cuerpo, tomar la palabra y abrir el alma dando cuenta de dolores y recuerdos desgarradores que resquebrajan la intimidad, las historias familiares, los sentidos del sí mismo y el propio lugar en la vida social.

Hacer justicia con los juicios es dar cuenta de estas dimensiones. Pensarlos más allá de las salas de los tribunales, interrogarse sobre el sentido profundo del significado de sus impactos. Habrá un tiempo, próximo, en que por sus edades no quedarán acusados vivos. El legado de los juicios, sin embargo, estará diseminado en las transformaciones sociales, públicas y subjetivas que estos procesos movilizaron en la sociedad argentina y más allá.

Bibliografía citada

Acuña; Carlos, Inés González Bombal; Elizabeth Jelin; Oscar Landi; Luis Alberto Quevedo; Catalina Smulovitz y Adriana Vacchieri (1995): *Juicio, castigos y memorias, Derechos Humanos y justicia en la política Argentina*, Buenos Aires: Nueva Visión.

Acuña, Carlos y Smulovitz, Catalina (1995): "Militares en la transición argentina: del gobierno a la subordinación constitucional", en Acuña; Carlos, Inés González Bombal; Elizabeth Jelin; Oscar Landi; Luis Alberto Quevedo; Catalina Smulovitz y Adriana Vacchieri, *Juicio, castigos y memorias, Derechos Humanos y justicia en la política Argentina*, Buenos Aires: Nueva Visión.

Águila, Gabriela (2010): "Los historiadores, la investigación sobre el pasado reciente y la justicia", en: Cernadas, Jorge y Daniel Lvovich (eds). *Historia, ¿para qué? Revisitas a una vieja pregunta*. Bs As: Prometeo, 69–87.

Aguilar, Paloma, Barahona de Brito, Alexandra y Enríquez, Carmen (eds.) (2001): *The Politics of Memory: Three Decades of Transitional Truth and Justice*, Oxford y New York: Oxford University Press.

Almqvist, Jessica y Esposito, Carlos (eds.) (2012): *The Role of Courts in Transitional Justice. Voices from Latin America and Spain*, Londres: Routledge.

Andreozzi, Gabrielle (Coord.) (2011): *Juicios por crímenes de lesa humanidad en Argentina*, Buenos Aires: Atuel.

Andriotti Romanin, Enrique (2013). *Memorias en conflicto. El Movimiento de derechos humanos y la construcción del Juicio por la Verdad de Mar del Plata*, Mar del Plata: Editorial de la Universidad Nacional de Mar del Plata.

Baer, Alejandro y Sznaider, Natan (2015): "Ghosts of the Holocaust in Franco's mass graves: Cosmopolitan memories and the politics of 'never again'" *Memory Studies*, 8, pp. 328–344

Barahona de Brito, Alexandra (2001): "Truth, justice, memory and democratization in the Southern Cone", en Paloma Aguilar, Alexandra Barahona de Brito y Carmen Enríquez (eds.) *The Politics of Memory: Three Decades of Transitional Truth and Justice*, Oxford y New York: Oxford University Press.

Calvo, Claudia (2021): "Memorias y representaciones de las Ligas Agrarias de Chaco en tiempos de estatalización de las memorias (2003–2015)", tesis de Doctorado en Ciencias Sociales, Facultad de Ciencias Sociales, Universidad de Buenos Aires.

Cattaruzza. Alejandro (2010): "Las representaciones del pasado: historia y memoria" *Boletín del Instituto Ravignani*, nº 33, pp. 155–164.

Catela da Silva, Ludmila (2001): *No habrá flores en la tumba del pasado: la experiencia de reconstrucción del mundo de los familiares de desaparecidos*, La Plata: Al Margen.

Comisión Nacional sobre la Desaparición de Personas (CONADEP) (1984): *Nunca Más. Informe de la Comisión Nacional sobre la Desaparición de Personas*, Buenos Aires: EUDEBA.

Crenzel, Emilio (2008): *La historia política del Nunca Más: La memoria de las desapariciones en Argentina*, Buenos Aires: Siglo XXI Editores.

Crenzel, Emilio (2012): "From judicial truth to historical knowledge: The disappearance of persons in Argentina", *African Yearbook of Rhetoric*, 3 (2), pp. 53-64.

Feierstein, Daniel (2015): *Juicios. Sobre la elaboración del genocidio II*, Buenos Aires: Fondo de Cultura Económica.

Feld, Claudia (2002): *Del estrado a la pantalla: las imágenes del juicio a los ex comandantes en Argentina*, Madrid: Siglo XXI.

Fijalkowski, Agata y Grosescu, Raluca (eds.) (2015): *Transitional Criminal Justice in Post-Dictatorial and Post-Conflict Societies*, Cambridge: Intersentia.

Foucault, Michel (1986): *La verdad y las formas jurídicas*, México: Gedisa.

Franco, Marina y Lvovich, Daniel (2017): "Historia Reciente: apuntes sobre un campo de investigación en expansión". *Boletín Del Instituto De Historia Argentina y Americana Dr. Emilio Ravignani*, 47, pp. 190-217.

Funes, Patricia (2001): "Nunca Más. Memorias de las dictaduras en América latina", en Bruno Groppo y Patricia Flier (comps.), *La imposibilidad del olvido. Recorridos de la memoria en Argentina*, Chile y Uruguay, La Plata: Al Margen.

Funes, Patricia y Catoggio, María Soledad (2022): *Comprender y Juzgar. Hacer justicia en las ciencias sociales*, Buenos Aires, Imago Mundi, 2022.

Galante, Diego, (2019): *El Juicio a las Juntas: Discursos entre política y justicia en la transición argentina, La Plata*, Universidad Nacional de La Plata. Facultad de Humanidades y Ciencias de la Educación; Posadas, Universidad Nacional de Misiones; Los Polvorines: Universidad Nacional de General Sarmiento.

Garbero, Vanesa (2017): "La construcción social de la memoria sobre el Terrorismo de Estado. Políticas de la memoria y memorias locales en "Campo de la Ribera" y "La Perla", provincia de Córdoba", tesis de Doctorado en Ciencias Sociales, Facultad de Ciencias Sociales, UBA.

Gatti, Gabriel (2011): "De un continente al otro: el desaparecido transnacional, la cultura humanitaria y las víctimas totales en tiempos de guerra global" *Política y Sociedad*, 2011, 48 (3), pp. 519-536.

González Bombal, Inés (1995): "Nunca más: el juicio más allá de los estrados" en Carlos Acuña; Inés González Bombal; Elizabeth Jelin; Oscar Landi; Luis Alberto Quevedo; Catalina Smulovitz; Adriana Vacchieri, *Juicio, castigos y memorias. Derechos humanos y justicia en la política argentina*. Buenos Aires: Nueva Visión, pp. 193-216.

Guembe, María José (2006): "Economic Reparations for Grave Human Rights Violations: The Argentinean Experience", en *The Handbook of Reparations*, Pablo De Greiff (ed.), Oxford, Oxford University Press, 21–54.

Hayner, Priscilla (2001): *Unspeakable Truths. Confronting State Terror and Atrocity*, Nueva York: Routledge.

Hilb, Claudia (2013): *Usos del pasado. Que hacemos hoy con los setenta*, Buenos Aires: Siglo XXI.

Huyssen, Andreas (2002): *En busca del futuro perdido: cultura y memoria en tiempos de globalización*, México: Fondo de Cultura Económica.

Israel, Liora y Mouralis, Guillaume (eds.) (2014): *Dealing with Wars and Dictatorships. Legal Concepts and Categories in Action*, The Hague: Springer / TMC Asser Press.

Izaguirre, Inés (1992): *Los desaparecidos, recuperación de una identidad expropiada. Cuaderno 9, Instituto de Investigaciones Gino Germani, Facultad de Ciencias Sociales*, Universidad de Buenos Aires.

Jelin, Elizabeth (2002): *Los trabajos de la memoria*, Madrid: Siglo XXI Editores.

Jelin, Elizabeth (2010): "¿Víctimas, familiares o ciudadano/as? Las luchas por la legitimidad de la palabra" en Emilio Crenzel (org.) *Los desaparecidos en la Argentina. Memorias, representaciones e ideas (1983–2008)*, Buenos Aires: Biblos, pp. 227–249.

Kaufman, Alejandro (1997): "Notas sobre desaparecidos", *Confines*, 2 (4), pp. 29–34.

Kritz, Neil (comp.) (1995): *Transitional Justice: How emerging democracies reckon with former regimes*, Washington D.C.: Institute of Peace.

Laino Sanchís, Fabricio (2020): "De niños desaparecidos a nietitos restituidos. Actores, escenarios y discursos en torno a los procesos de búsqueda y *restitución de los/as niños/as apropiados/as durante la última dictadura militar en la Argentina (1976–2014)*", tesis de Doctorado en Historia, UNSAM.

Lessa, Francesca (2013): *Memory and Transitional Justice in Argentina and Uruguay Against Impunity*, Nueva York: Palgrave Macmillan.

Lessa, Francesca (2022): *Los juicios del Cóndor. La coordinación represiva y los crímenes de lesa humanidad en América del Sur*, Montevideo: Taurus.

Lvovich, Daniel y Bousquet, Jaquelina (2008): *La cambiante memoria de la dictadura. Discursos públicos, movimientos sociales y legitimidad democrática*, Buenos Aires: Universidad Nacional de General Sarmiento.

Malamud Goti, Jaime (2000): *Terror y justicia en la Argentina*. Buenos Aires: Ediciones de la Flor.

Marchesi, Aldo (2001): *Las lecciones del pasado, memoria y ciudadanía en los informes Nunca Más del Cono Sur*, Montevideo: Facultad de Humanidades y Ciencias de la Educación.

Mereb, Ayelén (2023): *¿Paraíso mágico y natural?: Historia y memorias de la represión política en El Bolsón (1974-2012)*. La Plata: Universidad Nacional de La Plata. Facultad de Humanidades y Ciencias de la Educación; Posadas: Universidad Nacional de Misiones; Los Polvorines: Universidad Nacional de General Sarmiento.

Nino, Carlos (1997): *Juicio al mal absoluto. Los fundamentos y la historia del juicio a las juntas del proceso*, Buenos Aires: Emecé.

O'Donnell, Guillermo; Schmitter, Philippe y Whitehead, Laurence (1986): *Transitions from Authoritarian Rule: Comparative Perspectives*, Baltimore: Johns Hopkins University Press.

Osiel, Mark (1986): "The Making of Human Rights policy in Argentina: The impact of ideas and interests on a legal conflict", *Journal of Latin American Studies*, 18, pp. 135-180.

Payne, Leigh (2008): *Unsettling Accounts: Neither Truth nor Reconciliation in Confessions of State Violence*, Durham: Duke University Press.

Penchaszadeh, Victor "Abduction of Children of Political Dissidents in Argentina and the Role of Genetics in Their Resolution", *Journal of Public Health Policy* 13 (3), 1992, pp. 291-305.

Romero, Luis Alberto (2007) "La violencia en la historia argentina reciente: un estado de la cuestión", en Pérotin-Dumon, Anne (ed.). *Historizar el pasado vivo en América Latina*, http://etica.uahurtado.cl/historizarelpasadovivo/es_contenido.php

Sancinetti, Marcelo (1988): *Derechos humanos en la Argentina post dictatorial*, Buenos Aires: Lerner Editores.

Sikkink, Kathryn (2011): *The Justice Cascade: How Human Rights Prosecutions Are Changing World Politics*, Nueva York: W. W. Norton & Company.

Sriram, Chandra Lekha (2005): *Globalizing Justice for Mass Atrocities: A Revolution in Accountability*, Londres: Routledge.

Teitel, Ruth (2014): *Globalizing Transitional Justice: Contemporary Essays*, Oxford: Oxford University Press.

Vezzetti, Hugo (2002) *Pasado y presente. Guerra, dictadura y sociedad en la Argentina*, Buenos Aires: Siglo XXI Editores.

GISELA CARDOZO

¿Litigio estratégico en dictadura? El caso "Pérez de Smith, Ana María y otros", acciones y repercusiones

Este artículo describe el caso "Pérez de Smith, Ana María y otros" y rastrea qué repercusiones tuvieron las tres primeras presentaciones ante la Corte Suprema de Justicia de la Nación (CSJN) en los años 1977 y 1978. Las sentencias generaron expectativa en familiares, también la prensa siguió la noticia refiriendo a las personas desaparecidas en titulares y notas, e impulsaron a la Asamblea Permanente por los Derechos Humanos (APDH) a realizar diversas acciones y presentaciones. Estos fallos fueron inicialmente celebrados por el movimiento de derechos humanos.

En relación al análisis del caso y sus repercusiones el artículo plantea la posibilidad de considerar que la causa "Pérez de Smith, Ana María y otros" constituye un antecedente importante de lo que hoy llamamos litigio estratégico en derechos humanos.

Algunos años antes de la presentación del caso Pérez de Smith ante la CSJN el 18 de diciembre de 1975 en la Casa de Nazareth, de la Ciudad de Buenos Aires, se había fundado públicamente la APDH.

El clima de violencia social y política era parte de un escenario que funcionaba como justificación de la fuerte represión estatal. En este período se incrementaban las ejecuciones extrajudiciales y las personas apresadas eran también fuertemente torturadas (D'Antonio, 2015: p. 146), las desapariciones de personas empezaban a ser cotidianas y los diarios de la época informaban de la aparición de cadáveres en distintos lugares, asesinatos y enfrentamientos.

En los primeros meses en que la APDH comenzó a organizarse, se dio estrategias de recopilación de información y de contacto con distintos sectores sociales, políticos y con las autoridades del gobierno constitucional. Cuando el 24 de marzo de 1976 la Junta Militar usurpó el poder, la APDH continuó con las tareas que había iniciado, siempre dando publicidad a sus acciones y apelando a las autoridades.

Una de las tareas que la APDH inició tempranamente y realizó con sistematicidad desde 1976, tuvo que ver con la recopilación de las denuncias que recibía por casos de personas desparecidas y personas presas. La información sobre las denuncias era trabajada conjuntamente con otros organismos de derechos humanos, particularmente con la Liga Argentina por los Derechos del Hombre (LADH) y el Movimiento Ecuménico por los Derechos Humanos (MEDH). La respuesta a los habeas corpus presentados ante la justicia era invariablemente negativa. Así lo destaca Nicolás Tauber Sanz, abogado y profesor de derecho constitucional: "La vigencia y efectividad del habeas corpus fue severamente limitada, a lo largo de varias décadas, a través de la institución del Estado de Sitio y las sucesivas dictaduras militares, pero la situación llegó al límite máximo de inoperatividad durante la última dictadura militar" (Tauber Sanz, s/f: p. 4)

Además la misma presentación de habeas corpus en favor de personas desaparecidas era una tarea de peligro para la vida de los/as abogados/as que denunciaban. Cuenta Juan José Prado, quien fuera Presidente de la Asociación de Abogados de Buenos Aires (AABA) entre 1977 y 1979 -y luego miembro de la APDH-, que "el riesgo de reclamar fue un trámite peligroso. Los que interponían habeas corpus corrían la suerte de sus representados: secuestro, privación de la libertad y de desaparición. (...) eran muy, pero muy pocos los abogados defensores de Derechos Humanos que se atrevían a suscribir un habeas corpus." (Prado, 2008: p. 97)

Una de las tareas iniciales de la APDH fue la redacción de un modelo de habeas corpus que se proveía a las familias para que ellas mismas pudieran hacer las presentaciones en favor de sus seres queridos. Cuenta Eugenia Manzanelli -una de las fundadoras de la APDH-, que fue Raúl Aragón quien escribió "un habeas corpus para que el familiar lo pudiera presentar y [se indicaba] un recorrido de instituciones donde había que presentar el testimonio". (Manzanelli, 2017)

Por el riesgo que implicaba, era una estrategia de aquellos años firmar entre muchos/as letrados/as las presentaciones, además con nombres de personas conocidas públicamente, como forma de cuidar a quienes en ejercicio de su profesión presentaban el escrito. Susana Pérez Gallart, otra de las fundadoras de la APDH, habla de esta estrategia de incorporar figuras conocidas públicamente a la institución: "había que unir los esfuerzos a ver si armábamos algo

suficientemente poderoso, respetable, con nombres que fueran un escudo."
(Pérez Gallart, 2012–2013). Esta idea de escudo -que de todos modos no era
garantía- se repitió también en la presentación de Pérez de Smith, como veremos más adelante.

Primera presentación (11 de abril de 1977)

Frente a las constantes negativas a los recursos presentados, en abril de 1977 se propuso una estrategia jurídica novedosa. En el acta de la Comisión Ejecutiva de la APDH de fecha 6 de abril de 1977 se lee: "El Dr. Mignone informa sobre la próxima presentación ante la C. S. por parte de un grupo de familiares de desaparecidos patrocinados por los Dres. Carrió, Conte Mc. Donell, Pedroncini, Gonzalez Berger, Alfonsín, Caeiro, Mignone y Mancebo." (APDH, Acta de Comisión ejecutiva, libro 1, p. 4). Este es el primer registro que se encuentra en las actas en relación a la presentación realizada el 11 de abril de 1977, la cual quedó denominada "Pérez de Smith, Ana María y otros s/ efectiva privación de justicia" (Expte P-327-1977). No consta de quién fue la idea de esta presentación, tampoco sabemos cuál fue el criterio de selección de los casos elegidos. Sin embargo, en actas posteriores se aprecia y valora el trabajo que realizó Alberto Pedroncini y se destacan las propuestas de Mignone, lo que da una pista de la centralidad de estos dos abogados en el armado del escrito y en las definiciones políticas.

Es preciso destacar que, por obvias razones de seguridad, las actas de la época no dan cuenta de muchos detalles. Por ello recurrir a otras fuentes puede darnos otras pistas.

En un archivo desclasificado de la Embajada de Estados Unidos se relata una reunión con el Dr. Caeiro, uno de los firmantes de la presentación, quien habría dicho que "los peticionarios no esperaban que el Tribunal accediera a la solicitud. El propósito es influir en la opinión pública y funcionarios ilustrados, en el sistema judicial y en el gobierno con un escrito jurídico muy argumentado." (Departamento de Estado, abril 1977) Asimismo, habría afirmado que "las diez personas desaparecidas fueron seleccionadas cuidadosamente para garantizar que no tenían antecedentes subversivos o terroristas." (Departamento de Estado, abril 1977).

En una entrevista a Alberto Pedroncini, él cuenta sobre la primera presentación: "yo hice un guión con la idea, un guión de dos carillas (…) se lo llevé al Dr. Genaro Carrió, le gustó, entonces él volcó toda su sapiencia para organizarlo de acuerdo a la poca jurisprudencia que había en ese momento sobre privación de justicia y cuando estuvimos de acuerdo en el texto, que lo vimos con Augusto Conte también, resolvimos hacer una reunión a la que invitamos a todos los que finalmente fueron firmantes" (Pedroncini, 2003) Se destaca así el trabajo colectivo del grupo de abogados de APDH.

Que la redacción inicial fue del Dr. Genaro Carrió y cofirmada por otros siete abogados "prominentes y respetados" (Departamento de Estado, 1977b) también es mencionado en un cable desclasificado. Las actas de la APDH se refieren a "casos suficientemente representativos" por lo que se estima que la selección tuvo que ver con este principio, que se corrobora al evaluarlos individualmente.

Si bien la presentación no podía hacerse en forma institucional, eso no evitó a la APDH hablar de la presentación desde ese carácter.

Los ocho abogados que firman la primera presentación eran miembros de la APDH y ya habían firmado otros documentos institucionales para esa época. Asimismo tenían una militancia política reconocida en partidos políticos y otras instituciones.

En cuanto a las pertenencias políticas, Raúl Alfonsín -quien fue el presidente argentino de la transición democrática 83 al 89- y Luis Caeiro -que había sido secretario legal y técnico del gobierno de Illia- eran afiliados al radicalismo, ambos reconocidos dirigentes de esa fuerza política. Genaro Carrió -luego presidente de la CSJN del 83 al 85- y Roberto González Bergés eran por lo menos allegados a ese partido político en ese momento y junto con Oscar Mancebo también formaban parte de la AABA.

Oscar Mancebo también tenía una hija desaparecida, Beatriz Ofelia Mancebo. Augusto Conte Mac Donell formaba parte del partido Demócrata Cristiano, y su hijo Augusto María es uno de los casos de desaparición denunciados en la presentación. Emilio Mignone se había formado en Acción Católica, era peronista y su hija Mónica estaba desaparecida desde mayo de 1976. Estos últimos fueron fundadores del CELS en 1979. Finalmente, Alberto Pedroncini militaba en el Partido Comunista y era también abogado de la LADH. Se evidencia que los abogados que firman la presentación eran conocidos públicamente y tenían un compromiso que no era meramente profesional, también militaban en política, y tres de ellos tenían a su hijo/a desaparecido/a.

El escrito del 11 de abril de 1977 presenta doce casos de personas desaparecidas y cada caso es acompañado por un/a presentante, familiar o amigo.

Resulta pertinente para identificar la mentada representatividad, repasar cada uno de los casos.

Por orden de aparición en el escrito, el primer caso es el del sindicalista Oscar Smith que es presentado por su esposa Ana María Pérez de Smith, que da nombre a la causa. Oscar Smith era Secretario General del sindicato Luz y Fuerza, formaba parte del sindicalismo peronista que apoyó al gobierno de Isabel, enfrentó a la dictadura en un importante conflicto gremial y fue secuestrado el 11 de febrero de 1977, en la vía pública en Avellaneda (Provincia de Buenos Aires) en un operativo de detención y posterior desaparición forzada. Tenía 45 años. En el archivo de la APDH, también se registra una carta enviada por el sindicato de Luz y Fuerza a la APDH solicitando intervención.

El segundo caso es el de Mauricio Amílcar López, presentado por su hermano Raúl Osvaldo López. Mauricio era profesor universitario que había dictado cursos en distintos centros ecuménicos del mundo, formaba parte de la Iglesia Evangélica Metodista y tenía relaciones con el Consejo Mundial de Iglesias.

En 1973 fue nombrado Rector de la recientemente creada Universidad Nacional de San Luis, cargo que ocupó hasta el golpe militar. Volvió a Mendoza donde fue secuestrado por la policía de su casa el 1 de enero de 1977 con 58 años de edad. En el archivo de la APDH hay una carta enviada al Obispo metodista Gattinoni, donde se describe lo sucedido y las acciones que la familia estaba llevando adelante, con contactos nacionales e internacionales, solicitando intervención al organismo. También constan las gestiones que desarrolló la Iglesia Metodista por su caso.

El tercer caso era el de Dora María del Luján Acosta presentada por Alberto Ramón Acosta, su padre. Dora era maestra primaria y estudiante de Filosofía en la UBA. Fue secuestrada en su domicilio en el barrio de Recoleta de la Ciudad de Buenos Aires el 1 de marzo de 1977 donde vivía con sus padres, quienes se comunicaron con el Comando Radioeléctrico policial y les "prometieron devolverla tras el presunto interrogatorio pero nunca regresó" (APDH, Denuncia). Dora tenía 25 años al momento de su secuestro. Según indican algunos recordatorios posteriores militaba en la JUP.

El cuarto caso era el de Marina Leticia Vilte presentada por Alfredo Bravo. Marina era maestra y sindicalista, presidenta de la Asociación de Educadores Provinciales y formó parte del grupo fundador de CTERA (Confederación de Trabajadores de la Educación de la República Argentina) de donde era

Secretaria General Adjunta, la misma organización sindical donde Alfredo Bravo era Secretario General, además de ser él presidente de la APDH. Marina fue secuestrada en su domicilio el 31 de diciembre de 1976 por policías en San Salvador de Jujuy a los 38 años. Ya había sido secuestrada y liberada anteriormente. En el archivo de la APDH se encuentra una nota de Alfredo Bravo donde da cuenta de las diversas gestiones realizadas.

El quinto caso era el de Baldomero Juan Valera presentado por su esposa Guillermina Laterrade. Baldomero era abogado, apoderado del Partido Comunista de la Provincia de Buenos Aires e integrante de la LADH. Tenía 60 años al momento del secuestro el 3 de noviembre de 1976 cuando salía de su estudio en Avellaneda. Días antes de su secuestro la policía había indagado sobre él y luego de su secuestro devolvió a su esposa las llaves de la casa. Su hija Patricia desapareció en el año 1978 y Guillermina se unió a las Madres de Plaza de Mayo.

El sexto caso era el de Tilo Wenner presentado por su esposa Eliana Naon. Tilo fue secuestrado el 26 de marzo de 1976 de su domicilio en Escobar, Provincia de Buenos Aires. Lo llevaron a la comisaría desde donde fue llevado por el ejército. Tilo era fundador del periódico "El Actual" que difundía las luchas sindicalistas y publicaba solicitadas. Tenía 47 años y era un conocido escritor y periodista. Se destacan en el archivo de la APDH la gran cantidad de notas enviadas y recibidas por Eliana Naon a diversas instancias gubernamentales y militares.

El séptimo caso era el de Augusto María Conte Mac Donell, hijo de uno de los abogados que firma la presentación y quien lo presenta. Augusto María fue secuestrado en la base aeronaval Punta Indio (Buenos Aires), donde realizaba el servicio militar obligatorio, el 7 de julio de 1976. Tenía 21 años, era estudiante universitario y trabajaba en el Instituto Nacional de Jubilados y Pensionados. Constan en el archivo de la APDH las varias gestiones realizadas por su padre. En recordatorios actuales figura su militancia en Montoneros- FAR.

El octavo caso era el de Víctor Vázquez presentado por su esposa María Julia Velasco. Víctor fue secuestrado el 4 de junio de 1976 en la vía pública llegando a la Estación Malaver del tren, Provincia de Buenos Aires. Víctor tenía 60 años, había sido cesanteado recientemente de su trabajo en el ferrocarril Mitre donde tenía una importante actividad gremial.

El noveno caso era el de Nora Deborah Friszman presentado por su padre Marcos Friszman. Nora fue secuestrada el 2 de diciembre de 1976 en la vía pública de la Ciudad de Buenos Aires donde fue detenida por fuerzas de seguridad, cuando tenía 19 años. Era estudiante y según figura en los recordatorios posteriores militaba en Montoneros. Marcos y Bella Friszman, sus padres, se incorporaron activamente a la APDH.

El décimo caso era el de Teresa Alicia Israel presentado por su padre Enrique Israel. Teresa era una joven abogada de 24 años que militaba en el Partido Comunista, la Federación Juvenil Comunista y en la LADH. Fue secuestrada de su domicilio en la Ciudad de Buenos Aires el 8 de marzo de 1977 por un grupo que se autodenominó Comando Conjunto de las Fuerzas Armadas.

El undécimo caso era el de Gustavo José Pasik presentado por su padre Boris Pasik. Gustavo era un estudiante de 19 años que fue secuestrado de su domicilio en Floresta, Ciudad de Buenos Aires, el 22 de mayo de 1976 por un grupo de la policía federal. Según recordatorios posteriores, militaba en la Juventud Peronista. Su padre era un activo miembro de la APDH.

El último caso es el de Pablo Hermes Dorigo que es presentado por su padre Hermes Dorigo Fonseca. Pablo era contador público y trabajaba como auditor interno de TV Canal 9 donde había descubierto un fraude contra la empresa que en ese momento era estatal y estaba intervenida por los militares, era miembro del tribunal de cuentas de la Asociación de Fútbol Argentino y militante peronista. Tenía 26 años cuando fue detenido en su domicilio en la Ciudad de Buenos Aires el 20 de agosto de 1976, por personal de la policía federal.

Luego de este repaso, cabe destacar algunas características de estos casos. En primer lugar, de todos estos casos la APDH había recibido denuncias y los habeas corpus presentados habían sido rechazados, lo que consta en el archivo institucional y es parte fundamental del argumento de la presentación. Además todos los casos o sus presentantes tienen alguna conexión con la militancia política, sindical o con los organismos de derechos humanos.

Las fechas de las detenciones o secuestros son posteriores al golpe de Estado, siendo el primer caso en términos cronológicos el de Tilo Wenner el 26 de marzo de 1976 y el último de Teresa Israel del 8 de marzo de 1977, apenas un mes antes de la presentación ante la Corte. Si bien mayoritariamente los casos presentados son de la Ciudad de Buenos Aires también hay algunos de la Provincia de Buenos Aires, Mendoza y Jujuy. Las edades de las personas secuestradas varían entre 19 y 60 años, con casos en todo el espectro de décadas. La mayoría son hombres y un tercio de los casos son mujeres.

Ninguna de las detenciones se da en un contexto en que la persona detenida desaparecida hubiera sido encontrada cometiendo un delito flagrante.

Al contrario, según los relatos de las denuncias en algunos de los casos las personas acompañaron a las fuerzas que las detienen sin resistirse. Mayoritariamente las detenciones se llevaron a cabo en los domicilios en los que se encontraban con su familia y donde se presentan fuerzas de seguridad ya sean del ejército, policías o comando conjunto. El único caso que no es presentado por un familiar es el de Marina Leticia Vilte que es presentado por Alfredo Bravo. De la lectura de las denuncias se destacan las múltiples gestiones realizadas por cada caso, denuncias nacionales e internacionales, cartas y telegramas a distintas autoridades nacionales y varios hábeas corpus.

Para comprender mejor la estrategia y el criterio de selección de los casos, podemos recurrir a las palabras de Alberto Pedroncini al respecto:

"En los casos Pérez de Smith ahí sí confluyeron familias de las víctimas de todas las corrientes de la resistencia armada y de la que no lo era, ahí se habló un lenguaje común pero no se habló de terrorismo de Estado, porque la relación de fuerzas no permitía esperar que se lograse nada en el seno del poder judicial cuando el objetivo era rescatar la vida de la gente. (...) El habeas corpus solo podía ser colectivo de acuerdo a las normas procesales si correspondía a la competencia territorial del mismo juez, si las privaciones de la libertad eran consecuencia del mismo hecho.

En el caso Pérez de Smith, como lo que se denunciaba era una privación generalizada de justicia, el punto de partida era justamente la multiplicidad de hechos y este fenómeno ocurría en todo el territorio del país, de manera que por la propia naturaleza del planteo, la unidad territorial y la inclusión de todos los hechos del mismo tipo, aunque hubiesen tenido como autores a delincuentes diversos, distintos, era una esencia del planteo." (Pedroncini, 2003)

La cita de la entrevista introduce otros elementos, por un lado que los casos eran variados también en relación a la militancia política de las víctimas, una confluencia que resultaba especial para el momento político y una característica propia de la APDH que era la pertenencia a distintos sectores; por otro lado, destaca el razonamiento de la estrategia jurídica elegida.

De los doce casos ninguno tiene conexión con otro, es decir, la selección permite leer entre líneas que no se está hablando de un grupo específico de personas sino de una diversidad geográfica, en un periodo de tiempo (porque no son simultáneos), ideológica, etaria y de pertenencia política que evidencia la sistematicidad del modo de actuar de las autoridades que realizaron las detenciones. Asimismo ninguna de las personas es acusada por ningún tipo de delito sino que en las denuncias donde las fuerzas dieron alguna "explicación" de la detención, señalan que se las llevan para ser interrogadas.

Sin dudas la cercanía al movimiento de derechos humanos de muchos de los presentantes también da cuenta de una elección en función de la disponibilidad a denunciar, ésta era una gestión más en el marco de las múltiples acciones, con el agregado especial de poder acudir a la CSJN.

Así lo destaca Alberto Pedroncini: "no como recurso de habeas corpus ni como denuncia penal sino que fue un mensaje directo de la cúspide de la Asamblea, de sus dirigentes principales, en el cual se le decía a la CSJN qué estaba pasando con los desaparecidos y se le pedía que se dirigiera al presidente de la República, es decir a Videla, para que pusiera término a esa situación." (Pedroncini, 2012-2013) Hubo una decisión política de presentarse ante el máximo tribunal cuando los tribunales inferiores rechazaban las presentaciones. Es preciso identificar entonces que la estrategia evaluó y contó con el impacto político de la presentación.

Se desprende de lo antedicho que la selección de los casos no fue al azar sino más bien una conjunción de personas dispuestas a denunciar, de distintos sectores, junto con una diversa selección de edades y género, destacándose casos de personas conocidas públicamente y con apoyos de sus organizaciones de base como con los/as sindicalistas o de la Iglesia.

Los argumentos de la presentación y la sentencia

Con el difícil contexto ya descripto, la presentación ante la CSJN del 11 de abril de 1977 obtuvo sentencia el 18 de abril del mismo año. Esta presentación se realizó en el marco del instituto jurídico de la petición que permite que los planteos de denegación de justicia se presenten directamente ante ese órgano. De esta manera la presentación no es una presentación de habeas corpus en sí sino por la denegación de justicia. Así los/as presentantes encontraron una estrategia para poder llevar la temática de las desapariciones directamente a la CSJN.

Si bien la presentación no se hizo como APDH en términos institucionales, sí se constituyó domicilio en la sede del organismo y los abogados patrocinantes eran todos miembros de la institución. La petición planteaba que la negativa ante los habeas corpus presentados, implicaba una privación de justicia y por ello le solicitaba a la CSJN su intervención en tanto máximo representante del Poder Judicial.

El escrito presentado, describe la situación de "personas que tras haber sido detenidas por grupos armados que prima facie actuaban en ejercicio de una autoridad, han desaparecido". Solicitaba la intervención del más alto tribunal dado que los habeas corpus presentados en las instancias inferiores no habían dado resultado, toda vez que se limitaban a informar que las personas desaparecidas no estaban detenidas, resultando en privación de justicia, lo que habilitaba al tribunal a intervenir en el caso planteado.

El escrito presentado contenía en un anexo cada uno de los casos elegidos y pasaba a desarrollar los argumentos. En un segundo anexo contenía una nómina de cuatrocientos trece casos de características semejantes, el primer listado de personas desaparecidas elaborado por la APDH.

Quizás es por ello que algunos autores como Veiga (1985) y la Comisión Provincial por la Memoria (2006) hablan de este caso como la primera presentación de habeas corpus colectivo. Como aclara un entrevistado, se hace evidente que "es un caso pensado desde una universalidad de casos, como muestra de una situación general planteada en el punto común de los doce casos y denunciando una práctica sistemática estatal, si bien quizás técnicamente no sería una acción colectiva parece un antecedente claro de que se quería hacer eso pero no había instrumentos para hacerlo". (Tauber Sanz, 2022)

Esta instrumentalización es la que explica Alberto Pedroncini en la cita previa, al dar cuenta que era parte de la naturaleza del planteo jurídico la búsqueda de esta multiplicidad de casos para dejar ver así la sistematicidad de la práctica.

En primer lugar, el escrito da cuenta de la debilidad estatal en torno a la protección del derecho a la vida y denuncia de privación de justicia por la ineficacia de los dispositivos existentes para proteger este derecho. Plantea también las dificultades que supone que el Estado no tenga el monopolio de la fuerza como parece desprenderse de los casos presentados, dado que el Estado niega tener a esas personas detenidas, invocando a su vez el deber que le cabe a la Corte y al Poder Ejecutivo en el marco "de los objetivos básicos enunciados el 24 de marzo de 1976".

En este sentido, el mismo Pedroncini, como abogado de la presentación, dirá que por estas características la presentación no implicaba ninguna ruptura, porque se encuadraba en la legalidad vigente. Se planteaba en la presentación que todos los órganos del Estado tienen el deber de intervenir cuando está en juego el ejercicio del monopolio estatal de la fuerza, de allí que también debía hacerlo la Corte.

El escrito, por medio de jurisprudencia y bibliografía, justificaba las razones por las cuales se hizo la presentación a la CSJN directamente y hacía hincapié en el derecho a la vida: "que es fundamento de todos los otros (derechos) y cuyo eficaz amparo es condición necesaria para el de todos los demás". Asimismo solicitaba a la CSJN que extendiera el remedio necesario para que "cese un estado de cosas que configura una efectiva privación de justicia en sentido amplio y a escala masiva". La referencia a la escala de la situación era abonada por la presentación de cientos de casos en el anexo y quedaba demostrada además por su diversidad.

Finalmente, el escrito detallaba los requerimientos a la CSJN entre los cuales se solicitan medidas concretas como requerir informes a distintos ministerios, a otras instancias judiciales e informes a la Junta Militar.

El fallo del 18 de abril de 1977, una semana posterior a la presentación, es breve. En apenas dos carillas define que "podría verse configurada una situación que, de hecho, equivaldría a una efectiva privación de justicia, y ello, por causas totalmente ajenas a las funciones y competencias específicas de los magistrados, a cuyo alcance no está el remedio a aquella situación".

Es decir, la CSJN asumió la posibilidad de la privación de justicia, indicando que ésta no sería responsabilidad del Poder Judicial. Es por ello que "el Tribunal considera oportuno dirigirse al Poder Ejecutivo Nacional a fin de encarecerle intensifique, por medio de los organismos que correspondan, la investigación sobre el paradero y la situación de las personas cuya desaparición se denuncia judicialmente y que no se encuentran registradas como detenidas..." De esta manera la CSJN se declaró incompetente y resolvió dirigirse al Poder Ejecutivo.

Para analizar este fallo en primer lugar es preciso resaltar que la CSJN había sido nombrada por la dictadura militar con acuerdo de las Fuerzas Armadas.

Sin embargo, y a pesar de las características de la Corte, el fallo fue distinto a lo esperado: "La justicia, por primera vez durante el gobierno de facto, veíase obligada a dar alguna respuesta tendiente a la investigación en vez de rechazar de plano los hábeas corpus." (Veiga, 1985: p. 119). Así también lo destaca el entrevistado: "Pérez de Smith tiene algo que tienen los buenos fallos de los tribunales y es que se sale de la formalidad, o sea pretende ir más allá de la formalidad de lo que dicen los papeles de los expedientes y habla de una práctica, no lo dice, pero lo leés y entendés eso (...) entonces tiene esas cosas positivas más allá de la valoración política que uno pueda hacer." (Tauber Sanz, 2022)

Fue un fallo importante, no indicó ninguna medida específica de las solicitadas en la presentación pero sí marcó la responsabilidad del Poder Ejecutivo dirigiendo a él la consulta, en ese aspecto no fue lisa y llanamente una negativa -como ocurría con los habeas corpus en las instancias inferiores-. El fallo no pasó desapercibido para la prensa ni para distintos actores políticos.

En este sentido, resulta interesante destacar el cable de la Embajada de Estados Unidos en que se refieren al caso, en conversación de la embajada con el Presidente de la CSJN Horacio Heredia en el que este último admite que el caso es de similar importancia al de "Marbury vs. Madison" de Estados Unidos dado que "la Suprema Corte admite que tiene conocimiento limitado de las acciones realizadas por el poder ejecutivo durante el periodo de estado de sitio" (Departamento de Estado, septiembre de 1977).

La comparación del presidente de la CSJN se destaca por la importancia con la que refiere al caso, en el mencionado cable el presidente de la Corte parece querer brindar elementos a su interlocutor sobre lo que la Corte estaba haciendo en relación a las violaciones de derechos humanos, que eran de preocupación para la Embajada.

Más allá de lo estrictamente jurídico, lo cierto es que las presentaciones de Pérez de Smith y sus respectivos fallos tuvieron una importante trascendencia pública que se reflejó en los medios de comunicación. Desde la APDH se llevaron adelante acciones de incidencia, comunicados de prensa y cartas a autoridades. Evidentemente la presentación no había sido pensada solamente desde la óptica jurídica sino que buscaba llevar el tema a la opinión pública. Algo que en un contexto de censura y persecución resultaba no solo difícil, también peligroso.

En el acta del 6 de mayo de 1977 se considera la presentación a la Corte como un hecho histórico y "se destaca la gran trascendencia pública que tuvo (...) el recurso ante la Corte suprema del 11/4, que merecieron gran difusión por la prensa oral y escrita, nacional y extranjera. (...) se felicita a la Com. n.° 1 y al grupo de abogados intervinientes por esa presentación que reviste carácter de hecho histórico por sí mismo y por abrir nuevas instancias para casos posteriores." (APDH, Acta de Comisión ejecutiva, libro 1: p. 5–6)

El diario *La Opinión* publicó la totalidad del escrito presentado bajo el título "Presentación ante la CSJN por la situación de 425 personas desaparecidas" (12 de abril de 1977), el artículo destaca a los abogados patrocinantes y los casos del primer anexo. La APDH impulsó la publicación de gacetillas de prensa dando a conocer el contenido de la denuncia y el fallo en su totalidad.

Envió el contenido también en el Memorial elevado al presidente de facto el 9 de agosto de 1977 y, con el listado de personas desaparecidas ampliado con los nuevos casos recibidos, hizo llegar una nómina aún más extensa al Ministro del Interior, Albano Harguindeguy.

El acta del 1 de septiembre de 1977 informa que se recibió respuesta por parte del presidente de facto Jorge Rafael Videla y se decide hacer una nueva presentación a la CSJN con más casos y publicar un documento reproduciendo la respuesta del ejecutivo entendiendo que "revisten una concreta trascendencia institucional" (APDH, Comunicado de prensa. Contestó el Tte. Gral Videla una petición sobre personas desaparecidas, 1977) La respuesta de Videla indicaba que había contestado a la Corte "en forma adecuada y dado la importancia institucional que se merece", sin precisar mayores detalles.

Días después, el 8 de septiembre de 1977, era secuestrado de la escuela nocturna en la que era maestro, el sindicalista y presidente de la APDH Alfredo Bravo, uno de los firmantes de la presentación.

Si bien inicialmente el fallo generó expectativas, en enero de 1978 la APDH se refiere públicamente a la "frustración" que demuestra la CSJN en Pérez de Smith. En una solicitada del 16 de enero de 1978 publicada por el diario Buenos Aires Herald decía: "Frente a la subsistencia de diversas formas de terrorismo en nuestro país y en el mundo, aparecen como innegables la eficacia de la acción del Estado argentino ante algunas de ellas, y su frustración ante otras. Tal frustración ha sido implícitamente reconocida por la CSJN a en el caso Perez de Smith (...) en el cual el alto Tribunal declaró que "no estaba al alcance de los jueces, remediar la situación que le ha sido planteada". Y de esa frustración resulta, entre otras consecuencias, el drama insoslayable de miles de personas desaparecidas, sin precedentes en nuestra historia..." (Buenos Aires Herald, 16 de enero de 1978).

Segunda presentación (17 de mayo de 1978)

En el acta del 4 de mayo de 1978 se trata una vez más el punto sobre la presentación a la CSJN, lo introduce Pedroncini que indica se hará una nueva presentación con los mismos firmantes.

Dice el texto: "Se vuelve a la Corte 1 año y 1 mes después de aquella resonante presentación, reiterando el sentido que tuviera en su momento pero agravado, pues ya no se habla solo de "privación de justicia" sino de "ciudadanos que han sido privados totalmente del derecho a la jurisdicción" (APDH,

Acta de Comisión ejecutiva, libro 1: p. 54), se solicita una vez más la intervención de la Corte para poner fin a esa situación.

A moción de Mignone se incorpora a la presentación la lista de 2511 desaparecidos que la APDH llevaba registrada y que fue publicada en La Prensa el mismo 17 de mayo (APDH, Carta remitida al presidente de la Nación sobre ciudadanos desaparecidos el 27 abril 1978: solicitada publicada en el diario La Prensa, 1978). Se resuelve incorporar como peticionantes a "familiares de casos suficientemente representativos e igualmente, tratar que los letrados particulares sean profesionales de reconocido prestigio en su actuación ante la Corte" (APDH, Acta de Comisión ejecutiva, libro 1: p. 54); publicar una solicitada, realizar un folleto para la prensa y elevar un nuevo Memorial a la CSJN. Esta segunda presentación fue realizada el mismo día que se publicaba la solicitada con el listado de desaparecidos en La Prensa y la Corte falló al respecto el 20 de julio de 1978.

Hubo repercusiones en la prensa. El diario *La Nación* publicó una columna el 19 de mayo de 1978 donde destacaba los nombres de los patrocinantes y algunas de las peticionantes como Ana María Pérez de Smith, esposa de Oscar Smith, y la superiora regional de las Hermanas extranjeras que peticionaba por la monja Alice Domon, secuestrada el 8 de diciembre de 1977 y que permanece desaparecida.

Esta segunda presentación ahonda en más fundamentos y situaciones que la primera, los casos que encabezan son los mismos con excepción del caso de Marina Vilte, dada la desaparición y luego prisión de Alfredo Bravo. Se suman algunos patrocinantes que le darán más respaldo y algunos casos entre los peticionantes, tal como se había resuelto en la reunión de la APDH.

El argumento de esta presentación es la continuidad de la privación de justicia y la "situación de privación total del derecho a la jurisdicción" (APDH, Petición a la Corte Suprema, 1978). El escrito describe la primera presentación ante la Corte, destaca que como resultado del primer fallo, se presentaron recursos administrativos ante el Poder Ejecutivo que no habían dado resultado alguno; por ello subsiste la situación de privación de justicia.

La privación total del derecho a jurisdicción implica un menoscabo de las autoridades judiciales, además el escrito hace preguntas a los jueces que dan cuenta del cariz de la presentación: "¿Es que acaso conoció el país en el plano de los derechos individuales que son el fundamento de su organización jurídica, algún conflicto más grave que el de las personas desaparecidas? Tan grave, que ha llegado V. E. a afirmar que los jueces no pueden remediarlo?" (APDH, Petición a la Corte Suprema, 1978: p. 5)

Las personas desaparecidas están sustraídas de toda forma de jurisdicción y el escrito plantea que esta situación es obra de otros poderes o fuerzas ajenas al Estado, dado que el Poder Judicial niega tener información.

Entre los requerimientos el escrito solicita que el Poder Judicial libre un oficio al Poder Ejecutivo para que informe sobre "el resultado de las investigación que se hubieren realizado en virtud del requerimiento de la Suprema Corte" del fallo de abril de 1977. Se suman los casos de la monja francesa Alice Domon, presentado por la Superiora Regional de las Hermanas Misiones Extranjeras; el caso de Juan Carlos Casariego de Bel presentado por su esposa; Antonio Casaretto presentado por el ex secretario administrativo de la Unión de Obreros y Empleados Municipales (UOEM); Alicia Beatriz Mancebo, presentada por su madre y Roberto Bugatti también presentado por su madre. Todos permanecen desaparecidos.

Más de ciento cincuenta firmas acompañan la presentación, encabezada por el Obispo Jaime de Nevares y la Dra. Alicia Moreau de Justo, y seguida por personalidades de distintos sectores políticos y diferentes credos que la APDH había logrado nuclear.

Ante esta segunda presentación la Corte niega que su primer fallo haya implicado un pedido de informe al Poder Ejecutivo y afirma no haber ordenado "diligencia alguna con relación a personas determinadas" (APDH, Resolución Pérez de Smith, Ana María y otros s/su pedido, 1978).

El segundo fallo plantea que no se está haciendo referencia a ningún caso en particular en su sentencia y que lo planteado al Poder Ejecutivo sería más bien una generalidad a la que el Ejecutivo no debe responder. De esta manera resuelve la Corte no hacer lugar al pedido y evita así hacer gestión alguna.

Si bien en el fallo la Corte tenía una actitud digna de Poncio Pilatos, rehuyendo la responsabilidad que le cabía, la presentación fue dada a conocer a la prensa; la cantidad y calidad de firmantes era un dato noticioso.

Sobre esta segunda presentación el diario *Clarín* destacaba que la Corte se consideró incompetente, este artículo resalta "el patrocinio de un núcleo de abogados, muchos de ellos enrolados en distintos partidos políticos" (*Clarín*, 2 de agosto de 1978). Asimismo el diario Crónica (1 de agosto de 1978), La Prensa (2 de agosto de 1978) y *La Opinión* (2 de agosto de 1978a) publicaron notas detallando los fundamentos de la presentación y del fallo.

En el mismo periódico se sumó además una columna de opinión donde el autor justificaba la respuesta de la Corte y preguntaba retóricamente si la presentación "podría insertarse en el cuadro general de la propaganda antiargentina" (*La Opinión*, 2 de agosto de 1978b).

Todas las publicaciones mencionan al grupo de abogados patrocinantes, confirmando la eficacia de la estrategia elegida para evitar el desprestigio y deslegitimación a la vez que resuena como un elemento noticiable.

Tercera presentación (27 de noviembre de 1978)

Había que seguir pensando estrategias para encontrar el resquicio que permitiera buscar respuestas sobre las personas desaparecidas ante la CSJN. En la lectura de las actas de la Comisión Ejecutiva de la APDH, se puede seguir el desarrollo de la tercera presentación.

En la reunión del 31 de agosto de 1978 se resuelve "solicitar al Dr. Pedroncini someta a consideración del Consejo de Presidencia la propuesta sobre una nueva presentación a la Corte Suprema agregando los habeas corpus interpuestos por los familiares en número mínimo de 1000 y con el patrocinio de la mayor cantidad posible de letrados." (APDH, Acta de Comisión ejecutiva, libro 1: p. 80)

Más adelante, en la reunión del 5 de octubre de 1978 informa Emilio Mignone que "la Comisión de Juristas se halla abocada de lleno a la redacción del documento, (...) no deberán repetirse presentaciones anteriores y el documento debe tener carácter de apelación desde el punto de vista político e institucional, poniendo especial énfasis en señalar la responsabilidad que le cabe a la CS ante los hechos denunciados, en su carácter de cabeza de uno de los poderes del Estado. (...) sería una redacción clara y directa, con las firmas de la mayor cantidad posible de familiares, acompañada de la documentación completa, lo que daría la mayor fuerza al documento así como su publicación en forma de solicitada." (APDH, Acta de Comisión ejecutiva, libro 1: p. 83–84)

La APDH estaba trabajando para esta tercera presentación en conjunto con el MEDH y con la LADH para la recolección de casos, al igual que como lo había hecho con la solicitada de mayo. La reunión del Consejo de Presidencia del 7 de septiembre aprobó la nueva presentación. Alberto Pedroncini, un mes más tarde, confirmaba a la Comisión Ejecutiva que el nuevo escrito que se presentaría ante la CSJN: "lleva como característica principal que por primera vez en los tribunales argentinos, ante la inutilidad de los recursos individuales, se presentan más de 1000 personas como parte, pidiendo por la vida de los desaparecidos." (APDH, Acta de Comisión ejecutiva, libro 1: p. 90).

El 21 de noviembre de 1978, una vez más, Alberto Pedroncini informaba que "se presentarán 1221 firmantes por 1542 casos, acompañándose 122 fichas firmadas por personas del interior que no lograron suscribir el escrito." (APDH, Acta de Comisión ejecutiva, libro 1: p. 97). Queda evidenciado que la decisión sobre la presentación y sus características de cantidad de peticionantes y patrocinantes era parte de la estrategia política y no solo jurídica. Además, es preciso dimensionar lo que implicaba lograr esa cantidad de firmantes con el riesgo que conllevaba.

Esta tercera presentación se concretó el 27 de noviembre de 1978 e iniciaba su texto en mayúsculas diciendo: "PORQUE YA NO EXISTE OTRO CAMINO" (Solicitan intervención directa de la CSJN, 1978: p.1), dando cuenta en primer lugar de cómo se habían cerrado todas las puertas a quienes buscan a sus seres queridos. Con domicilio especial constituido en la sede de la APDH, 1221 personas se presentaron ante la Corte para que "resuelva lo necesario para poner fin a la situación de total privación del derecho a la jurisdicción" de más de mil quinientas víctimas.

El escrito llevaba adjuntas fichas individuales de cada caso suscriptas por los peticionantes. Los patrocinantes también habían aumentado su número para esta presentación y se había sumado una mujer, María Florentina Gómez Miranda, junto a Raúl Alfonsín, Augusto Conte Mac Donell, Carlos S. Fayt, Guillermo Frugoni Rey, Roberto González Bergez, Alfredo N. Galletti, Oscar Mancebo, Rafael T. Marino, Emilio F. Mignone, Ricardo F. Molinas, José María Monner Sans (p), Boris G. Pasik, Alberto P. Pedroncini, Carlos A. Ramírez Abella, Domingo A. Romano y Fernando E. Torres. (Solicitan intervención directa de la CSJN, 1978: p.1-2; Comunicado de prensa, 1979)

La presentación denuncia que "todos los recursos de habeas corpus, denuncias y querellas criminales, y gestiones administrativas han fracasado" (Solicitan intervención directa de la CSJN, 1978: p.2) en la búsqueda de las personas desaparecidas. Cuando se refiere a la cantidad de firmantes y casos el escrito destaca que, si bien se trata de un número elevado que de por sí resulta "objetivamente suficiente para acreditar tipicidad, la extensión y la gravedad de la situación dada, cabe señalar que se trata aquí solo de una parte reducida del conjunto de personas afectadas." (Solicitan intervención directa de la CSJN, 1978: p.2) Para fundamentar esta aseveración cita la solicitada del diario La Prensa ya mencionada.

Asimismo, denunciaba la presentación que desde la primera sentencia, los procedimientos en los que desaparecían personas continuaban y aumentaba considerablemente el número de personas afectadas. Además, señalaba que, sin afectar la división de poderes en la que la Corte se excusó en el fallo anterior, ésta debía intervenir "en su doble carácter de superior tribunal de garantías constitucionales y de cabeza de un poder que es parte integrante del gobierno de la República" (Solicitan intervención directa de la CSJN, 1978: p.6) El escrito advierte que, si como lo decía, es la Corte la que quiere preservar el sistema republicano de gobierno y la división de poderes, justamente lo que debe hacer es intervenir directamente.

El apartado VIII de la presentación se inicia con el párrafo que será el primero de la solicitada "Nunca Antes" publicada un mes más tarde: "nunca en nuestra historia constitucional había llegado ante los estrados del Supremo tribunal una cuestión tan grave y trascendente como esta (...) Nunca más de mil doscientos habitantes se habían presentado conjuntamente peticionando por la vida de 1542 seres humanos sustraídos por la fuerza a su condición de miembros de la sociedad civil organizada políticamente como Estado." (La Prensa, 29 de diciembre de 1978) Así la presentación continúa indicando que esto es "porque nunca antes había ocurrido que el más alto Tribunal del país (...) declarase que "no está al alcance de los magistrados poner remedio a tal situación" (Solicitan intervención directa de la CSJN, 1978: p.10).

El escrito resalta la fuerza que representa la cantidad de firmas y de casos denunciados reconociendo la excepcionalidad que constituye. Con la prueba que brinda, el escrito aclara que busca dar cuenta que la situación denunciada continúa agravándose y "demostrar la inutilidad de toda acción individual ante los jueces en los Tribunales inferiores" (Solicitan intervención directa de la CSJN, 1978: p.10).

Finalmente, solicita a la Corte que instrumentalice oficio al Poder Ejecutivo para conocer las medidas adoptadas y sus resultados, a los tribunales de todo el país para que informen sobre número y resultado de habeas corpus que se hubieran tramitado, y al Ministro del Interior para que informe número y resultado de denuncias o recursos de cualquier índole por personas desaparecidas.

Días después, la APDH confeccionó una gacetilla para el periodismo y publicó la solicitada mencionada en el diario La Prensa (29 de diciembre de 1978) que llevó por título "Nunca Antes". La solicitada da cuenta de las presentaciones anteriores y resalta la responsabilidad que le cabe a ese órgano judicial, vuelve a indicar que la situación denunciada en abril de 1977 "no solo se mantiene sin cambios (...) sino que se oscurece en sus perspectivas de solución por la continuación de procedimientos de igual tipo y resultado". (La Prensa, 29 de diciembre de 1978)

Durante los primeros días de diciembre de ese año, los diarios *La Nación* (2 y 4 de diciembre de 1978) y *Clarín* (1 de diciembre de 1978) publicaron diversas columnas vinculadas a la cuestión. Todas estas noticias destacaban al grupo de patrocinantes, peticionantes y casos. La presentación cumplió ampliamente con el objetivo de difusión que se había propuesto, fue publicada por los diarios de mayor tirada del país.

El fallo del 21 de diciembre de 1978 ratifica que la situación se encuadra en privación de justicia, allí indica que "dado que la privación de justicia obedece a causas ajenas a las funciones y competencia específicas de los magistrados, quienes no están en condiciones de remediarla por su mera actividad jurisdiccional, esta Corte considera un deber inexcusable ponerla en conocimiento del Poder Ejecutivo Nacional y exhortarlo urja las medidas necesarias a su alcance a fin de crear condiciones requeridas para que el Poder Judicial pueda llevar a cabal término la decisión de las causas que le son sometidas." (Hace saber que en los autos Pérez de Smith, 1978)

Así la Corte vuelve a declararse incompetente endilgando la responsabilidad al Poder Ejecutivo, exhortándolo, pero sin solicitar ninguna medida concreta. La Corte decía que "no le compete valorar ni emitir juicios generales sobre situaciones cuyo gobierno no le está encomendado". El máximo tribunal intentaba mantener al Poder Judicial por fuera de las responsabilidades ante la desaparición de personas, justificando su inacción en la falta de respuestas por parte del PEN y en que "no se dan las condiciones necesarias para que los jueces puedan ejercer su imperio jurisdiccional con la eficacia real y concreta" (Hace saber que en los autos Pérez de Smith, 1978).

Con estos fallos la CSJN dejó sentadas las bases para obviar sus responsabilidades en las desapariciones, con esta óptica la justicia retomará el caso en el Juicio a las Juntas: "Hay algo de instinto corporativo, de inteligencia macabra de la Corte de decir "vamos a dejar algo" de no quedar tan pegado con esto, (...) si ellos consideran que hay una práctica general que afecta a la vida de las personas tienen que tomar una medida concreta." (Tauber Sanz, 2022) reflexiona Tauber Sanz.

Al conocerse el fallo, la APDH publicó un comunicado de prensa donde evaluó que el fallo tenía "una enorme trascendencia" (Comunicado de prensa, 1979). Por un lado, era la confirmación de la privación de justicia y, por otro lado, un nuevo señalamiento a la responsabilidad del PEN. Sin dudas esto planteó expectativas para quienes buscaban a sus seres queridos.

El 4 de febrero de 1979 el diario La Prensa publicó un largo artículo donde reprodujo textualmente la sentencia destacando la exhortación al Poder Ejecutivo. El Buenos Aires Herald destacó que la CSJN reiteró su preocupación sobre el número de personas que han desaparecido en Argentina en los últimos tres años. (Buenos Aires Herald, diciembre de 1979)

Pedroncini considera las repercusiones de esta tercera presentación: "volvimos a insistir con el mismo número de desaparecidos pero señalándole a la Corte la continua agravación del problema (...) y la Corte dictó un épico fallo donde resolvió dirigirse a Videla y le dijo a Videla que es necesario que se puedan cumplir su cometido con la necesaria libertad que su investidura impone, esa presentación y ese fallo tuvieron mucha repercusión.

Videla contestó (...) con una nota muy breve diciéndole al Tribunal que se dedicara a impartir justicia que el Poder Ejecutivo estaba cumpliendo su deber de exterminar a la subversión. Así que el cinismo no se enmascaraba (...) la nota de Videla era una verdadera provocación." (Pedroncini, 2012–2013)

Tal como lo introduce Pedroncini, el 7 de febrero de 1979, Videla respondió a la Corte ante su fallo, en su respuesta decía compartir la preocupación de la Corte y señalaba que "tampoco puede dejar de meritarse (...) el cabal conocimiento de la situación de grave emergencia y crisis por la que atravesó el país, generadora de caos, desórdenes y distorsiones de toda índole (...) El Gobierno Nacional empeña todos sus esfuerzos en reinstaurar el real ejercicio de los derechos y garantías constitucionales, y confía que esa Excelentísima Corte Suprema así lo considere." (Trascendente respuesta, 1979)

Para entender la importancia del fallo, Pedroncini lo contextualiza: "la Corte tuvo el gesto de decir, sí, si la cosa es así, es muy grave (...) y se dirigió a Videla. Que un juez se dirigiera a Videla en esa época era totalmente inimaginable; (...) en cierto modo fue la Corte la que rompió con el sistema por lo que dijo "el poder judicial en estas condiciones no puede hacer nada" y eso es una ruptura ¿verdad? Decir que un juez no puede proteger la vida y la integridad de las personas es una ruptura, es decir que rige otro sistema que no está presidido por esos valores, eso fue lo apasionante del caso." (Pedroncini, 2003)

Las repercusiones fueron varias. La AABA decía que "este fallo importa una concreta defensa del principio de legitimidad que debe caracterizar a todo estado de derecho." (La Prensa, 17 de marzo de 1979)

No solo la prensa se hizo eco de las presentaciones de Pérez de Smith, resulta elocuente que el Informe realizado por la Comisión Interamericana de Derechos Humanos, luego de su vista in loco a Argentina en septiembre de 1979, cita esta presentación para definir qué entiende por un desaparecido (Piñero, 2023), en momentos donde aún esa definición no existía en el derecho internacional.

La estrategia jurídica y política que se dio con la causa Pérez de Smith se repetiría en los años que siguieron, fue uno de los primeros mojones de un largo camino.

Conclusiones

Sobre la base de las presentaciones y fallos de la causa Pérez de Smith, artículos de prensa, archivos de la APDH y del CELS, archivos desclasificados, entrevistas y bibliografía; a lo largo de este artículo se pudieron reconstruir las tres primeras presentaciones de la causa Pérez de Smith y los correspondientes fallos junto con las repercusiones en la prensa escrita desde abril de 1977 hasta marzo de 1979.

Asimismo pudimos rastrear algunas de las definiciones políticas que impulsaron las distintas presentaciones y la evaluación posterior que se hizo de cada uno de los fallos. Se evidenció el rol de la APDH y de algunos de sus miembros en estas presentaciones y se puede rastrear cómo este organismo motorizó la recopilación de la información que permitiría realizar las presentaciones, la búsqueda de firmas y cómo se articuló con otras organizaciones de derechos humanos para algunas de estas tareas.

Las presentaciones de Pérez de Smith fueron un trabajo colectivo y articulado de parte del movimiento de derechos humanos. Sus fortalezas no pasan sólo por la estrategia jurídica elegida sino también por la cantidad y características de las personas firmantes, ya sean patrocinantes o peticionantes, estrategia propia de la APDH desde su fundación. Por lo que se puede leer de las actas de la época, las definiciones políticas y jurídicas eran discutidas en el marco de la dirección de la organización y en ocasiones llevadas a la asamblea, que era el Consejo de Presidencia.

A su vez la APDH realizaba la difusión con gacetillas de prensa, cartas a sus miembros, se ocupaba de la recolección de firmas y del contacto con muchas de las personas firmantes. Es pertinente destacar que estas acciones podían acarrear fuertes represalias por parte del Estado terrorista, como ocurría con muchas de las personas que denunciaban. Destacar este contexto es esencial para entender el peligro y por lo tanto la valentía que implicaba realizar estas presentaciones por parte de patrocinantes y peticionantes así como de los cientos de firmas que acompañaban. Represalias que también alcanzaron a miembros de la entidad y a su propio archivo que fue confiscado en 1979.

La APDH funcionó como gestora y coordinadora de la causa "Pérez de Smith". Esta institución funcionó como un punto de encuentro entre personas de distintos sectores políticos, religiosos, sindicales y profesionales así como de familiares de las víctimas que ampliaban a su vez las redes para lograr mayor repercusión.

Las discusiones y las presentaciones en Pérez de Smith no nos dejan dudar de la búsqueda estratégica que realizaban los abogados con el objetivo de conseguir algún remedio por parte de uno de los poderes del Estado ante la flagrante violación de derechos humanos. La búsqueda de jurisprudencia y argumentos legales que permitieron la lucha en la trinchera jurídica se parece mucho a lo que hoy llamaríamos litigio estratégico. Más aún cuando reconocemos que estas presentaciones eran acompañadas por acciones políticas y públicas.

Son muchas las variaciones doctrinales sobre el litigio estratégico en América latina tal como lo analizan Coral-Díaz y otros (2010), sin embargo podemos resumir que el litigio estratégico se basa en la presentación de casos ante la justicia con el objetivo de promover reformas o cambios en las políticas públicas por medio de fallos judiciales (Böhmer y Salem, 2010).

El concepto de litigio estratégico en derechos humanos como lo entendemos hoy en Argentina no se utilizaba en los años en que se presentó el caso Pérez de Smith, entonces puede resultar atemporal plantear que este es un ejemplo de ello.

Sin embargo, atendiendo a esta definición más general, es preciso destacar que las características de las presentaciones relatadas en este artículo, así como las estrategias políticas pensadas ante la Corte y otras autoridades, son factibles de ser encuadradas en dicho concepto. Del mismo modo que hoy encontramos bibliografía que habla de esta causa como el primer habeas corpus colectivo, aunque técnicamente no fue ese el caso de la presentación.

Es evidente que las presentaciones buscaban incidir en la justicia para que, por medio de ella, se generara algún cambio en la política represiva de la desa parición. De allí puede interpretarse la importancia que el movimiento de derechos humanos le dio a la causa cuando la Corte señaló al Poder Ejecutivo, aunque luego después este camino también se vería frustrado.

En el mismo sentido, el abogado Nicolás Tauber Sanz, en la entrevista realizada para este artículo, opina que en algún punto sí se podría pensar al caso

Pérez de Smith como un ejemplo de litigio estratégico, dado que se utilizó la herramienta jurídica para visibilizar las violaciones a los derechos humanos de la dictadura, aunque no se debe perder de vista que los habeas corpus se presentaban con la idea primordial de encontrar a las personas. (Tauber Sanz, 2022) Es decir, en la búsqueda de ese remedio para el que la Corte se declaró incompetente.

En cambio, sí podemos aseverar sin dudar que el caso Pérez de Smith es un antecedente importante para el litigio estratégico en derechos humanos en Argentina y en las presentaciones colectivas que la Constitución del 94 incluirá en su texto en el artículo 43.

El caso Pérez de Smith no logró encontrar respuestas en la justicia ante la desaparición de personas, las expectativas iniciales fueron mayores a los resultados que se pudieron obtener; sin embargo esta causa obligó a la cumbre del Poder Judicial a pronunciarse sobre este tema y logró que la prensa escribiera sobre los desaparecidos y la búsqueda de verdad y justicia de miles de personas.

En esta búsqueda, desde sus primeros años los organismos de derechos humanos hicieron un inmenso trabajo en el campo social, político y jurídico. El caso Pérez de Smith forma parte de esos primeros pasos que llevó a Argentina a ser reconocida internacionalmente por su compromiso con los derechos humanos.

Bibliografía y fuentes

Blaustein, Eduardo, & Zubieta, Martín. (1998). *Decíamos ayer. La prensa argentina bajo el Proceso*. Buenos Aires: Ediciones Colihue.

Böhmer, Martín, & Salem, Tatiana. (2010). Litigio estratégico: una herramienta para que el Poder Judicial tenga voz en políticas públicas clave. *Documento de Políticas Públicas*: Análisis, 89, 1-15.

Comisión Nacional sobre la Desaparición de Personas. (2006). *Nunca Más* (8a ed.). Buenos Aires: Eudeba.

Comisión Provincial por la Memoria. (2006). *Instantáneas 30 años con memoria* (Vol. 4). La Plata: CPM.

Coral-Díaz, Ana Milena, Londoño-Toro, Beatriz, & Muñoz-Ávila, Lina Marcela. (2010). El concepto de litigio estratégico en América Latina: 1990-2010. *Vniversitas*, (121), 49-75. Consultado 27 de julio 2023, en: http://www.scielo.org.co/scielo.php?script=sci_arttext&pid=S0041-90602010000200003&lng=en&tlng=es.

D'Antonio, Débora. (2015). *Transformaciones y experiencias carcelarias: Prisión política y sistema penitenciario en la Argentina entre 1974 y 1983* [Universidad de Buenos Aires. Facultad de Filosofía y Letras.]. http://repositorio.filo.uba.ar/handle/filodigital/1414

Piñero, María. (2023). *Las denuncias internacionales como estrategia de lucha ante el terrorismo de Estado.* Universidad Nacional de Lanús.

Prado, Juan. (2008). *De ideales y compromisos. Memorias de un abogado argentino.* Buenos Aires: Cathedra Jurídica.

Tauber Sanz, Nicolás. (s/f). *Habeas corpus.* Artículo 43. Texto de la Cátedra de Derecho Constitucional. Facultad de Derecho de la UBA. https://drive.google.com/file/d/1QxjVtNw3IQE21nBquqlVRtVmP8JFhZqV/view?usp=share_link

Veiga, Raúl. (1985). *Las organizaciones de derechos humanos.* Buenos Aires: Centro Editor de América Latina.

Documentos de Archivo de la Asamblea Permanente por los Derechos Humanos (APDH):

Libro de Actas N°1 de la Comisión Ejecutiva.

Denuncias por detenidos desaparecidos: Oscar Smith (D50.53), Mauricio Amílcar López (D31.31), Dora María del Luján Acosta (D1.15), Marina Leticia Vilte (D56.52), Baldomero Juan Valera (D55.17), Tilo Wenner (D57.13), Augusto María Conte Mac Donell (D12.13), Víctor Vázquez (D55.52), Nora Deborah Friszman (D19.26), Teresa Alicia Israel (D26.33), Gustavo José Pasik (D40.50) y Pablo Hermes Dorigo (D15.81).

Presentación Pérez de Smith. 11 de abril de 1977 (B1.8).

Sentencia Pérez de Smith, Ana María y otros s/efectiva privación de justicia, P-327. Notificación.

18 de abril de 1977 (B7.451). Comunicado de prensa. Contestó el Tte. Gral Videla una petición sobre personas desaparecidas, 1977 (B6.54)

Petición a la CSJN sobre el derecho a la jurisdicción y la protección de la vida. 1978 (B7.5)

Resolución Pérez de Smith, Ana María y otros s/su pedido... P-506. Incompetencia de la Corte. Notificación. 20 de julio 1978 (B7. 452)

Hace saber que en los autos Pérez de Smith, Ana María y otros s/efectiva privación de justicia, Expte. P-51 RH, el Tribunal... 21 de diciembre de 1978 (B7.343)

Solicitan intervención directa de la CSJN para restablecer la jurisdicción del estado sobre personas secuestradas. 27 de noviembre de 1978 (B7.6)

Comunicado de prensa. 9 de febrero de 1979 (C1.21)

Hace saber que en los autos Pérez de Smith, Ana María y otros s/efectiva privación de justicia, Expte. P-51 RH, el Tribunal... 21 de diciembre de 78 (B7.343).

Comunicado de prensa. 2 de febrero de 1979 (B4.45)
Trascendente respuesta. 21 de febrero de 1979 (B7.442)
Carta remitida al presidente de la Nación sobre ciudadanos desaparecidos el 27 abril 1978: solicitada publicada en el diario La Prensa. 17 de mayo de 1978 (B6.20)
Documentos de Archivo del Centro de Estudios Legales y Sociales (CELS):
La Opinión, "Presentación ante la Corte suprema de Justicia por la situación de 425 personas desaparecidas", 12 de abril de 1977.
La Opinión, "La Corte Suprema trasladó la cuestión al poder ejecutivo", 20 de abril de 1977.
Buenos Aires Herald, solicitada "Sobre la paz y la vida la Asamblea permanente por los Derechos Humanos", 16 de enero de 1978.
La Nación, "Pedido de abogados a la Corte de Justicia", 19 de mayo de 1978.
Clarín, "No admitió la Corte Suprema un recurso en favor de desaparecidos", 2 de agosto de 1978
Crónica, "Desaparecidos: opina la Corte", 1 de agosto de 1978.
La Nación, "Pedido de abogados a la Corte de Justicia", 19 de mayo de 1978
La Prensa, "Incompetencia de la Corte en una denuncia", 2 de agosto de 1978.
La Opinión, "La Corte se declaró incompetente", 2 de agosto de 1978a.
La Opinión, "Sin orden y sin paz la Justicia se resiente y se torna ineficaz", 2 de agosto de 1978b.
La Opinión, "Secuelas de la violencia otra vez ante la Corte", 20 de mayo de 1978.
La Prensa, "Nunca antes", 29 de diciembre de 78.
La Nación, "Recursos ante la Corte por desaparecidos", 2 de diciembre de 1978.
La Nación, "Peticionan ante la Corte por desaparecidos", 4 de diciembre de 1978.
Clarín, "Pedido a la Corte", 1 de diciembre de 1978.
La Prensa, "Pidió medidas la Corte al P.E. en denuncia sobre desapariciones", 4 de febrero de 1979.
Buenos Aires Herald, "Government asked to probe disappearances", diciembre de 1979.
La Prensa, "Opina entidad de abogados sobre fallos en hábeas corpus", 17 de marzo de 1979.

Documentos del Departamento de Estado, Estados Unidos de América, "Argentina Declassification Project, Human Rights Abuses in Argentina, 1975–1984":
- Informe de la Embajada de Buenos Aires al Departamento del Estado en Washington, abril de 1977.
- Informe de la Embajada de Buenos Aires al Departamento del Estado en Washington, abril de 1977 (b).
- Telegrama de la Embajada de Buenos Aires, 12 de septiembre de 1977.

Entrevistas:

Manzanelli, Eugenia (2017). Entrevista realizada por Memoria Abierta.
Pérez Gallart, Susana (2012–2013). Entrevista realizada por Asamblea Permanente por los Derechos Humanos y UNTREF.
Pedroncini, Alberto (2003). Entrevista realizada por Memoria Abierta.
Pedroncini, Alberto (2012–2013). Entrevista realizada por Asamblea Permanente por los Derechos Humanos y UNTREF.
Tauber Sanz, Nicolás (2022). Entrevista realizada por la autora para el presente artículo.

DIEGO GALANTE

El Juicio a las Juntas: la construcción de un acontecimiento entre el estrado y las plazas

Introducción

Poco tiempo atrás, en las salas de cine argentinas, se proyectó durante meses la película del cineasta Santiago Mitre, Argentina, 1985 (Mitre, 2022). El film, con elementos del género del realismo histórico, narra desde el punto de vista del equipo de fiscalía el acontecimiento del Juicio a las Juntas Militares, llevado a cabo en la transición argentina.[1]

La trama se construye entre el día en que se notificó a los fiscales el inicio de las audiencias -la "noticia" de que el acontecimiento, finalmente, tendría lugar- y el inicio del posterior proceso de apelación del fiscal -es decir, la "noticia" de la sentencia. El film resultó múltiplemente premiado y celebrado por la crítica, incluyendo premios en los festivales de Venecia, San Sebastián, un Globo de Oro, y una nominación como mejor película internacional en los Premios Oscar. Pero sobre todo, el film fue acompañado por un fenómeno sociológicamente llamativo.

En las salas de cine, las escenas del juicio -que se esmeraban en reproducir cuidadosamente los giros dramáticos y expresivos de las audiencias celebradas en 1985- producían entre los espectadores de la sala de cine exactamente las mismas reacciones, exactamente en los mismos pasajes, que se habían constatado entre los asistentes originales de la sala de audiencias cuarenta años atrás. Por su parte, la película motivó también diferentes reacciones públicas entre protagonistas "originales" de aquel período histórico, que disputaban, celebraban o cuestionaban lo que entendían como fallos o aciertos de la interpretación.

---

[1] Una discusión preliminar de estas ideas fue publicada en Políticas de la Memoria 24, 2024.

Expresada en las diferentes reacciones suscitadas por la obra, la vitalidad del acontecimiento del Juicio a las Juntas en la "moral colectiva" (diría Durkheim), abre una serie de interrogantes sobre los procesos sociales que incidieron en la construcción de la capacidad perdurable del acontecimiento en la organización de representaciones colectivas.

El presente trabajo propone explorar algunas características consideradas centrales en aquellos procesos. En ese marco, propone interpretar en la experiencia del Juicio a las Juntas un acontecimiento multidimensional, complejo, heterogéneo, en el que múltiples clases de actores, con expectativas diversas, actualizaron sus disputas, tanto dentro como fuera de tribunales, sobre el sentido del pasado y el mundo compartido. Organizo estas impresiones entendiendo en esta causa penal el inicio de una serie perdurable y rastreable -aunque no sin momentos álgidos y de languidez, o diferentes procesos de reinterpretación- en la producción de prácticas y sentidos sociales en torno a los derechos humanos en Argentina.

El análisis se ordena, a continuación, en tres secciones. La escisión es, en rigor, arbitraria. El primer apartado reseña descriptores centrales sobre las características, cronología y contexto histórico del evento. El segundo apartado, por su parte, busca poner de relieve las relaciones entre el acontecimiento penal y la dinámica social en la que ese acontecimiento fue, a la vez, un producto y un elemento de irrupción. Se revisan, así, relaciones entre el marco del discurso judicial y los discursos producidos durante las audiencias; y su circulación, apropiación y resignificación en la comunicación pública. El último apartado, finalmente, se concentra en la relación entre estos procesos y la cultura política local. En particular, las ideas sobre democracia.

El acontecimiento

El 9 de abril de 1985, en el Palacio de Tribunales de la Capital Federal, situado en el corazón del centro porteño, tuvieron inicio las audiencias orales y públicas de la causa penal que fue conocida como Causa 13, en el mundo judicial, y más extendidamente rememorada como el Juicio a las Juntas.

La causa, conducida por la Cámara Federal de Apelaciones de la Capital Federal, tenía por propósito evaluar las responsabilidades criminales que competían a las Juntas Militares por el régimen de desaparición de personas durante la última dictadura en Argentina. En particular, llevó al banquillo de acusados a los nueve excomandantes de las Fuerzas Armadas que gobernaron el país entre 1976 y 1982 (Videla, Viola y Galtieri por el Ejército; Massera,

Lambruschini y Anaya por la Armada; Agosti, Graffigna y Lami Dozo por la aviación), período que resultaba entendido como el más álgido de las prácticas represión clandestina. Por cierto, en el contexto de la transición, no parecía claro cuál sería el devenir del acontecimiento.

En materia de las expectativas de justicia, la construcción de conocimiento sobre los crímenes del estado dictatorial había sido un proceso gradual y heterogéneo, iniciado en los años de dictadura, con una participación sustantiva del movimiento de derechos humanos (Crenzel, 2008). A la hora de la transición, en este universo de actores, resultaba una consigna clara la necesidad de la actuación de la Justicia; pero no aún los medios y plazos para su consecución. Por un lado, existían dudas sobre el accionar de un Poder Judicial que se había mostrado, cuando no cómplice, cuanto menos complaciente con el régimen militar.

Por otro lado, sopesaban las posibilidades que la difícil coyuntura política ofrecía. Y a partir de este marco, evaluaban que la justicia consistiría más bien en un camino de largo plazo, que requería la construcción de amplios consensos políticos (de allí, la propuesta de una comisión parlamentaria investigadora) como paso previo al juicio penal (Jelin, 1995). Las estrategias judiciales llevadas a cabo tempranamente por aquellos grupos -como ejemplo, el análisis de Gisela Cardozo sobre el Caso Pérez Smith, en este libro- fueron construidas como un proyecto de maduración gradual que articulaba múltiples prácticas públicas conducentes a la visibilización de esos crímenes. Así, la justicia se avizoraba como un horizonte deseable y necesario; pero de tiempo indeterminado.

En efecto, el juicio se producía en una coyuntura política disruptiva. Signada, ante todo, por la retirada de una dictadura que intentó imponer como única condición -tras diferentes ensayos de intervención más amplia, frustrados junto a la derrota en Malvinas- la no revisión de los crímenes cometidos. También, por un reacomodamiento de las fuerzas partidarias mayoritarias tras la derrota del peronismo en las elecciones de octubre de 1983 -para diferentes actores, hasta acontecida, inverosímil. Y finalmente, el ascenso de nuevos actores hasta poco tiempo antes minoritarios dentro del partido gobernante, el radicalismo. Todo ello cristalizó un clima en el que la condición inestable del régimen democrático resultó un supuesto para múltiples agentes de la vida colectiva (lo que se expresaba en una volatilidad de expectativas sobre su estabilidad política; pero también sobre su marco programático en materia política, económica y social) (Landi y González Bombal, 1995)

El propio acontecimiento penal había tenido una deriva institucional compleja en función de esa coyuntura. Se apoyó, primero, como retomaremos más adelante, en el impulso prestado por el nuevo gobierno a partir de un proyecto de justicia transicional que lo colocó en el centro de la escena política desde el inicio de la transición.

Requirió, segundo, un tratamiento parlamentario por partida doble que garantizara la jurisdicción de la Justicia Federal para los crímenes analizados (la nulidad de la "autoamnistía" declarada por la Junta Militar; y la Ley 23.049 de Reforma del Código de Justicia Militar; sancionadas durante el primer verano de la democracia). Y bajo ese encuadre legal, fue antecedido por un tratamiento en primera instancia ante el Consejo Supremo de las Fuerzas Armadas (máximo órgano de la justicia castrense) que había concluido, en septiembre de 1984, que de cara a "lucha contra la delincuencia subversiva y terrorista que asoló a nuestra patria" las acciones de los acusados resultaban inobjetables en su contenido y en su forma.

Tras conocerse la decisión de la justicia castrense, la Cámara Federal -recientemente reconfigurada en su composición al igual que la Corte Suprema de Justicia, con hombres de diversa extracción en el Poder Judicial (Eliaschev, 2011)- asumió el control del juicio de acuerdo con lo establecido en la Ley N° 23.049, e instruyó al tribunal militar para que remitiera las quince mil fojas de expedientes, hasta allí obrantes, al fiscal. Durante la feria judicial de verano, la Cámara Federal debió resolver una serie de disposiciones jurídicas, técnicas, procesales y de comunicación.

Las audiencias se orquestaron escalonadamente, configurando diferentes escenarios y tópicos sobre los crímenes del pasado reciente. Tras una primera semana que fue dedicada a los testimonios de los protagonistas del gabinete derrocado en 1976, el juicio se volcó sustantivamente a la evaluación de las denuncias que el fiscal había escogido, adoptando un criterio de "economía procesal", entre las relevadas por la CONADEP un año atrás (CONADEP, 1984).

Las audiencias tuvieron un total de 530 horas, e incluyeron los testimonios de 833 personas (546 hombres y 287 mujeres), entre los que se contaron 64 testimonios de militares y alrededor de 100 representantes de la sociedad política y civil; el resto quedó representado por las voces de los familiares de las víctimas del terrorismo de Estado y las de los sobrevivientes de los centros clandestinos de detención y desaparición.

Junto a los jueces, la fiscalía, las defensas y los acusados, fueron también protagonistas del evento 672 corresponsales de la prensa local e internacional, y 104 "invitados especiales" que rotaron diariamente (categoría que incluyó la participación de personalidades de la vida política y civil, militares, y de los organismos de derechos humanos), quienes siguieron atentamente lo que ocurría en la sala (Ciancaglini y Granovsky, 1995).

Los testimonios de las víctimas y sus familiares, organizados a partir de sus experiencias en múltiples centros clandestinos de todo el país, finalizaron el 14 de agosto. Ponderar la carga significativa, la densidad política y humana de esas voces ciertamente excede los marcos de este trabajo. Circunscriptos a un estilo narrativo fáctico y neutro por indicación del tribunal, su potencia abrumadoramente expresiva trasvasó permanentemente, sin embargo, la lógica de esos límites. Volveré, brevemente, sobre este aspecto, más adelante. Entre el 11 y el 18 de septiembre, la fiscalía presentó su requisitoria de penas.

El final de la presentación (la expresión del fiscal al tribunal sobre lo que entendía como un pedido de "todo el pueblo argentino": "Señores jueces, nunca más"; mediada por la efusiva y extendida aprobación del público en la sala) sea tal vez el pasaje más evocado en las memorias sociales sobre el juicio. Las tres primeras semanas de octubre dieron lugar a los descargos de las defensas y los acusados.

En ellos, se combinaron argumentos jurídicos (la impugnación de testimonios o pruebas; el presunto desconocimiento sobre los crímenes denunciados y la supuesta legalidad de las órdenes emitidas; el argumento de subordinación a un mandato constitucional); junto a estrategias y proclamas políticas (una asunción implícita de los crímenes como el precio necesario para la "victoria" en la "guerra antisubversiva"; una demanda de reconocimiento y gratitud social por esa victoria, y consecuentemente por esos actos; la denuncia del evento judicial como un simulacro y una revancha de la "subversión"). De ese modo, reprodujeron argumentos plasmados durante el juicio por otras voces militares (y algunos civiles) (Galante, 2020b).

El 9 de diciembre de 1985, transmitida en vivo por cadena nacional, se conoció la sentencia de la Cámara Federal. Fue acompañada por un documento escrito para la ocasión, con los argumentos determinantes del fallo. La Cámara Federal condenó a Jorge Videla y Emilio Massera, emblemas del gobierno dictatorial, a cadena perpetua. Roberto Viola fue sentenciado a diecisiete años de prisión. Armando Lambruschini recibió ocho años de condena. Orlando

Agosti, cuatro años y medio de pena. Finalmente, Leopoldo Galtieri, Omar Graffigna, Jorge Anaya y Basilio Lami Dozo, al ser consideradas insuficientes las acusaciones en su contra, resultaron absueltos.

La dispersión de las penas se explicaba al menos por dos elementos procesales. Por un lado, la Cámara Federal desestimó el argumento del fiscal sobre la responsabilidad colectiva de las Juntas en la conducción represiva, y circunscribió la responsabilidad de cada excomandante únicamente a los crímenes probados bajo la órbita de su propia fuerza de origen.

Por otro lado, Videla y Massera fueron los únicos acusados a los que, en la transición, pudo probarse la comisión de homicidios a partir del hallazgo de los cadáveres de las víctimas, lo que explicaba sus condenas a prisión perpetua. Y así, paradojalmente, la desaparición de personas –la práctica más emblemática de la violencia dictatorial, que por entonces carecía de figura penal –, aunque tematizada e implícita a lo largo del curso judicial, no tuvo representación en las condenas, más que a partir de sus indicios y fragmentos (el secuestro y la privación ilegítima de la libertad, las torturas, la falta de datos posteriores sobre los paraderos).

Más allá de la distribución de penas, el fallo fue rotundo en enfatizar una pieza principal. Por un lado, hizo propia la caracterización de las defensas acerca del clima político previo al golpe de Estado en términos de una "guerra revolucionaria" (caracterización que es, aún hoy, objeto de debate histórico). Sin embargo, tras esa licencia, subrayó inmediatamente la manifiesta "antijuridicidad" de la respuesta escogida.

Sustancialmente, enmarcó las acciones de las Juntas en un plan sistemático criminal, organizado colectivamente, para la comisión de los crímenes que se habían auditado y el ocultamiento de esos hechos. Este aspecto jurídico fue central en el fallo, y resultó determinante desde el punto de vista legal, pero también para los saberes colectivos, en Argentina.

La noticia del fallo tuvo un impacto masivo a escala nacional e internacional. Mientras que en el universo del movimiento de derechos humanos se percibieron reacciones de diferentes matices frente a los resultados del juicio (aspecto en el que las cinco absoluciones resultaron cruciales), en buena parte del espectro político, así como entre múltiples personalidades de la sociedad civil, el fallo se celebró como un logro de la democracia. Esta interpretación se impuso, también, en las posiciones internacionales sobre el suceso. Todas estas voces entendían que el juicio había sido -en la expresión del escritor y exintegrante de la CONADEP Ernesto Sábato- "un proceso único en la historia [y una] honrosa demostración de la democracia argentina para [el] mundo" (Galante, 2019: 186, 187).

Desde su inicio hasta hoy, el evento penal ha inspirado un significativo acervo de objetos culturales de diversa índole, incluyendo publicaciones periodísticas temáticas, diferentes libros conmemorativos y novelas, audiovisuales y films, archivos y estudios académicos. Se ha convertido también, en un lugar de memoria (Nora, 2008) que, con diferentes ciclos de activación, particularmente durante los períodos de impunidad, ha sostenido representaciones colectivas sobre los crímenes del estado dictatorial.

Desde los dos mil, se convirtió en un objeto común a todos los textos escolares de historia de la escuela media (Born, 2010: 107). Ha sido también, como se revisa más adelante, un disparador de procesos de justicia más amplios a partir de los eventos que se habían probado y de su repercusión en la opinión pública.

Estos múltiples efectos en la vida colectiva, que involucraron esferas tan heterónomas como la ponderación de sus efectos en el lazo político, la construcción de conocimiento sobre los crímenes y la reparación a las víctimas, y la organización de memorias colectivas sobre un pasado reciente que hasta entonces se presentaba como una "catástrofe" para la significación (Gatti, 2008), suponen repercusiones que excedían el fenómeno estrictamente penal. Consecuentemente, invitan a preguntarse por las condiciones sociales de dicho impacto; o lo que es decir, por las aristas y el funcionamiento de aquella resonancia que, en el contexto de la transición, amplificaba lo acontecido en la Cámara Federal como un fenómeno mucho mayor al universo penal.

El juicio más que un juicio

La preeminencia que tuvo el tratamiento de las violaciones a los derechos humanos en la historia política de nuestro país no se explica por una dimensión superestructural o las disquisiciones de una ingeniería política "desde arriba", según lo entiendo. Antes bien, tuvo arraigo en prácticas de sentido más concretas, inmanentes, que se gestaron en torno al fenómeno judicial. Y en todo caso, aquella voluntad por significarlo desde el poder se encontró mediatizada por dichas prácticas.

Desde el Juicio a las Juntas, el tratamiento judicial de los crímenes de lesa humanidad en Argentina involucró una pluralidad de dimensiones y prácticas significativas que fueron más allá la lógica penal. Y por supuesto, también, una enorme cantidad de actores e intérpretes en esas prácticas de significación, que trasvasaron múltiples hábitats y esferas de la vida colectiva.

Circunstancias procesales específicas -derivadas de la arquitectura jurídica de la ya mencionada Ley 23.049 de febrero de 1984, conocida como Reforma del Código de Justicia Militar- imprimieron al desarrollo de la Causa 13 una de sus características más significativas, su carácter oral y público. Este hecho resultó un fenómeno inédito en la Justicia Federal.

A tal punto, que las audiencias conducidas por la Cámara Federal involucraron la inauguración, con ese uso específico, de la sala concebida para ese fin en el Palacio de Tribunales de la Capital Federal. De ese modo, con ese juicio inaugural, surgió una característica que se convirtió luego en una clave de los procesos por crímenes de lesa humanidad en Argentina en sus diferentes etapas. A saber, una puesta y escenario comunicativo específico que reunía en un tiempo y un espacio determinados a múltiples voces del acontecimiento (jueces, testigos, fiscales, defensores; prensa y público invitado) (Feld, 2002: 17).

Esta característica, en apariencia secundaria a la materia tratada, resultó determinante en los sentidos producidos dentro y fuera de la escena jurídica.

Por un lado, como ha mostrado una tradición de la sociología jurídica (Foucault, 1995), el discurso jurídico opera (como todo género) a través de determinadas operaciones de recorte de la realidad social, la que resulta así arbitrada al interior de ese árbol de categorías y sus propias reglas y jerarquías sobre lo enunciable.

Estos marcos se desempeñan, en la práctica judicial, constituyendo efectos de cristalización sobre el estado de relaciones de poder en una coyuntura dada. En el contexto de esas relaciones / prácticas de poder, ingresan al evento judicial una pluralidad de discursos, que el tribunal guía, orienta, disecciona y rejerarquiza con el propósito de construir un tipo de verdad (la jurídica, cuyos enunciados se concretan en el fallo judicial).

Parte de la eficacia simbólica del Juicio a las Juntas en la transición, y luego en las memorias sobre los crímenes de la dictadura, se construyó sobre la base de esa autoridad. Como ha mostrado Kaufman (1991), el evento funcionó como un ritual jurídico a la vez formal (destinado a reforzar las jerarquías de poder) y extraordinario (transformando esas jerarquías en el mismo acto). Decisiones como la disposición espacial y de los símbolos en la sala, el aura de solemnidad, y la permanente mediación del tribunal como árbitro en las audiencias, contribuyeron a construir la autoridad del tribunal como intérprete legítimo de lo narrado.

En ese contexto, el magnánimo silencio en la sala tras finalizar los jueces la lectura de la sentencia resulta elocuente sobre la eficacia de aquella "última palabra" que dio por probada la criminalidad de los eventos que se habían auditado. Tras el fallo de la Cámara Federal en diciembre de 1985, no resulta posible, de buena fe, negar la naturaleza y veracidad de los crímenes.

Dicho esto, así como el recurso jurídico se construye sobre la base de esa autoridad de la palabra judicial, hay que señalar un fenómeno concurrente. La sintaxis jurídica -y sobre todo en un juicio oral- no anula ni agota aquellos otros discursos convocados; sino que ellos siguen circulando en el evento comunicativo y forman "capas" de distintos registros discursivos, que se superponen, dialogan, o bien -en ocasiones- se hibridan en la enunciación judicial.

En el plano dialógico, debiera volver a ser ponderado, una vez más, el valor de los testimonios de víctimas y familiares. Durante el Juicio a las Juntas, no solamente brindaron indicios y pruebas para la evaluación judicial, sino que permitieron construir dimensiones decisivas para los procesos de justicia. Entre ellas, deseo resaltar particularmente dos.

La primera se hilvanó a partir de un conjunto de características: el estremecedor relato de los más cruentos vejámenes imaginables; la secuencia "en fila" de testimonios en la sala; el hecho de que fueran seleccionados para ser tratados por el tribunal solo algunos casos por un criterio de "economía procesal"; y la aparición espontánea durante las audiencias de información sobre nuevas víctimas.

Este conjunto de circunstancias daba lugar a una particular percepción traslucida en el evento comunicativo: la inconmensurabilidad de la serie de crímenes. A partir de este efecto, el Juicio a las Juntas semejaba un evento que solo comenzaba a tirar la punta de un ovillo que era, según la escena traslucía, infinito.

La segunda dimensión que deseo resaltar, en la forma en que los testimonios intervinieron en el devenir judicial, tiene que ver con la figura del perpetrador. El objeto del Juicio a las Juntas fue la responsabilidad penal de los comandantes. Sin embargo, la forma en que la autoridad judicial medió en el relato producido por los testimonios -al demandar un minucioso relato fáctico de circunstancias y hechos- incidió en que la figura del perpetrador ocupara un rol central y protagonismo, en esos testimonios, que no podía desdibujarse ni ser absorbida por la responsabilidad de las Juntas.

Ello encontró eco en las propias reglas de juego de la lógica jurídica, y resultó un determinante para la decisión de la Cámara Federal, expresada en su considerando decimosegundo del fallo, de propulsar la investigación penal sobre las responsabilidades de aquellos perpetradores materiales de los crímenes mencionados durante las audiencias (Cámara Federal, 1987). De este modo, el conocimiento sobre los crímenes daba lugar a la necesidad -ya no solo moral, sino jurídica- de proseguir la investigación penal.

Ahora bien, por otra parte, como ya ha sido sugerido, los textos y voces que una escena jurídica convoca pueden no solo dialogar sino también superponerse en el evento comunicativo a la voz judicial. La dinámica mediante la que la autoridad judicial organiza, dialoga y resignifica textos acontecidos durante el devenir del proceso penal, no agota los sentidos articulados en esos otros discursos. Esos textos pueden presentar elementos significativos que comportan resistencias al recorte de sentido jurídico; bajo la forma de un excedente desacreditado por el tribunal, o bien -en ocasiones- disputando la hegemonía de la interpretación judicial.

Y así, en todo juicio oral, se dicen cosas no judiciales. En otro trabajo, he indagado por ejemplo en la emergencia, durante el desarrollo de las audiencias de la Causa 13, de la disputa sobre la "inocencia" de las víctimas, disputa en la que se asumía como índice de esa "inocencia" el nivel de proximidad o lejanía de las víctimas respecto una organización política revolucionaria.

Se trataba de un contrasentido jurídico, porque desde la óptica del derecho una víctima no es inocente o culpable; simplemente es víctima de un delito o no lo es. En ese mismo marco, he señalado su correlato en las limitaciones -eminentemente, sociales- para tematizar la militancia política de las víctimas, en el marco de delitos consumados, justamente, con ese sentido general (Galante, 2020a).

Y en otro lugar, he planteado la forma en que las estrategias de los acusados durante el proceso penal se desentendieron de la dimensión jurídica, para emprender un discurso celebratorio, y a la vez demandar una reivindicación pública, por la proclamada "victoria en la guerra antisubversiva" a partir de la comisión de esos crímenes (Galante, 2020b).

Estos elementos, convivientes en la escena judicial junto a la palabra jurídica, no pueden explicarse sin remitir a la constelación de las representaciones sociales durante la transición. En el contexto cultural de los ochenta, el desplazamiento del marco político de los crímenes resultó un correlato del marco cultural, clima de época y discursos en circulación que rodearon al juicio.

Como ha mostrado Crenzel en su examen de la experiencia de la CONADEP, esta cosmogonía se caracterizaba por una dimensión narrativa e interpretativa de lo acontecido en clave moral: el resultado de dos violencias extremas y contrapuestas (la revolucionaria y la militar), frente a las que la sociedad argentina fue partícipe involuntaria y víctima. A partir de allí, la condición de víctima se establecía en base a una condición moral: la exterioridad a esos grupos, lo que impulsó dificultades para hablar sobre la dimensión política de las desapariciones (Crenzel, 2008).

Por cierto, este imaginario, no puede separarse de otros discursos vigentes en la época y heredados de la dictadura: la celebración de la "guerra antisubversiva" o la estigmatización de las militancias políticas.

Lo que deseo subrayar aquí, como aspecto relevante de estos procesos de significación, es que las condiciones de producción y de audibilidad de esos textos, no ungidos por la legitimidad jurídica, no resultan propiedades de la escena judicial, aun cuando mediatizados por ella. Son resultado, en cambio, del estado de las discusiones existentes en una sociedad dada en una coyuntura histórica específica -o, como diría Foucault, propiedades de su formación discursiva.

He allí, entiendo, el quid de la cuestión. Se encuentra allí la clave para comprender el efecto social (real y potencial) de los juicios por crímenes de lesa humanidad, y de los motivos por los que, desde el Juicio a las Juntas, a través de estos juicios pudieron discutirse -o proponer discutirse- cosas tan disímiles a las responsabilidades penales como el sentido y contenido de la democracia (aspecto sobre el que volveremos enseguida).

Sin perjuicio de la dimensión simbólica en la eficacia de la acción judicial, el Juicio a las Juntas funcionó como una caja de resonancia que conducía y amplificaba diferentes discursos colectivos, procurando ordenarlos, en el contexto de una sociedad que pugnaba por significar su pasado. Consistió, así, en un evento que permitió a la vez conocer los crímenes, y organizar socialmente en torno a ellos un sentido, proveyendo marcos de selección de lo memorable a partir de los elementos que se habían investigado.

Y consecuentemente, convirtiéndose a su vez en sí mismo en un referente para esas "luchas por la memoria" (Jelin, 2002). En suma, un evento que no ha sido enteramente judicial ni social, con efectos en cada uno de esos campos, que dialogaron y se retroalimentaron.

El diálogo entre las escenas judiciales y los imaginarios sociales resulta tanto más manifiesto si se analizan las repercusiones y resignificaciones de la acción judicial en los medios de comunicación masiva. Durante las audiencias de la Causa 13, una serie de decisiones de la Cámara Federal conllevó que, si bien las 530 horas de audiencias fueron registradas audiovisualmente, el seguimiento diario de los eventos en tribunales fuera seguido por la opinión pública a través de las crónicas que elaboraban corresponsales de prensa.

La noticia y el desarrollo del juicio fueron asumidos de diversos modos por los medios de comunicación del país y del exterior, y entrelazaron distintos aspectos. Entre ellos, las tendencias internacionales del género periodístico, las distintas líneas editoriales de cada medio, los datos fácticos que aportaba cada sesión de audiencias, y el modo en que la producción periodística se articulaba con otros discursos sociales en circulación acerca de aquel pasado.

Así, distintos sectores del periodismo se ofrecían como intérpretes de los sucesos presentados en el tribunal. En muchas ocasiones, con una voluntad pedagógica y con una lectura propositiva sobre esos hechos del pasado, extrayendo de su propia propuesta de interpretación consecuencias performativas y normativas para el futuro (Galante, 2019: 152–160).

Tal vez el ejemplo más elocuente sobre ese diálogo se haya dado en las lecturas periodísticas, tras los testimonios de las víctimas en la sala de audiencias, sobre los acontecimientos popularmente conocidos como "La Noche de los Lápices".

Luego de la repercusión inmediata en la prensa masiva de lo narrado en la sala, la trama (consistente en el secuestro, el cautiverio en distintos centros clandestinos de detención, las torturas y, finalmente, la desaparición de un grupo de estudiantes secundarios con trayectorias en diferentes juventudes políticas, en septiembre de 1976 bajo la actuación del Ejército y la Policía bonaerense) se transpuso, primero, en un libro (Seoane y Ruiz Núñez, 1986) que tuvo 11 ediciones en 16 años; y luego en una película (Hector Olivera, 1986), vista por 670.000 personas cuando se estrenó en cine y por más de tres millones de personas cuando se estrenó, en 1988, en TV (récord que hasta entonces solo había sido alcanzado por el Mundial de fútbol y la llegada de la NASA a la Luna).

Libro y película se asentaron en una interpretación particular, que no derivaba de lo narrado en sala, sino de la forma en que los hechos habían sido interpretados por la prensa masiva: la participación del grupo de estudiantes en una manifestación a favor del boleto estudiantil, acontecida un año antes a los crímenes, como el causal de su desaparición (Raggio, 2010; Lorenz, 2004).

Es decir, el efecto del Juicio a las Juntas en las representaciones colectivas no podría comprenderse sin dar cuenta del diálogo entre la semiesfera judicial y la social como el eje de su naturaleza histórica. No se podría sin una o la otra, porque la jerarquía de la verdad judicial no garantizaba ni la apropiación ni la forma en que ese sentido era apropiado en la circulación social, donde volvía a ser reinterpretado a partir de reglas y estructuras de sentido pautadas no por el orden de sentidos jurídico, sino por una coyuntura cultural, política y social determinada.

Ello explica, también, que tras la reapertura de los procesos de justicia en los dos mil, los nuevos juicios permitieran abordar, socialmente, nuevos temas. En la nueva coyuntura cultural y política iniciada tras las transformaciones de la segunda mitad de los noventa, contexto en el que los crímenes del pasado comenzaban a ser reinterpretados a luz de las inequidades sociales del presente, también comenzaron a encontrar eco en las escenas judiciales algunos sentidos que habían quedado marginados en la percepción social sobre los temas convocantes durante los ochenta.

Entre ellos, procesos penales como el juicio por apropiación de menores en dictadura, iniciado en 1996 -remito al análisis de Laino Sanchís en este libro-, exhibieron la continuidad y el desgarro social perdurable provocado por aquellos crímenes. Otros, como la causa Cóndor, iniciada 1999, indagó en la integración represiva en el Cono Sur, y repuso el elemento político internacional en el contexto de las violaciones a los derechos humanos (Lessa, 2021).

La experiencia de los "Juicios por la verdad" (Andriotti Romanin, 2013), todavía en el hemiciclo de impunidad, repuso la producción de conocimiento sobre los crímenes como una necesidad pública. Y como analiza Vanesa Garbero en este volumen, en los años más recientes, juicios como el de la "Mega causa Menéndez III", en la Provincia de Córdoba, permitieron indagar en las relaciones entre la vida cotidiana y la represión clandestina.

También en el último tiempo, el llamado a diversos especialistas de las ciencias sociales, como testigos de contexto en múltiples procesos penales, fue expresión de un acento en la dimensión histórica y política como marco necesario para la comprensión de los crímenes. Construyó, en correlato, mayores libertades a las víctimas para narrar dimensiones sustantivas de experiencia, como su valoración o trayectorias políticas (Funes, 2022).

En dicho contexto, fueron analizadas también responsabilidades de actores civiles y estatales fuera de las Fuerzas Armadas; y en particular -como revisa el trabajo de Cecilia Vázquez en este volumen- juicios como el de la causa Ford (y otras como la causa Mercedez Benz, la de la transportista La Veloz del Norte, o las de los ingenios de caña de azúcar Ledesma y La Fronterita) horadaron en los determinantes y complicidades del poder económico en la estrategia y las acciones represivas.

Fueron indagados también crímenes que -aunque presentes en los testimonios durante el Juicio a las Juntas- no habían encontrado eco en el marco de audibilidad social de la transición. El ingreso de los abusos sexuales como aspecto a tratar penalmente (Álvarez, 2019), dio cuenta de la forma en que la actualización de marcos más amplios de sensibilidad social podía transformarse en actos de denuncia sobre hechos en los que antes no se veía aquella -ya manifiesta- transgresión.

De ese modo, la lucha por la justicia se asociaba a otras luchas por los derechos humanos, como la denuncia de la violencia contra la mujer, la igualdad de género, o la defensa de las diversidades. Y por cierto, este mismo diálogo entre la acción judicial y los marcos históricos de significación social permite comprender también la dinámica mediante la que ciertas dimensiones, temas, u hechos específicos, tuvieron menor velocidad para conformar el espectro de lo visible y de la acción penal (como la experiencia particular de la represión entre la población campesina, analizada por Claudia Calvo en este libro, a partir de la causa Ligas Agrarias en Chaco; o el funcionamiento de las burocracias en jurisdicciones y geografías alejadas de la administración central, analizadas por Ayelén Mereb, a propósito del caso Schwartz en El Bolsón, también en estas páginas).

Como puede verse, parte de la relevancia social del juzgamiento de violaciones masivas a los derechos humanos se expresó, en términos sociológicos, por su potencialidad para discutir y ordenar discusiones, no solo sobre el pasado sino también sobre cada presente histórico. Ello permite comprender, también, que esta práctica haya involucrado -como toda arena de discusión y conflicto social- no solo la disputa en torno a los sentidos en pugna en esos campos; sino también la participación de agentes sociales diversos, algunos de los cuales oficiaron como promotores, y otros como detractores, de esos espacios de discusión.

La historia de las resistencias comenzó desde el minuto cero del Juicio a las Juntas en Argentina. Por un lado, el proceso penal contó con el apoyo decidido, aunque cauteloso y vigilante, de los organismos de derechos humanos y sus aliados políticos (como en la "Marcha de las manos" de marzo de 1985, o la movilización y el acto del día del comienzo de las audiencias).

Pero también debió enfrentar diversas resistencias y amenazas reales. Durante el transcurso de las audiencias, el propio gabinete de ministros de Alfonsín emitió en varias ocasiones públicamente versiones cruzadas sobre la existencia de proyectos de impunidad. Distintas personalidades protagónicas de la política, la vida sindical, la Iglesia Católica, el aparato judicial, y los círculos de sociabilidad militar denunciaban como aberración o un espectáculo político maniqueo la actuación del tribunal.

Y las coacciones durante el juicio involucraron el secuestro de testigos, las "pinchaduras" con mensajes golpistas durante programas periodísticos de alto rating, amenazas diarias de bombas y bombas reales (una de ellas en la casa del Ministro del Interior), al punto que el presidente llegó a decretar el estado de sitio en octubre de 1985 (Galante, 2019: 165-178). Las resistencias se radicalizaron, como es sabido, hacia el final de aquella década, y se plasmaron, durante los noventa, en la casi completa paralización de los juicios. Tras la reapertura de los juicios de lesa humanidad en el corriente milenio, no se extinguieron, sino que recobraron nuevos bríos y estrategias, con antiguos y nuevos actores.

Atender este hecho resulta relevante, porque repone la necesidad intelectual de desentenderse de una mirada idealizada, definitiva y final, sobre los procesos de justicia. Por un lado, han representado un acto de reparación y justicia por las víctimas, con efectos subjetivos que resultan sustantivos y determinantes a partir del reconocimiento social del daño producido. Desde otro punto de vista, esta acción reparadora no involucra el fin del conflicto. Antes bien, como lo muestra la historia de la democracia en Argentina, los juicios nacieron del conflicto en una sociedad que debatía y debate su sentido como colectivo, y dicho conflicto ha sido la marca de esas experiencias.

La democracia como telón de fondo

Desde sus orígenes en el proyecto transicional de la primavera democrática, el Juicio a las Juntas constituyó un pivote para discutir la democracia.

El proyecto de justicia transicional de los ochenta, impulsado por el gobierno de Raúl Alfonsín, se había apoyado en la diferenciación de tres niveles de responsabilidad para el universo de perpetradores (Crenzel, 2013).

Este esquema resultaba de una división primaria entre quienes comandaron y condujeron los crímenes -considerados los máximos responsables- y quienes los ejecutaron; y una división secundaria entre los ejecutores, propuesta entre quienes podían haber ido o no más allá del cumplimiento de esas órdenes (categoría y frontera difusa que es, aún hoy, objeto de disputa).

A partir de ese diagrama, el proyecto transicional había impulsado, entre el universo de perpetradores, el juzgamiento de las más altas jerarquías de la represión y algunas de las figuras más emblemáticas entre aquellas que pululaban las mazmorras de los centros clandestinos. El modelo se completó con la inclusión, al inicio de la democracia, del impulso a la prosecución penal de los líderes sobrevivientes de las agrupaciones de la guerrilla revolucionaria ERP (Ejército Revolucionario del Pueblo) y Montoneros. La acción simultánea, enmarcada en el imaginario de época, fue asociada desde entonces a la llamada "teoría de los dos demonios".

Por un lado, la propuesta representaba la avanzada más elaborada en materia de juzgamiento de las violaciones a los derechos humanos entre el espectro de los partidos políticos mayoritarios de 1983. Por otro lado, representaba una cuota -en el contexto de la transición, difícil de precisar, pero considerable- de impunidad. Como analiza Emilio Crenzel en este libro, esta caracterización se construyó a partir de la articulación entre una episteme epocal -las ideas sobre la obediencia- y los desafíos políticos de la transición.

El momento más significativo de ese proyecto transicional – en rigor, su cénit, y tal vez el comienzo de su ocaso- fue el juicio a los excomandantes.

Como fue sugerido, la relevancia política del juicio como acontecimiento de la transición se explica, en parte, por su incidencia en los procesos de significación colectiva que pugnaron por representar el pasado reciente en el contexto de transición, tras los efectos disruptivos en los marcos de interpretación compartida consecuencia de los años de terror estatal.

También, su relevancia política devino del haber sido el inicio de una serie de eventos judiciales y jurídicos escalonados -secuenciados por avances y retrocesos- cuyo efecto a lo largo de las décadas transformó las prácticas de la Justicia en Argentina y a escala global (Sikkink, 2013). Pero, además, derivó el hecho de que, en el proyecto transicional, el tratamiento de los crímenes de la dictadura se concebía, ante todo, como una función para la democracia.

Este elemento, que cobró particular relieve en el discurso político de la transición, operó como sobredeterminación de otros fines igualmente asociados al tratamiento penal, tal como la dimensión ética del castigo. Postulando, en palabras del presidente, que "la democracia (no) podría edificarse sobre la claudicación, actuando como si aquí no hubiera ocurrido nada" (Alfonsín, 1983a).

La idea que los juicios -y especialmente el Juicio a las Juntas- iban a poner en escena y realizar la democracia era posible en estos discursos de la transición porque, como objeto discursivo, la democracia se construía en ellos a partir de dos mediaciones. Por un lado, mediante una oposición radical entre democracia y dictadura como frontera de lo político –expresada, por ejemplo, en la consigna "Somos la vida" de la campaña electoral radical.

Por otro lado, a partir de múltiples equivalencias en la figura del estado de derecho, figura en la que se entendía un fenómeno disparador de procesos democratizantes más extensos -la esperanza de que con la democracia "se come, se educa y se cura" (Alfonsín, 1983b)- (Aboy Carlés, 2001). En dicho marco, se asumía que los juicios exhibirían la vigencia del estado de derecho, que en esta cosmogonía se presentaba como un espejo de reconocimiento en el que podía verse reflejada la democracia. Y consecuentemente, los efectos buscados con la política de juzgamientos trascendían notoriamente así los efectos concretos en las posibles aplicaciones de un castigo (González Bombal, 2004).

Más allá del discurso oficial, durante el Juicio a las Juntas, si bien la figura de la democracia no tuvo rol preponderante durante las audiencias, diferentes actores (testigos, fiscalía, tribunal, incluso acusados y sus defensores) brindaron indicios en la sala sobre la convicción de que se encontraba en juego más que el análisis penal (Galante, 2019: 146-150). La cuestión, como ya fue mencionado, volvió a ocupar un lugar central en la discusión pública tras conocerse la sentencia, al ponderarse tanto en el plano local como internacional los efectos políticos instituyentes que se entendían como resultado del juicio.

La postulación de la democracia como objeto del Juicio a las Juntas volvió a ser retomada por el gobierno, mientras los organismos de derechos humanos alertaban sobre procesos de amnistía, durante el tratamiento de las llamadas "leyes de impunidad", en 1986 y 1987. En el primer caso (la Ley 23.492, de extinción de la acción penal, conocida como "Punto Final"), el gobierno propuso que los avances obtenidos en materia política por el Juicio a las Juntas requerían la aceleración de los procesos penales, lo que procuró -con éxito escaso- postular como objetivo del proyecto de ley.

En el segundo caso (la Ley 23.521, de "Obediencia Debida"), la reestructuración de los argumentos fue tan marcada como la preservación del enunciado original sobre el llamado mutuo entre justicia y democracia. En esta oportunidad, tras la Semana Santa carapintada de 1987 (Acuña y Smulovitz, 1995), se interpretó que, al tiempo que el Juicio a las Juntas había refundado la democracia en Argentina, la reacción militar a los procesos penales en curso estaba haciendo tambalear aquel logro obtenido.

De ese modo, se entendía en la democracia un logro al tiempo monumental y de extrema fragilidad (Galante, 2015). Y por ese motivo, se sugería, el realismo político debía reemplazar a la lógica de la convicción (Landi, 1988). Implícitamente, lo que se postulaba era que la legitimación de la democracia ya obtenida, a través de la actuación de la Justicia en el Juicio a las Juntas, podía aliviar la herida política que la impunidad de muchos de esos perpetradores le iba a infligir, justamente, a esa misma democracia que se deseaba apuntalar.

Si la relación entre democracia y derechos humanos fue determinante en la experiencia política de los ochenta, los noventa inauguraron una variación. El tándem, sin desaparecer, asumió una pendiente decreciente en su papel como orientación sobre el mundo y el deber ser social.

Los indultos del presidente Carlos Menem en 1989 y 1990, entre los que se incluyó el perdón por las condenas a los excomandantes de 1985, fueron vividos por el movimiento de derechos humanos como un "duelo de los derechos humanos en Argentina" (Crenzel, 2008: 150). Fueron, también, el correlato de un desplazamiento de la democracia como objeto relevante en la discusión política. El gobierno nacional dejó de impulsar proyectos vinculados al tratamiento penal, y se promovieron políticas del olvido sobre el pasado dictatorial. Paralelamente, las reflexiones sobre qué es o debería ser la democracia se diluyeron en el discurso político del orden neoliberal (Pucciarelli, 2011).

Diferentes fenómenos sociales, políticos, y judiciales dieron lugar a un nuevo escenario que comenzó a cristalizarse hacia finales del gobierno de Menem, y se intensificó a comienzos del nuevo milenio. En el nuevo ciclo, al tiempo que una serie de fallos de la Corte Suprema habilitó la reapertura de los juicios por crímenes de lesa humanidad en Argentina, las relaciones entre derechos humanos y democracia volvieron a ser objeto del discurso político.

Durante el mandato de Néstor Kirchner, el juzgamiento de las violaciones a los derechos humanos fue retomado en los discursos oficiales como una pieza relevante para el desarrollo de la democracia. Estos discursos, entramados en una nueva temporalidad, repusieron entre las deudas de la democracia hacia los derechos humanos, además del juzgamiento de los crímenes de la dictadura, diferentes inequidades sociales y políticas que se entendían en la historia más reciente (Montero, 2012).

La caracterización, en profundidad, siguió transformaciones que se habían dado en la forma de denunciar las consecuencias de la impunidad, por parte del movimiento de derechos humanos y los nuevos movimientos sociales durante la segunda mitad de los noventa (Lorenz, 2004; Lvovich y Bisquert, 2008). Ellas habían incluido, al establecer una continuidad entre el éxito de una sociedad considerada excluyente y la impunidad presente de los perpetradores que la habrían escoltado hacia ese estadio, la reivindicación de las múltiples dimensiones características de las esferas o capas de la tradición de los derechos humanos (Donnelly, 2013).

Durante el nuevo período, se pusieron en juego distintas discusiones sobre el rol del Juicio a las Juntas en la breve historia de la democracia. Algunos actores, entonces, lo interpretaron como un juicio fundador que estableció las condiciones para los procesos penales reestablecidos en los dos mil.

Otros, lo entendían como un proyecto caído en una historia signada por la impunidad. Dichas disputas, cuyos términos estaban anclados en la centralidad de los derechos humanos para la democracia, menguaron durante la presidencia de Cristina Fernández, pero no terminaron de extinguirse. Y a partir de esos debates, incluso, las memorias sobre el Juicio a las Juntas fueron apropiadas como símbolo de la institucionalidad por un gobierno, el de Mauricio Macri, que se mostró esquivo a promover las causas por las violaciones a los derechos humanos.

Durante la gestión de Cambiemos, la articulación entre democracia y justicia por los crímenes de la dictadura decayó, por segunda vez, como elemento dinamizante de la vida política nacional. Investigaciones recientes han mostrado para ese período la deshistorización de los valores contenidos en las políticas de gobierno (Montero, 2018; Vommaro, 2019), y la relativización de la violencia represiva de la dictadura (Feierstein, 2018).

A pesar de ello, en el período el declive de la relación significante encontró resistencias. Tras un masivo rechazo público en 2017 a la conmutación de penas para perpetradores adoptada por la Corte Suprema en su fallo "Muiña" (Crenzel, 2020), el gobierno rubricó un "Plan Nacional de Derechos Humanos" que, sin impacto real, daba cuenta de límites prácticos a aquellas estrategias de reinterpretación (Presidencia Mauricio Macri, 2017).

Por motivos de espacio, ahorraré hipótesis sobre el alcance de estas relaciones de sentido durante el gobierno de Alberto Fernández. Señalaré simplemente, en el discurso oficial del período, la presencia de elementos que retomaron y articularon transversalmente argumentos plasmados en los discursos de los ochenta y de los dos mil. Sin embargo, una nueva variación parece haberse inaugurado el día que el regreso de la democracia cumplió cuarenta años, fecha coincidente con un nuevo cambio de signo del Poder Ejecutivo.

El actual presidente de la Nación, Javier Milei, en una entrevista televisiva de la antesala de la campaña electoral, produjo una larga y confusa elipsis cuando le inquirieron sobre su valoración por la democracia como régimen político. El significante o el orden de sentidos asociado a la democracia no son objetos habituales en sus discursos desde la asunción presidencial, textos que sin embargo sí se han mostrado disruptivos y refundacionales en una multiplicidad de otros aspectos de la vida colectiva.

Su vicepresidenta, Victoria Villarruel, promotora pública de una "verdad completa" sobre la violencia política de los setenta -narrativa que, preconizando los crímenes cometidos por las organizaciones revolucionarias, nació en los círculos de sociabilidad militar hacia finales de los noventa, y se caracteriza por llamativas proximidades con los argumentos reivindicatorios de la represión utilizados desde los años de dictadura (Salvi, 2012)-, es reconocida entre sus pares por su compromiso y militancia en la defensa política de perpetradores condenados. Estas banderas fueron asumidas por Milei en su primera conmemoración oficial del golpe de estado de marzo de 1976.

Parecería, así, apreciarse una serie de regularidades históricas. Desde el Juicio a las Juntas, en la cultura política local, las discusiones sobre el sentido de la democracia se encadenaron por asociación a determinados posicionamientos en materia de derechos humanos. De esa asociación, se extraían y postulaban determinados deberes colectivos sobre el pasado y el presente. A la inversa, en diferentes ciclos políticos, el declive de uno de esos ejes se comportó como correlato al detrimento del otro como núcleo de sentidos dinamizante de la vida colectiva.

Comentarios finales

La intensidad y duración del Juicio a las Juntas como núcleo dinámico para la construcción de representaciones sobre la vida colectiva, representaciones que aunaron pasados y diferentes presentes, posicionamientos subjetivos y grupales, fue resultado de un conjunto heterónomo de características.

Por un lado, fue producto de la iniciativa de diferentes actores que construyeron, transmitieron y encontraron suficiente consenso social para la idea de que esos crímenes, por su naturaleza, no debían quedar impunes. La idea de que constituye una práctica justa -en sentido kantiano, imperativa- procurar una reparación social del daño; aun cuando este daño sea, infinitamente, irreparable.

En ese marco, durante la transición, se sugirió también la extrapolación de la función particularizante de los procesos penales a la generalización de las consecuencias de los actos jurídicos a nivel societal. Al restituir el valor social de las víctimas, a partir de su trato como sujetos de derecho, se postulaba promover el imaginario social de una sociedad en la que la justicia, expresada en este modo de ser con la materia y el lenguaje del estado de derecho, podía ser posible (Gonzalez Bombal, 2004).

A pesar de ello, dicha dimensión ético-política de los juicios, al tiempo, resultaba acotada con un sentido pragmático, al interpretarse un delicado equilibrio entre los peligros implícitos tanto de la impunidad como de un nuevo derrocamiento para el régimen democrático (Nino, 2006).

En este contexto, la característica más distintiva del Juicio a las Juntas, como acontecimiento histórico, no resultó de su pertinencia al reino de lo jurídico, como tampoco de sus determinantes en el universo de lo social. Sino, con precisión, de la imbricación entre esos dos campos de representación social. Es decir, su cualidad como un evento que no era enteramente judicial ni social, con efectos en cada uno de esos campos, que dialogaron y se retroalimentaron.

El diálogo establecido entre lo que ocurría en la sala y los procesos culturales y sociales más amplios que pugnaban por reinterpetrar un pasado asolador, así como las características de un presente deseable, resultó determinante para que el juicio se convirtiera en un referente sostenido en la organización de múltiples memorias colectivas, y también para las disputas y luchas entre esos relatos.

Como se sugirió, dichas disputas recobraron nuevos bríos y estrategias, con antiguos y nuevos actores, tras la finalización del juicio y en diferentes ciclos políticos y sociales hasta los años más recientes. Y así, el Juicio a las Juntas promovió una forma (una de las formas) mediante la que parte de nuestra sociedad articuló sus discusiones sobre una sociedad más justa, con la premisa y bandera de los derechos humanos. Lo que, por cierto, no es poco.

Este hecho, percibido como natural en nuestra historia social reciente, pero no tanto en otras experiencias posteriores a procesos de violencia masiva, se imbricó de forma decisiva en la historia política reciente y sus discusiones sobre lo que debe ser la democracia. Y en ese marco, en el tiempo presente, las reticencias, o cuanto menos las dificultades, para narrar la democracia pueden pensarse por esa condición.

Tienen, entiendo, un determinante histórico -o, con mayor precisión, se apoyan en una estructura de sentido de larga duración que enmarca las relaciones de sentido enunciables, "comprensibles", en la cultura política local. En nuestra sociedad, desde los ochenta, la historia de la democracia -de las discusiones sobre sus dimensiones sustantivas, sobre qué es o qué debería ser- se asoció a las luchas por los derechos humanos, con intensidades de diferente duración.

Esta relación formó parte de la vida política en otros procesos globales y regionales, aunque tal vez en pocos de forma tan decidida. Desde los ochenta, resulta sumamente difícil tematizar la democracia en Argentina sin hablar de los derechos humanos. Por supuesto, ello no impide que se pueda hablar aún de política; aunque no toda política es democrática.

Bibliografía citada

Aboy Carlés, Gerardo (2001), *Las dos fronteras de la democracia: La reformulación de las identidades políticas de Alfonsín a Menem*, Rosario: Homo Sapiens Ediciones – Editorial Fundación Ross.

Acuña, Carlos; Smulovitz, Catalina (1995), "Militares en la transición argentina: del gobierno a la subordinación constitucional", en Acuña, Carlos (et al.), *Juicio, castigos y memorias: derechos humanos y justicia en la política Argentina*, Buenos Aires: Nueva Visión.

Álvarez, Victoria (2019): *¿No te habrás caído? Terrorismo de Estado, viole ncia sexual, testimonios y justicia en Argentina*, Málaga: UMA Editorial.

Andriotti Romanin, Enrique (2013): *Memorias en conflicto: el movimiento de derechos humanos y la construcción del Juicio por la Verdad de Mar del Plata*, Mar del Plata: EUDEM

Arfuch, Leonor (2008), "El primer relato público del horror", *en Crítica cultural entre política y estética*, Buenos Aires: FCE. pp. 107–124.

Bacci, Claudia (2015), "Testimonios en democracia: el Juicio a las Juntas Militares en Argentina", *kult-ur*, 2(4), 29–50.

Born, Diego (2010), "Las representaciones de la última dictadura militar. Los textos escolares de Historia en el nivel Secundario de la Ciudad de Buenos Aires, 1976–2009", tesis de Maestría en Ciencias Sociales, FLACSO, Buenos Aires, agosto de 2010.

Ciancaglini, Sergio; Granovsky, Martín (1995), *Nada más que la verdad: el juicio a las Juntas. La guerra sucia desde el golpe hasta las autocríticas militares*, Buenos Aires: Planeta.

Crenzel, Emilio (2008), *La historia política del Nunca Más: La memoria de las desapariciones en la Argentina*, Buenos Aires: Siglo XXI.

Crenzel, Emilio (2013), "¿Cómo enfrentar las violaciones a los derechos humanos? La elaboración de la estrategia de justicia en la transición a la democracia en la Argentina", en *Revista de Direito da Cidade*, vol.06, N°01, Rio de Janeiro, pp. 44–64.

Crenzel, Emilio (2020): "Four Cases under Examination: Human Rights and Justice in Argentina under the Macri Administration ", en: James, Mark (ed.): *A crisis in coming to terms with the past*, Liverpool: University of Liverpool.

Donnelly, Jack. *Universal human rights in theory and practice*. Cornell University Press, 2013.

Eliaschev, José (2011): *Los hombres del juicio*, Buenos Aires: Sudamericana.

Feierstein, Daniel (2018): *Los dos demonios (recargados)*, Buenos Aires: Marea.

Feld, Claudia (2002), *Del estrado a la pantalla: las imágenes del juicio a los ex comandantes en Argentina*, Madrid: Siglo XXI

Foucault, Michel (1995), *La verdad y las formas jurídicas*, Barcelona: Editorial Gedisa.

Franco, Marina (2015), "La 'teoría de los dos demonios' en la primera etapa de la posdictadura", en Feld, Claudia; Franco, Marina (dirs.): *Democracia Hora Cero: Actores, políticas y debates en los inicios de la posdictadura*, Buenos Aires: FCE.

Funes, Patricia (ed.) (2022): *Comprender y juzgar: hacer justicia en las ciencias sociales*, Buenos Aires: Ediciones Imago Mundi.

Galante, Diego (2015): "Los debates parlamentarios de 'Punto Final' y 'Obediencia Debida': el Juicio a las Juntas en el discurso político de la transición tardía", en Clepsidra, *Revista Interdisciplinaria de Estudios sobre Memoria*, N° 4, Buenos Aires, octubre 2015, pp. 12–33.

Galante, Diego (2019): *El Juicio a las Juntas. Discursos entre política y justicia en la transición argentina*, La Plata, Los Polvorines, Posadas: Universidad Nacional de La Plata, Universidad Nacional de General Sarmiento, Universidad Nacional de Misiones.

Galante, Diego (2020a): "Identidades políticas y justicia transicional. Las representaciones sobre los desaparecidos en el Juicio a las Juntas Militares de 1985 en Argentina". Estudios Políticos (Universidad de Antioquia), 58, Medellín, mayo-agosto de 2020: pp. 87-110.

Galante, Diego (2020b): "Culpables de nada y responsables de todo: los excomandantes y el Juicio a las Juntas". En Feld, Claudia, et al. *Las voces de la represión: declaraciones de perpetradores de la dictadura argentina*. Buenos Aires: Miño y Dávila.

Gatti, Gabriel (2008), *El detenido-desaparecido. Narrativas posibles para una catástrofe de la identidad,* Montevideo: Trilce, 2008.

González Bombal, Inés (2004), "La figura de la Desaparición en la re-fundación del Estado de Derecho", en Novaro, Marcos; Palermo, Vicente (comps.), *La historia reciente: Argentina en democracia*, Buenos Aires: Edhasa.

Guthmann, Yanina (2015): *El Caso Simón: discurso jurídico, legitimidad y derechos humanos*, Buenos Aires: Teseo Press.

Jelin, Elizabeth (1995), "La política de la memoria: el movimiento de derechos humanos y la construcción democrática en la Argentina", en Acuña, Carlos (et al.), *Juicio, castigos y memorias: derechos humanos y justicia en la política Argentina*, Buenos Aires: Nueva Visión.

Kaufman, Ester (1991), "Desnaturalización de lo cotidiano: el ritual jurídico en el juicio a los ex comandantes", en Guber, Rosana, *El salvaje metropolitano: A la vuelta de la antropología postmoderna, reconstrucción del conocimiento social en el trabajo de campo*, Buenos Aires: Legasa.

Landi, Oscar (1988), *Reconstrucciones: las nuevas formas de la cultura política*, Buenos Aires: Puntosur.

Landi, Oscar; González Bombal, Inés (1995): "Los derechos en la cultura política", en Acuña, Carlos et al., *Juicio, castigos y memorias: derechos humanos y justicia en la política argentina*, Buenos Aires: Nueva Visión

Lessa, Francesca (2021): *The Condor Trials: Transnational Repression and Human Rights in South America*, New Haven: Yale University Press.

Lorenz, Federico (2004): "'Tómala vos, dámela a mí': La Noche de los Lápices: el deber de memoria y las escuelas", en Jelin, Elizabeth y Lorenz, Federico (comps.), *Educación y memoria: la escuela elabora el pasado*, Buenos Aires: Siglo XXI.

Lvovich, Daniel; Bisquert, Jaquelina (2008): *La cambiante memoria de la dictadura. Discursos públicos, movimientos sociales y legitimidad democrática*, Buenos Aires: Biblioteca Nacional y UNGS

Montero, Ana Soledad (2012), *¡Y al final un día volvimos!: Los usos de la memoria en el discurso kirchnerista (2003–2007)*, Buenos Aires: Prometeo.

Montero, Ana Soledad (2018): "Gestionar la duda. La interpelación al paradestinatario en el discurso de Cambiemos (Argentina)", *Revista Mexicana de Opinión Pública*, Año 13, núm. 25, julio-diciembre de 2018, pp. 41–61.

Nino, Carlos (2006), *Juicio al mal absoluto*, Buenos Aires: Ariel.

Nora, Pierre (2008), *Pierre Nora en Les lieux de mémoire*, Montevideo: Ediciones Trilce.

Pucciarelli, Alfredo (Comp.) (2011): *Los años de Menem: la construcción del orden neoliberal*, Bs. As.: Siglo XXI.

Raggio, Sandra (2010): "La construcción de un relato emblemático de la represión: la 'noche de los lápices'", en Crenzel, Emilio (coord.), *Los desaparecidos en la Argentina. Memorias, representaciones e ideas (1983–2008)*, Buenos Aires: Biblos.

Salvi, Valentina (2012): *De vencedores a víctimas: memorias militares sobre el pasado reciente en la Argentina*, Buenos Aires: Biblos.

Sikkink, Kathryn (2013): *La cascada de la justicia: cómo los juicios de lesa humanidad están cambiando el mundo de la política*, Barcelona: Gedisa.

Vommaro, Gabriel (2019), *La larga marcha de Cambiemos: la construcción silenciosa de un proyecto de poder*, Buenos Aires: Siglo XXI Editores.

Documentos, periódicos y revistas:

Alfonsín (1983a): "Mensaje a la Asamblea Legislativa" (10/12/1983), en Alfonsín, Raúl, Discursos Presidenciales (del 10 de diciembre de 1983 al 23 de marzo de 1984), *Secretaría de Información Pública*, Buenos Aires, 1984.

Alfonsín (1983b): "Iniciamos una etapa que será difícil, discurso en los balcones del Cabildo" (10/12/1983), en Alfonsín, Raúl, Discursos Presidenciales (del 10 de diciembre de 1983 al 23 de marzo de 1984), *Secretaría de Información Pública*, Buenos Aires, 1984.

Cámara Nacional de Apelaciones en lo Criminal y Correccional Federal (1987), *Texto completo de la sentencia dictada el 9 de diciembre de 1985 por la excelentísima Cámara Nacional de Apelaciones en lo Criminal y Correccional Federal de la Capital Federal*, 2 vol., Buenos Aires: Imprenta del Congreso de la Nación.

Comisión Nacional sobre la Desaparición de Personas (CONADEP) (1984), *Nunca más: Informe de la Comisión Nacional sobre la desaparición de personas*, Buenos Aires: Eudeba.

Diario Perfil (1/10/2008): "Alfonsín, emocionado por el homenaje en Casa Rosada: 'No habrá aquí más presidentes de facto'".

Fernández, Alberto (2019): post "Hoy se cumplen 35 años..." (22/04/2019), en X: https://twitter.com/alferdez/status/1253063437875322880?lang=es

Milei, Javier (2021): *entrevista de Luciana Geuna y María Eugenia Duffard, en Todo Noticias*, 13 de agosto de 2021. https://www.youtube.com/watch?v=JnwwYwnijqk

Mitre, Santiago (2022): Argentina, 1985. Film, Argentina-Estados Unidos, 140 minutos.

Presidencia Mauricio Macri (2017): Decreto 1024/2017, "Primer Plan Nacional de Acción en Derechos Humanos (2017- 2020)", en *Boletín Oficial de la República Argentina*, 12/12/2017.

Presidencia Javier Milei (2024): "Día de la Memoria por la Verdad y la Justicia. Completa". https://www.youtube.com/watch?v=dcHv_BNdVAI

EMILIO CRENZEL

Responsabilidades en crímenes de lesa humanidad en la Argentina: Políticas de juzgamiento y elaboraciones académicas

Durante el año 1983 la transición a la democracia puso en primer plano diversas iniciativas respecto del tratamiento de las violaciones a los derechos humanos. Por un lado, la dictadura desplegó diversas disposiciones para evitar su juzgamiento. Por el otro, el movimiento de derechos humanos comenzó a demandar el "juicio y el castigo a todos los culpables". Finalmente se elaboró y se hizo pública la estrategia jurídica que implementaría Raúl Alfonsín, candidato de la Unión Cívica Radical, partido de centro, si fuese electo presidente de la Nación. Todas estas apuestas abordaron, con diferentes perspectivas, la noción de obediencia a órdenes superiores y, con ello, las responsabilidades en la violencia ejercida por el Estado en la década del setenta.

El concepto de obediencia debida adquirió un lugar central en la política de juzgamiento oficial durante el gobierno de Alfonsín, fue materia de debate entonces y luego materia... desde mediados de los años noventa en el contexto de impunidad abierto por las leyes de "Punto Final", "Obediencia Debida" y los Indultos y tras su anulación durante el gobierno de Néstor Kirchner (2003–2007) habilitando, con ello, la reanudación de los juicios penales que a alcanzaron a estratos de las Fuerzas Armadas, policiales y de seguridad hasta entonces impunes.

Este artículo examina la trayectoria que asumió la noción de obediencia a órdenes superiores en las políticas de enjuiciamiento desde 1983 hasta la actualidad y sus vínculos con las representaciones que, a escala internacional, circulaban en cada período sobre las responsabilidades en las violaciones masivas y sistemáticas a los derechos humanos.

Propongo que existió un proceso de "afinidad electiva", tomo el concepto de Max Weber, entendida esta como una relación tácita entre las concepciones que, sobre la determinación de responsabilidades, circularon en la Argentina y las corrientes intelectuales que predominaron en los dos momentos de existencia de juicios penales por violaciones a los derechos humanos (1983–1990) y (2003-hasta la actualidad) (Weber 2010: 11–66). No propongo que exista entre ambas una relación de determinación causal directa o de "influencia". En cambio, sostengo que esa sintonía se explica por vínculos presentes en la adopción de ciertas perspectivas sobre la responsabilidad en términos de corrientes intelectuales subterráneas que moldean la forma de comprender y representarse los límites de la responsabilidad penal.

Las responsabilidades en la transición

La derrota militar argentina en la guerra de las Malvinas en junio de 1982 y la consiguiente pérdida de legitimidad de la dictadura eliminó toda posibilidad de que los principales partidos políticos, nucleados en la Multipartidaria, aceptaran pactar la no revisión de lo actuado en la llamada "lucha contra la subversión". En ese marco, en su repliegue político, la dictadura emitió el 28 de abril de 1983 el "Documento final de la Junta militar sobre la guerra contra la subversión y el terrorismo". En él, las Fuerzas Armadas asumían su responsabilidad en la "guerra antisubversiva" pero advertían también sobre las responsabilidades de "otros estamentos, sectores e instituciones".

Mediante este giro, el discurso castrense procuraba legitimar su intervención en la legalidad constitucional, a punto de recuperarse. La actuación de las Fuerzas Armadas había obedecido a su acatamiento a una orden impartida por un gobierno constitucional, los decretos de María Estela Martínez de Peron autorizando su intervención para neutralizar y/o aniquilar el accionar subversivo en la provincia de Tucumán, de febrero de 1975, y la extensión de esa autorización por decreto del presidente provisional Italo Luder, en octubre de 1975, a todo el país.

Simultáneamente, un acta institucional estipuló el carácter orgánico de la responsabilidad de las Juntas en todas las acciones realizadas en la "lucha antisubversiva", las cuales eran consideradas "ejecutadas conforme a planes aprobados y supervisados por los mandos superiores orgánicos de las Fuerzas

Armadas y por la Junta Militar a partir del momento de su constitución" amparando, así, a todos sus autores (Verbitsky, 2003: 25 y 26).

El informe provocó un generalizado repudio en el país y en el exterior, la movilización en su contra reunió a más de cincuenta mil personas y sólo fue apoyado por la dirigencia empresaria y la Iglesia Católica, pese a la crítica vaticana (Gonzalez Bombal, 1991).

Este mensaje político tuvo su correlato jurídico el 23 de septiembre, a un mes de los comicios, con la sanción de la ley 22.924 de "Pacificación Nacional" conocida como de "Auto amnistía" que extendía un manto de impunidad a quienes hubiesen participado de la "lucha antisubversiva".

Las Fuerzas Armadas, asumían su responsabilidad en lo actuado en la "guerra contra la subversión" pero derivaban, nuevamente, su intervención de los decretos de Isabel Perón e Ítalo Luder de 1975 que les habían ordenado neutralizar y/o aniquilar el accionar de la subversión primero en la provincia de Tucumán y, luego, en todo el país.

Antes del "documento final" y la ley de "auto amnistía" las Fuerzas Armadas habían propuesto que ciertos hechos de violencia posteriores al golpe eran el resultado de bandas de derecha que aún no habían sido controladas por el Estado que procuraba recuperar el monopolio de la fuerza o se debían a excesos cometidos en el marco de la guerra contra la subversión. La auto amnistía venía a concentrar la responsabilidad en las más altas autoridades militares y políticas, específicamente, en el gobierno constitucional que habilitó la intervención de las Fuerzas Armadas en la lucha antisubversiva.

La ley fue rechazada por la opinión pública. Alfonsín, candidato presidencial de la Unión Cívica Radical se pronunció rápida y tajantemente por derogarla por inconstitucional mientras el candidato peronista, Luder, había aseverado que "sus efectos, desde el punto de vista jurídico, serán irreversibles". Sostuvo que el artículo segundo del Código Penal establecía el criterio de la ley más benigna, legitimando la legalidad de la ley de autoanmistía aun si fuera derogada, y su primacía frente a cualquier legislación posterior sobre esos hechos.

Simultáneamente, se extendía en el país una creciente disposición a que el tema de los desaparecidos fuese abordado aún a costa de un enfrentamiento con las Fuerzas Armadas. (González Bombal y Landi, 1995: 158), reproducen los resultados de una encuesta en la cual un 55% de los entrevistados califican la ley de "muy negativa" y otro 12% de "algo negativa". Asimismo, si sobre fines de 1982, cerca del 20% de la población consideraba al de los desaparecidos uno "de los más importantes temas para el país", en febrero de 1983 el 53% se mostraba "muy en desacuerdo" y otro 14% "en desacuerdo" con la proposición "deberíamos olvidarnos de los desaparecidos para evitar nuevos conflictos con los militares" (González Bombal y Landi, 1995: 153).

Ese marco cultural y político, era fruto del creciente apoyo público a la lucha de los organismos de derechos humanos cuyas denuncias comenzaron a visibilizarse en la prensa comercial tras la derrota argentina en la guerra de Malvinas. Desde la "Marcha por la vida", en octubre de 1982, que reunió a cien mil personas, sus movilizaciones alumbraron un nuevo reclamo sintetizado en la consigna "Juicio y castigo a todos los culpables" que se tornó desde entonces central en sus demandas.

Desde la difusión del "Documento final" comenzó a alumbrarse una tercera iniciativa para abordar el tratamiento del pasado de violencia. Esta iniciativa, elaborada por Carlos Nino y Jaime Malamud Goti, encontró eco en Raúl Alfonsín.

El 12 de agosto de 1983, en una conferencia pública en la Federación Argentina de Colegios de Abogados, realizada una semana antes de una importante marcha en Buenos Aires contra la amnistía, Alfonsín precisó por primera vez como se traduciría, en la justicia penal, su propuesta de rendición de cuentas por violaciones a los derechos humanos. Advirtió que, paradójicamente, una ley de amnistía igualaría con el mismo grado de responsabilidad en la comisión de delitos a todos los integrantes de las Fuerzas Armadas, ya que no permitiría distinguir inocentes de culpables y los convertiría ante los "ojos de la Nación", indiscriminadamente en "moralmente culpables". Además, la impunidad de los delitos cometidos abriría la puerta a su repetición poniendo en riesgo la experiencia democrática (Alfonsín, 1983: 142).

Alfonsín se propuso equidistante, tanto del "espíritu de venganza" -de hecho el filósofo del derecho y uno de los autores del programa de justicia de Alfonsín, Carlos Nino propondrá que la consigna de "Juicio y castigo a los culpables" sostenida por los organismos de derechos humanos era la traducción de la "Ley del Talión"- pero también de la "voluntad de olvido" identificada en la búsqueda dictatorial de impunidad.

En función de ello aseveró que, de ser electo presidente, distinguiría al interior de los autores materiales de la represión, tres categorías: "los que la planearon y emitieron las órdenes correspondientes; quienes actuaron más allá de las órdenes, movidos por crueldad, perversión, o codicia, y quienes las cumplieron estrictamente" (Alfonsín, 1983: 148 y Nino, 1997: 106).

Esta distinción, había sido intensamente discutida por el núcleo de asesores del presidente. Mientras era impulsada por Carlos Nino y Jaime Malamud Goti –quienes le llevaron a Alfonsín ese programa, Horacio Jaunarena luego ministro de defensa, se inclinaba por un esquema binario que distinguiera entre quienes dieron las órdenes y vertebraron el plan criminal -las Juntas militares y quizás jefes de áreas y zonas militares- y quienes las obedecieron. Sólo los primeros, en este esquema, serían enjuiciados (entrevista a Horacio Jaunarena en Archivo de Historia Oral de la Argentina Contemporánea, Instituto de Investigaciones Gino Germani, Universidad de Buenos Aires).

En cambio, en la propuesta de los tres niveles de responsabilidad, dos grupos de autores serían inculpados: quienes elaboraron y ordenaron los métodos ilegales de represión y quienes se "excedieron" en el cumplimiento de las órdenes. Específicamente, aquellos que se apropiaron de bienes de las víctimas o de sus hijos. Mientras, quienes sólo cumplieron las órdenes no serían llevados a juicio. Es decir, la obediencia a órdenes superiores vertebraba la estrategia de Alfonsín antes de ser presidente y, por ende, no fue una concesión, materializada en la ley de "obediencia debida" tras el alzamiento militar de la Semana Santa de 1987 contra su gobierno.

¿De donde provenían estas ideas? ¿Cuáles eran las representaciones que circulaban para entonces sobre las responsabilidades penales ante crímenes masivos y sistemáticos?

Veinte años atrás se había producido el juicio en Jerusalém al criminal Nazi Adolf Eichmann, juicio que transformó las ideas y representaciones existentes hasta entonces sobre los perpetradores de esta clase de crímenes.

Desde la derrota del nazismo, y a partir del juicio de Núremberg, estas lecturas, en el contexto de la incorporación de la Alemania Federal al bloque occidental en el marco de la "Guerra Fría", procuraron desresponsabilizar a la sociedad alemana de los crímenes nazis y de acotar rápidamente el juzgamiento a un puñado de jerarcas, caracterizados por sus desórdenes psicopatológicos, sus tendencias sádicas, que explicaban la monstruosidad de los crímenes de los que eran responsables.

Rápidamente, el objetivo de desnazificar a la sociedad alemana fue abandonado en función de la incorporación de la Alemania Federal a la alianza occidental y, con ello, dejándose de lado iniciativas más radicales de revisión de las responsabilidades. Aún los médicos, industriales, dirigentes de las SS llevados a juicio luego del gran proceso de Nuremberg recuperaron pronto la libertad.

El juicio a Eichmann modificó de raíz esas representaciones de los perpetradores.

A partir de él, en el campo jurídico, el juzgamiento de quienes planificaron y ordenaron los crímenes de masa fue objeto de las contribuciones del jurista alemán Claus Roxin (1998) [1963].

Atento a la aparente ajenidad de Eichmann en la comisión inmediata de algún crimen en el marco de la "Solución final", Roxin desarrolló la teoría del dominio del hecho por medio de un aparato organizado de poder. Para ello, propuso la teoría de la autoría mediata, o del "autor detrás del autor".

Sintéticamente, esta teoría permitía proponer que las cúpulas de un sistema criminal, en virtud de haber organizado un aparato de poder al margen del derecho y del cual se derivaba su dominio del hecho, esto es su capacidad de representarse las consecuencias de sus órdenes, eran los autores de delitos ejecutados por medio de otros autores, sus perpetradores inmediatos, a quienes utilizaban como instrumentos intercambiables.

Si bien Eichmann no había asesinado con sus propias manos, había formado parte de la cúpula que tomó las decisiones clave del proceso de exterminio a través, por ejemplo, de su participación en la conferencia de Wannsee en la que, en enero de 1942, catorce altos funcionarios y líderes de las SS coordinaron la ejecución de la "Solución final" del "problema judío".

En el marco de la teoría de Roxin, los subordinados habían sido meros instrumentos fungibles, intercambiables y reemplazables, ejecutores directos sin capacidad de decisión de las órdenes emanadas por parte de las cúpulas.

La idea de que para quienes fueron ejecutores directos de los actos criminales era imposible desobedecer las órdenes emanadas de sus superiores también era una derivación del juicio de Jerusalém.

Stanley Milgram, de familia de inmigrantes judíos europeos, estaba conmovido por el juicio iniciado en Jerusalém a Eichmann, meses antes de comenzar su experimento y, precisamente, mediante su investigación en el marco de la Universidad de Yale buscaba entender las razones que impulsaron a determinados hombres a obedecer órdenes, inhumanas provenientes de una autoridad legítima, que causaron daño a congéneres desconocidos.

En ese experimento, cuyas conclusiones fueron publicadas en 1974 en el libro "Obediencia a la autoridad. Un punto de vista experimental" Milgram examino el comportamiento de cuarenta voluntarios de ambos géneros, de diversas clases sociales, grupos etarios y étnicos convocados mediante un aviso en un periódico local para colaborar en un experimento sobre "memoria y aprendizaje" a desarrollarse en la universidad de Yale.

Al arribar los voluntarios a la universidad, un profesor vestido con guardapolvo les explicaba que debían ejecutar sus órdenes consistentes en descargar crecientes voltajes de electricidad a un desconocido -en realidad se trataba de un actor que simulaba sufrir las descargas- cuando éste se equivocaba al responder qué palabra se asociaba a otra que pronunciaba el investigador. Las distintas intensidades de las descargas estaban explicadas mediante un cartel cuyas etiquetas daban cuenta de su grado de intensidad (moderado, fuerte, peligro: descarga grave y XXX). La realidad era que dicho generador era falso, pues no proporcionaba ninguna descarga al actor y sólo producía sonido al pulsar los interruptores.

La mayoría de los voluntarios (65%), obedeció la orden y suministró descargas cuyas intensidades hubiesen causado la muerte de quien las recibía. La mayoría de los sujetos se sentían incómodos haciéndolo, pero cuarenta de ellos obedecieron producir descargas de hasta los 300 voltios mientras que 25 de los 40 sujetos siguieron aplicando descargas hasta el nivel máximo de 450 voltios (Milgram, 1974).

Milgram se ocupará de destacar que el peso moral de producir la ruptura del experimento, desobedeciendo la orden del profesor que reclama aplicar las descargas eléctricas, conlleva una dificultad que excede el rechazo a ejecutarla. Supone la ruptura de un orden social, de un abanico de expectativas y de posiciones, conjugados en la relación entre el voluntario, el profesor y la "víctima" de las descargas. Estas connotaciones, remarca, explican la infrecuencia del acto de desobediencia y de las emociones y recursos que deben movilizar los sujetos que desobedecen para rechazar las órdenes de autoridades legítimas.

El juicio a Eichmann, también, impulsó las reflexiones de Hannah Arendt. Tras asistir a este proceso penal, Arendt –siguiendo el modelo elaborado por Max Weber, a principios del siglo XX, para caracterizar las relaciones propias de las burocracias administrativas modernas- concluyó que los perpetradores habrían formado parte de una maquinaria burocrática de exterminio.

Eran, a su juicio, hombres banales que cumplieron su deber desde la neutralidad valorativa, ya que no eran especialmente antisemitas o ideólogos fanatizados. Años antes, en su estudio sobre el totalitarismo, Arendt había propuesto que el contexto ideológico imperante en los regímenes totalitarios producía la oclusión del sentido moral de la acción impidiéndoles a los perpetradores la comprensión de la naturaleza de sus actos (Arendt, 1967 y 1982).

Similar al "estado agéntico", cómo Milgram denominó a la ausencia de autonomía de los voluntarios del experimento ante las órdenes emanadas de la autoridad, la banalidad de Eichmann consistía en, tanto miembro de una gran burocracia, ejecutar eficientemente las órdenes recibidas en un estado de indiferencia moral que lo volvía incapaz de distinguir la dimensión de sus actos y de preocuparse por la suerte de sus víctimas.

Carlos Nino había leído a Arendt de quien asumió el desafío que planteaba juzgar a hombres que, como Eichmann según la filósofa alemana, no sentían un odio especial hacia sus víctimas. Eichmann era, según el diagnóstico de médicos, sacerdotes que lo asistieron y entrevistaron durante su juicio, extremadamente respetuoso incluso tenía valores positivos.

Según Arendt, este respeto se extendía al orden establecido y su principal objetivo al organizar los aspectos técnicos de los asesinatos masivos era escalar en su carrera y no causar daño a otros, lo que veía como una consecuencia necesaria y no como un medio en sí mismo. Arendt concluía que la actitud de Eichmann constituía el paradigma de lo que llamó "la banalidad del mal" (…) ¿estamos preparados para culpar el carácter que evaluamos como banal, en lugar de un carácter lleno de odio, inclinaciones sádicas y crueldad? Se preguntaría en base a esta idea Carlos Nino, asesor de Alfonsín y diseñador de su política de juzgamiento de las violaciones a los derechos humanos (Nino 1997: 222).

Nino no explicita que el proyecto de justicia de Alfonsín, la idea que permitía exculpar a la gran masa de perpetradores se sostuviera en la perspectiva de Arendt pero, sin dudas, abrevaba en estas premisas teóricas.

Como se señaló, su esquema proponía la responsabilidad de las juntas militares, las cúpulas que ordenaron y planificaron la represión ilegal. Y, simultáneamente, sostenía la noción de obediencia debida, la cual derivaba de dos premisas. Por un lado, la naturaleza de la institución militar. La segunda, contextual.

Las Fuerzas Armadas, argumentaba, eran por definición instituciones organizadas en torno a principios jerárquicos, no deliberativos. En ese marco, era imposible desobedecer órdenes emanadas de los superiores excepto, como contemplaba el propio Código de Justicia Militar, que éstas fueran ilegales. Para salvar esta cuestión, sostuvo que el contexto ideológico imperante entre los miembros de las Fuerzas Armadas estuvo signado por la instrucción en la Doctrina de Seguridad Nacional la cual obró legitimando estas órdenes al punto de haber impedido a los subordinados discernir su naturaleza ilegal (Nino, 1995: 417–443).

La tesis de la "obediencia debida", expuesta en la campaña electoral de 1983, limitaba la revisión de los abusos a los que planearon y ordenaron la represión y a quienes se excedieron. Admitía, así, la proposición dictatorial sobre la existencia de "excesos" –sugería, como se dijo, que estaban incluidos en este estamento quienes se apropiaron de menores y de bienes conductas que de este modo se proponían por fuera del plan ilegal de represión–; constreñía la identidad de los perpetradores a ejecutores mecánicos de órdenes superiores, sin capacidad de reflexión sobre la naturaleza de sus actos debido al adoctrinamiento de sus jefes e instalaba una imagen vertical de la burocracia castrense que ocluía que los subordinados no se limitaron al ejercicio administrativo del crimen.

De este modo, negaba la manifiesta ilegalidad y crueldad de los crímenes perpetrados, la relativa autonomía operativa en su ejecución y la existencia de casos, si bien minoritarios, que desmentían que disentir con las órdenes supusiera represalias extremas (Crenzel, 2008: 56 y 57). En síntesis, la traducción jurídica de la estrategia política de Alfonsín, estaba vertebrada en los tres niveles de responsabilidad y en la tesis de la obediencia a órdenes superiores. Éstas ya no emanaban del gobierno constitucional previo al golpe encabezado por Maria Estela Martínez e Ítalo Luder, como las habían propuesto el "Documento Final" y la ley de "Pacificación Nacional" o auto amnistía, sino de las Juntas militares.

La responsabilidad de las Juntas y la cuestión de la obediencia debida

Tras su llegada al gobierno, el 10 de diciembre de 1983, Alfonsín firmó los decretos 157 y 158 que ordenaban enjuiciar a siete jefes guerrilleros y a las tres primeras Juntas militares de la dictadura a las cuales acusó en función de que "concibieron e instrumentaron un plan de operaciones contra la actividad subversiva y terrorista, basado en métodos y procedimientos manifiestamente ilegales".

Propuso a la vez, derogar la ley de autoamnistía y reformar el Código de Justicia Militar para impedir a futuro que un delito común cometido por personal militar fuese juzgado por sus pares, pero estableciendo el principio del juez natural, el Consejo Supremo de las Fuerzas Armadas, con posibilidad de apelación ante la Cámara Federal, para los hechos anteriores, como las violaciones a los derechos humanos. Esta última normativa contemplaba el principio de presunción de obediencia al determinar que el personal militar, policial y de seguridad obró por "error insalvable sobre la legitimidad de la orden", exculpándolo así de los actos cometidos según planes y directivas de sus superiores orgánicos y de la Junta Militar.

Este proyecto, enviado para su debate en el congreso, abrió la primera brecha entre el nuevo gobierno y los organismos de derechos humanos, opuestos a que la corporación militar administrara justicia y a la aplicación del principio de obediencia a la autoridad para exculpar los crímenes.

El tratamiento parlamentario afectó estratégicamente la ley 23.049 de reforma del Código de Justicia Militar y las intenciones del gobierno de limitar los juicios con el principio de obediencia debida. En la cámara baja, y con respecto al carácter vinculante de la legislación, se modificó primeramente la expresión "se presumirá" por la de "se podrá presumir". De ese modo, la ley perdía su original carácter taxativo y quedaría en manos de los jueces la decisión sobre la aplicación o no del principio de presunción de obediencia (Galante, 2014) Elevado a la cámara de senadores el proyecto sufrió una modificación introducida por Elías Sapag del Movimiento Popular Neuquino que excluyó del alegato de obediencia a aquellos subordinados que hubiesen cometido "hechos atroces y aberrantes".

Carlos Nino, asesor en derechos humanos del presidente, lo alertó de que la modificación senatorial desbarataba los planes de justicia limitada del oficialismo pero Alfonsín replicó que serían los jueces quienes dictaminarían la aplicabilidad del principio de obediencia en cada caso (Nino, 1997: 124 y de mi entrevista a Alberto Mansur, Secretario de Asuntos Legales de la CONADEP, San Martín, provincia de Buenos Aires, 1 de septiembre de 2004).

La política de enjuiciamiento limitado, basada en la noción de obediencia debida del oficialismo sufriría dos afectaciones adicionales emanadas, paradójicamente, de las tres iniciativas más importantes desenvueltas hasta entonces en materia de derechos humanos por el gobierno de Alfonsín: la investigación de la CONADEP, la asignación en primera instancia del juzgamiento al Consejo Supremo de las Fuerzas Armadas y el juicio a las Juntas militares.

En su informe Nunca Más la CONADEP remarcó que "todo signo de discrepancia dentro de las Fuerzas Armadas y de seguridad con los métodos utilizados para la detención y eliminación de personas fue sancionado de modo brutal (...), cualquier intento de escapar a la estructura represiva, a lo que sus miembros llamaban el "pacto de sangre" podía implicar su persecución y aún su eliminación" (CONADEP, 1984: 253–259).

Estas consideraciones podrían proponer su sintonía con la distinción de los niveles de responsabilidad entre los partícipes de la represión presentada durante la campaña electoral por Alfonsín y luego convertida en política oficial. Sin embargo, el informe consigna que "lo atroz" eran "los actos normales y corrientes efectuados a diario por la represión" y advierte que "los casos transcriptos no son aquellos que constituyen excesos, ya que tales excesos no existieron si se entiende por ello la Comisión de actos aislados, particularmente aberrantes (...) lo aberrante fue práctica común y extendida. Los actos "especialmente atroces se cuentan por millares. Son los "normales" (CONADEP, 1984: 16).

Tras ello, considera "indispensable la investigación judicial de la integración de los grupos de tareas en la estructura represiva" (CONADEP, 1984: 256) lo cual implicaba extender la acción judicial sobre los cuadros medios e inferiores de las Fuerzas Armadas, segmento castrense sobre el cual el gobierno pretendía no desenvolver la acción punitiva.

La entrega del informe Nunca Más puso fin, simultáneamente, a la estrategia oficial de "autodepuración" de las Fuerzas Armadas ya que Alfonsín propuso que el Consejo Supremo de las Fuerzas Armadas llevara, en primera instancia, el juicio a las Juntas militares.

Un día después que la CONADEP entregó del informe Nunca Más al presidente, el Consejo Supremo pidió una nueva prórroga para llevar adelante su labor y en los considerandos de la solicitud calificó de "inobjetables" los decretos, directivas y órdenes de operaciones con las que las Fuerzas Armadas enfrentaron a la subversión y precisó que los comandantes sólo podían ser acusados de no haber controlado los presuntos ilícitos de sus subordinados y que, por ende, era necesario precisar primero su existencia, investigando a sus autores inmediatos. Ellos constituían el cuerpo de oficiales en actividad, segmento al cual la estrategia del gobierno pretendía excluir de la investigación judicial.

Señalaban, además, que para establecer la ilegitimidad de lo actuado por las Juntas debía investigarse si los damnificados cometieron delitos, justificando de este modo los crímenes y trasladando a la vez la investigación a los desaparecidos. Por último, descalificó los testimonios vertidos ante la CONADEP y el propio tribunal militar por provenir de los implicados o sus familiares. A partir de ello, el Dr. julio Strassera, promotor Federal de la Cámara Federal de

Apelaciones de la Capital Federal, solicitó la avocación a la causa, por interpretar que estos actos eran "dilatorios" y denegaban justicia.

En el caso del juicio a las Juntas, su objeto era la determinación de su responsabilidad en la estructuración de un sistema clandestino e ilegal de represión por parte de las tres primeras juntas militares de la dictadura. La sentencia del tribunal admitió la tesis castrense sobre la existencia de una "guerra revolucionaria" pero señaló que los comandantes, contando con los instrumentos legales a su alcance, llevaron la represión de forma ilícita con procedimientos clandestinos, y desestimó la afirmación de las defensas sobre el carácter preconstituido de las pruebas, validándolas.

Sin embargo, no admitió la existencia de una conducción unificada por parte de las Juntas, atribuyendo responsabilidades diferentes por armas, decisión de la cual se derivaron condenas disímiles y varias absoluciones. Su punto número 30, en cambio, extendió la acción penal contra los oficiales superiores que ocuparon los comandos de zonas y subzonas y contra quienes tuvieron responsabilidad operativa en las acciones y cometieron hechos aberrantes. De este modo, la sentencia asumió un carácter expansivo que excedió la meta de justicia limitada del gobierno (Duhalde, 1999: 154).

La voluntad del gobierno de limitar la acción punitiva se manifestó en sus instrucciones a los fiscales para acelerar las causas judiciales en el otoño de 1986 y se acentuó con el envío del Ejecutivo al Congreso del proyecto de Punto Final que establecía que, tras sesenta días, se extinguirían las causas de aquellos no citados hasta entonces a declarar.

El fracaso de la ley de "Punto Final" en acotar decisivamente el número de causas en trámite en la justicia acentuó el malestar militar y desembocó en el levantamiento de una fracción del ejército los "Carapintadas" de Semana Santa en abril de 1987 reclamando el fin de los juicios.

Si la ley de reforma del código de justicia militar enviada por Alfonsín al parlamento en el verano de 1984 decía que: "se presumirá, salvo prueba en contrario, que se obró con error insalvable sobre la legitimidad de la orden recibida" (Acuña y Smulovitz,1995: 52) afectada por la enmienda senatorial que excluía los hechos "atroces y aberrantes" la nueva ley de Obediencia Debida proponía que "se presumirá, sin admitir prueba en contrario, que se obró con error insalvable sobre la legitimidad de la orden recibida".

La primacía del paradigma jurídico para tramitar el pasado reciente se verificó en los debates sobre los alcances del enjuiciamiento suscitados por la ley de obediencia debida, tal cual había ocurrido con los debates suscitados con la reforma del Código de Justicia Militar propuesta por Alfonsín que exculpaba, con el argumento de la obediencia a órdenes superiores, a la gran masa de perpetradores.

En ambos casos, la discusión no se sostuvo en investigar los márgenes de autonomía que tuvieron los perpetradores para desobedecer órdenes ilegales. Se restringió en función de las metas del gobierno de Alfonsín, castigar de forma ejemplar a los mandos superiores, y la del movimiento de derechos humanos: juzgar y castigar "a todos los culpables". El carácter dogmático de la posición oficial se plasmó en la ley de Obediencia Debida (1987) que exculpó a los subalternos sin dar posibilidad a debate. En sus términos, "sin admitir prueba en contrario" (Crenzel, 2008).

De este modo, se daba por establecido un comportamiento que no estaba sustentando en ninguna evidencia empírica. Esto es, que los perpetradores directos de los crímenes no habrían podido desobedecer las órdenes ilegales o que, directamente, no habían podido comprender su carácter ilegal.

La ley de 1987 retomaba así los niveles de responsabilidad enunciados durante la campaña electoral por Alfonsín, pero el oficialismo pagaría el costo político de haberla aprobado en aquella oportunidad con las enmiendas que excluían de ese alegato a los hechos "atroces y aberrantes" y de alentar desde la campaña electoral la expectativa de justicia en amplios sectores de la sociedad poco atentos a las sutilezas y distinciones discursivas y legales.

La revisión de la obediencia debida

La revisión de la obediencia debida puede considerarse fruto de procesos paulatinos y convergentes en el ámbito jurídico, político y de la reflexión académica sobre los crímenes masivos y sistemáticos a escala internacional.

En primer lugar, tras la sanción de las leyes de impunidad y de los Indultos, varios organismos solicitaron a la Corte Interamericana de Derechos Humanos que se expidiera sobre el carácter "imprescriptible, inadmnistiable ni indultable" de los delitos cometidos por las Juntas. Además de establecerlo, simultáneamente, la Corte recomendó reparar a las víctimas y afirmó la incompatibilidad de las leyes de impunidad on la Declaración Americana de los Deberes y Derechos del Hombre y con la Convención Interamericana de Derechos Humanos.

De este modo, la obediencia debida sufría su primera desestimación en el ámbito jurídico internacional.

Pese a estas recomendaciones de la Corte y de la sanción de las leyes reparatorias para familiares de desaparecidos, sobrevivientes y presos políticos la revisión política de la tesis de la obediencia debida se desencadenó unos años después.

Ello sucedió a partir de las declaraciones que formuló, en febrero de 1995, el ex capitán de la Armada, Adolfo Scilingo, quien narró su participación en operativos ordenados por sus superiores, en los cuales, desde aviones navales, arrojó al mar a desaparecidos con vida.

Ofuscado por el silencio de los jefes del arma ante la admisión de dos camaradas que reconocieron en el Senado la práctica regular de la tortura, Scilingo les reclamó que informaran los métodos que ordenaron emplear "para detener, interrogar y eliminar al enemigo durante la guerra contra la subversión y, en caso de existir, el listado de los mal llamados desaparecidos". El impacto de su alocución se potenció por relatos similares de ex oficiales de otras fuerzas.

Frente a esta situación, el general Balza, entonces jefe del Ejército, realizó en abril de 1995 una autocrítica sobre la intervención militar en la vida política, rechazó la obediencia a la autoridad como justificación de crímenes y negó que el Ejército tuviera esas listas en su poder. De este modo, por primera vez una autoridad militar desestimaba el argumento de la obediencia a órdenes superiores en caso de comisión de actos criminales.

Sin embargo, Balza negó haber consultado su declaración con el presidente Menem pese a que el presidente aseguró que actuó según sus instrucciones. De ser cierta la afirmación de Balza, su autocrítica institucional, que proponía la subordinación militar al poder civil, se producía de manera inconsulta respecto del comandante en Jefe, el Presidente Menem. Años después, Balza confirmó la autonomía con que formuló su autocrítica.

A esta toma de posición se sumó, en 1998 el pronunciamiento del parlamento. En el trigésimo segundo aniversario del golpe, el Congreso Nacional derogó las leyes de "Punto final" y "Obediencia debida". Aunque el efecto real de esta medida fue objeto de reflexiones y polémicas referidas, sobre todo, a si su alcance resultaba eminentemente simbólico o conllevaba posibles implicaciones en el plano judicial (CELS, 1998: 36-39).

Ese mismo año, Abuelas de Plaza de Mayo inició un juicio en representación de una de sus integrantes Buscarita Roa por la apropiación, retención y ocultamiento de su nieta Claudia Victoria Poblete. Por esos delitos, no incluidos en las leyes de impunidad, procesaron a Julio Héctor Simón y a Juan Antonio Del Cerro. Para impulsar también el juzgamiento del delito de desaparición forzada cometido contra los padres de la menor, el Centro de Estudios Legales y Sociales (CELS), organismo constituido en 1979 y que denunció desde entonces las violaciones a los derechos humanos, solicitó en 2000 que se declararan nulas las leyes de "Punto Final" y "Obediencia Debida" dictadas en 1986 y 1987 para beneficiar a centenares de miembros de las fuerzas armadas que estaban siendo juzgados en distintas cámaras federales. En 2001 el juzgado federal que investigaba la causa declaró la inconstitucionalidad de las leyes y procesó con prisión preventiva a Julio Héctor Simón por crímenes contra la humanidad. Este fallo fue confirmado por el tribunal de alzada (Laino Sanchís, 2020 y Laino Sanchís, en este libro).

La defensa interpuso un recurso extraordinario que, al ser denegado, dio origen al recurso de queja ante la Corte Suprema de Justicia de la Nación.

En el plano académico, la ley también fue revisada. A inicios del nuevo siglo, uno de los arquitectos de los niveles de responsabilidad, Jaime Malamud Goti cuestionó la ley que él había elaborado mediante un libro inicialmente publicado en 1996 por la Universidad de Oklahoma con el título de Game without End. State terror and the politics of justice y luego en 2000 en español (Malamud Goti, 2000).

En términos generales, la obra debate la capacidad de los juicios penales para conformar una comunidad de derechos en una sociedad que padeció, pero que también contribuyó, según Malamud Goti, a la comisión de los crímenes alentando a las Fuerzas Armadas a restaurar el orden a cualquier precio. De manera provocativa, Malamud Goti plantea que lejos de democratizar a la sociedad argentina, los juicios que él mismo ayudó a diseñar prolongaron prácticas e ideas autoritarias, particularmente aquellas que justificaron la represión política en los años setenta (Malamud Goti, 2000: 16 y 17).

Específicamente, discute la idea que estructuró los niveles de responsabilidad y sobre la cual se basó el esquema de enjuiciamiento de Alfonsín. Frente a la tesis vertical, de órdenes emanadas de arriba hacia abajo en que se sostenía esa proposición, Malamud Goti contrapone un modelo horizontal el cual restituye, de manera significativa, agencia a los cuadros medios e inferiores de la jerarquía castrense al asignarles una determinación decisiva en el curso drástico que asumió el combate antisubversivo.

Basado en una serie de entrevistas mantenidas con oficiales de esos estamentos, Malamud postula que fueron sus integrantes quienes, al ver caer a sus camaradas o sufriendo en persona los avatares del combate, presionaron a sus jefes por un cambio substantivo en la "lucha contra la subversión" el cual suponía el traspaso de los límites legales.

Las atrocidades de la "guerra sucia" no serían, ya, producto de un plan concebido por los generales. Serían fruto y responsabilidad, en cambio, de los estamentos medios los cuales, Malamud Goti señala, contaron con amplia libertad operativa en el combate antisubversivo, atributo que la idea de la obediencia a órdenes superiores, presente en el esquema de los años ochenta, descartaba de plano. (Malamud Goti, 2000: 28 y 204-231).

Estos cuestionamientos diversos a la obediencia como sostén de una política de justicia limitada también eran discutidos, contemporáneamente, en la academia a escala internacional. Desde fines de la década del ochenta siglo XX había comenzado a desarrollarse una revisión de las tesis de Arendt sobre las burocracias del exterminio. Arendt, como se dijo, propuso una representación de esa burocracia tributaria del modelo elaborado por Max Weber, a principios del siglo XX, para caracterizar las relaciones propias de las burocracias administrativas modernas.

Breton y Wintrobe (1986: 905-926), a partir de esa constatación, se enfocaron en criticar el modelo vertical que propone Arendt sobre las organizaciones de gran escala a la que caracterizan, en cambio, como organizaciones complejas, estructuradas en base a códigos no escritos y líneas de comando laxas, componentes ambos que fomentan el celo competitivo de los funcionarios para obtener reconocimiento de sus jefes, prestigio y beneficios de diverso orden. Al analizar la burocracia de la Shoá, estos autores propusieron que los subordinados lejos de limitarse a obedecer órdenes superiores, a verse constreñidos por férreas jerarquías en las que ejercen un mero papel ejecutor de designios ajenos, poseen agencia, capacidad de iniciativa, de decisión en un contexto en el que sus jefes lejos de restringirles esa potestad, la promueven y la estimulan.

Pero, además, de verse cuestionada la tesis general de Arendt sobre las estructuras, las responsabilidades y funcionamientos de las burocracias responsables del mal radical, en el cincuenta aniversario del juicio a Eichmann en Jerusalém, diversos libros específicos debatieron y rebatieron sus proposiciones sobre el perfil y el papel de Eichmann en la "Solución final".

Según Yaacov Lozowick (2002) Eichmann, "experto en asuntos judíos" formaba parte de un grupo de altos funcionarios que estaban completamente conscientes de sus actos, estaban ideológicamente motivados por un profundo compromiso antisemita, poseían iniciativa y decisión para contribuir más allá de lo necesario con la empresa de exterminio (p. 8). Eichmann participó de la conferencia de Wannsee el 20 de enero de 1942 donde se decidió como implementar la "Solución final", se trazaron medidas estratégicas para implementarla y se discutieron sus alcances específicamente como afectarían a la población "mixta" esto es a quienes eran descendientes de arios y judíos o aquellos matrimonios que combinaban esos orígenes (Roseman, 2002)

En síntesis, a partir de ello, Lozowick propone que Arendt estaba lejos de comprender el significado del mal absoluto. Una idea similar propuso David Cesarani, (2010) que presenta una monumental biografía sobre Eichmann. Según Cesarini, Eichmann fue representado, a partir de Arendt, como un "funcionario gris, el hombre cuyo proceso ejemplifica la conversión del hombre en instrumento e incluso el individuo víctima del sistema". En contra de esta idea, Cesarini propone que Eichamann fue un cómplice consciente y voluntario del genocidio y, para ello, traza su trayectoria desde su participación en la burocracia que implementó el plan de Eutanasia para luego integrarse a la burocracia de la Shoá.

A estas revisiones se añadieron otras, relativas a las responsabilidades sociales en los crímenes masivos, que pusieron el acento en el compromiso ideológico y en el antisemitismo de amplios sectores de la sociedad alemana y de los territorios conquistados por Alemania donde se implementó el exterminio.

Browning (1992) a partir del estudio del batallón de reserva 101 de la Policía de Polonia, compuesto por personas ordinarias –ni afiliados al partido nazi, ni miembros de las SS o del ejército- identificó la disposición casi absoluta de los miembros de ese batallón a participar del extermino de los judíos pese a la posibilidad, ofrecida por sus jefes, de no hacerlo sin que ello supusiera un castigo. Incluso, plantea, tenían la protección de su comandante en caso de que no quisieran hacerlo. Pocos, señala el autor, desistieron de participar y esa decisión no tuvo consecuencias. Ese batallón fue responsable de la muerte de más de 100 mil judíos.

Una perspectiva similar, adoptó el trabajo de Goldhagen (1996) que se convirtió, tras su publicación en un Best Seller mundial. Su autor propuso que la población alemana estaba no solo al tanto de los crímenes sino que los apoyaron a partir de estar imbuidos de un "antisemitismo eliminacionista" al cual diferenció de antisemitismo tradicional y secular del cual surgió como su versión radicalizada.

En el mismo sentido, Johnson (2002) propuso que la Gestapo, lejos de ser una enorme organización capaz de una represión microfísica en función del número de sus miembros basó, en cambio, su eficacia represiva en la información que le fue provista por la población. Con ello, propuso que fue el consenso social el que hizo posible la persecución de los judíos y los opositores al régimen nazi. En otro libro Johnson y Heiz-Reuband, (2005) propusieron el conocimiento extendido que existía entre los alemanes corrientes sobre la Shoá a partir de documentos de época pero, sobre todo, de una importante cantidad de entrevistas encuadradas en la metodología de la historia oral.

En síntesis, hacia principios de los años dos mil la obediencia debida había sido cuestionada como idea exculpatoria por el sistema interamericano de justicia y derechos humanos, desestimada como argumento para sostener la ausencia de responsabilidad personal en la comisión de crímenes de lesa humanidad por el jefe de estado mayor conjunto del ejército, el general Balza, derogada por el parlamento, declarada inconstitucional en el caso de la apropiación de menores pero también en el caso de la desaparición de sus padres y revisitada por uno de los autores de la política de enjuiciamiento promovida por el presidente Alfonsín, política que la tenía como su norte vertebrador.

Coincidía esta revisión con el giro interpretativo que, a escala internacional, atravesaba a los estudios académicos sobre la Shoá, incluyendo la revisión crítica de las proposiciones de Arendt postuladas a partir del juicio a Eichmann en Jerusalém las cuales habían sustentado la estructuración de la estrategia de enjuiciamiento desenvuelta bajo el gobierno de Alfonsín.

A estos factores se añadió la renovación del pedido de extradición del juez español Baltazar Garzón de 46 militares comprometidos en la desaparición de ciudadanos españoles que impulsó al Poder Ejecutivo encabezado desde 2003 por Néstor Kirchner a declarar la nulidad de las leyes de impunidad en el Congreso Nacional. También, a partir del fallo Simón del 14 de junio de 2005, impulsó a la Corte Suprema de Justicia a resolver la inconstitucionalidad de las leyes de "Punto Final" y "Obediencia debida".

De ese modo, la máxima instancia del Poder Judicial volvía sobre sus pasos y formulaba un pronunciamiento en sentido contrario al expuesto durante el gobierno de Alfonsín, momento en había resuelto favorablemente la constitucionalidad de las leyes de impunidad.

En 2005 se reanudaron los juicios penales. Estos juicios permitieron identificar nuevas víctimas y perpetradores y examinaron tópicos no abordados en el juicio a las Juntas como violaciones específicas a los derechos humanos como la violencia sexual contra mujeres (Causa ESMA), desapariciones previas al golpe ("Operativo Independencia"), responsabilidad de gerentes en la desaparición de sindicalistas (Ford) de curas (Von Wernich) y jueces (Ricardo Lona) y, en ciertos casos explicitaron las militancias, incluso guerrilleras, de las víctimas ("Contraofensiva montonera"). (Filippini, 2011: 19–47).

La ampliación de las responsabilidades hacia civiles –de todos modos muy acotadas: un juez, un sacerdote, un par de médicos, dos gerentes y ningún político- y hacia subalternos cambió el prisma de la política de justicia.

En este marco, la obediencia debida fue desterrada y el enjuiciamiento a actores civiles puso en primer plano que las responsabilidades penales por las violaciones a los derechos humanos excedieron a las Fuerzas Armadas, policiales y de seguridad.

Consideraciones finales

La relación con las órdenes vinculadas al ejercicio de la represión política en los años setenta en la Argentina fue la clave tanto de las estrategias de deslinde como de establecimiento de responsabilidades penales y políticas desde la transición hasta la actualidad.

Tras fracasar en lograr que la clase política pactara la no revisión de la "lucha antisubversiva" la conducción de la dictadura asumió la responsabilidad en ella pero, a la vez, derivó la intervención de las Fuerzas Armadas en los decretos emanados del gobierno constitucional de María Estela Martínez de Perón e Ítalo Luder.

Esa estrategia fue desechada por el candidato triunfante en las elecciones del 30 de octubre de 1983. Raúl Alfonsín había expuesto en la campaña su estrategia de juzgamiento a partir de los tres niveles de responsabilidad. Ese diseño responsabilizaba exclusivamente a las juntas militares por la implementación de un plan clandestino e ilegal de represión, absolvía a la gran masa de oficiales y suboficiales con el argumento de la obediencia debida y enfocaba también la acción punitiva en aquellos que, se entendía, se habían excedido en el cumplimiento de las órdenes robando bienes y apropiándose de menores hijos/as de personas desaparecidas.

Más allá de su derrotero fallido en el parlamento, esta estrategia terminó imponiéndose tras el levantamiento militar en la Semana Santa de 1987 y la promulgación de la ley de "obediencia debida". En esos años, la idea de la obediencia a órdenes superiores producto de la pérdida del sentido moral de la acción era dominante a escala internacional a partir de las investigaciones de Stanley Milgram y del ensayo de Arendt tras el juicio a Eichmann en Jerusalém. Carlos Nino, asesor de Alfonsín, le prestó especial atención en su libro póstumo cuando destacó el desafío que suponía juzgar y castigar al mal radical, personificado en aquellos agentes que carecían de conciencia sobre las consecuencias morales de sus actos.

A mediados de los años noventa, diversos procesos políticos, judiciales, e intelectuales en el país fueron erosionando la justificación de la comisión de crímenes de lesa humanidad bajo el argumento de la obediencia a órdenes superiores: dictámenes de la Corte Interamericana de Derechos Humanos, pronunciamientos de autoridades militares, decisiones parlamentaria que derogaron la ley diez años después de su sanción, la revisión por parte de Malamud Goti, uno de los arquitectos del juicio a las juntas.

Simultáneamente, desde inicios de los años noventa, a escala internacional emergió una novedosa producción académica que debatió y desechó la tesis Arendtiana sobre la obediencia a órdenes de autoridades en el marco de grandes maquinarias burocráticas.

Estas investigaciones repusieron las claves ideológicas, en especial el antisemitismo virulento, para explicar la participación de los perpetradores en los crímenes, resaltaron la convicción y conciencia sobre sus consecuencias que tenían al materializarlos y dieron cuenta del fuerte consenso social que posibilitó el exterminio de millones de seres humanos restituyendo las responsabilidades de las sociedades europeas, especialmente la alemana, en la "Solución final".

Esos procesos convergentes se tradujeron en la anulación de las leyes de impunidad en 2005 por parte de la Corte Suprema.

Curiosamente en el caso argentino disponemos de cierta información empírica recolectada por la CONADEP, en los juicios y en las investigaciones académicas locales sobre la conducta de los perpetradores pero el tema aun forma parte de las vacancias del campo de estudios. Otra vacancia significativa es el análisis del diálogo y la circulación de las perspectivas académicas globales sobre las responsabilidades en crímenes masivos y sistemáticos en el plano nacional.

De forma notable el derrotero de la obediencia a órdenes superiores no ha sido examinado a partir de esta clave, como si la Argentina hubiese estado ajena a las discusiones y a las ideas que circularon a escala trasnacional sobre este tópico.

Recientemente, el surgimiento del colectivo "Historias desobedientes" compuesto por "Hijos e Hijas de genocidas", como se autodenominan, mostró la vitalidad de la noción de obediencia en los discursos que circulan sobre los protagonistas de los años de violencia aun en el caso de las relaciones familiares que, por cierto, si bien se fundan en relaciones jerárquicas estás no están determinadas por códigos.

La voluntad de desobedecer de los integrantes de este colectivo pone en primer plano aquella vieja idea que propone que no hay poder sin resistencia y nos interroga sobre las complejas razones de quienes aceptan o discuten las formas aberrantes que pueden asumir las relaciones con la otredad.

Bibliografía

Acuña, Carlos y Smulovitz, Catalina (1995): Militares en la transición argentina: del gobierno a la subordinación constitucional. En: Acuña, Carlos; Vacchieri, Adriana; Smulovitz, Catalina; Jelin, Elizabeth; González Bombal, Inés; Quevedo, Luis Alberto y Landi: Oscar Juicio, castigos y memorias, *Derechos Humanos y justicia en la política Argentina*. Buenos Aires: Nueva Visión, pp.19–99.

Alfonsín, Raúl (1983): *Ahora, mi propuesta política*. Buenos Aires: Sudamericana-Planeta.

Arendt, Hannah (1967): *Eichmann in Jerusalem: A Report on the Banality of Evil*. Londres: Faber & Faber.

Arendt, Hannah (1974): *Los orígenes del totalitarismo*. Madrid: Taurus.

Breton, Albert y Wintrobe, Ronald (1986). The Bureaucracy of Murder Revisited. *Journal of Political Economy*, Chicago, n. 94, vol. 5, p. 905-926.

Browning, Christopher (1992): *Ordinary Men. Reserve Police Battalion 101 and the Final Solution in Poland*, Nueva York, Harper-Collins.

Centro de Estudios Legales y Sociales (CELS) (1996): *Informe sobre la situación de los derechos humanos en Argentina. Informe 1995*, Buenos Aires.

Cesarini, David (2006): *Becoming Eichmann: Rethinking the Life, Crimes, and Trial of a "Desk Murderer"*. Nueva York: Da Capo Press.

Comisión Nacional sobre la Desaparición de Personas (CONADEP) (1984) *Nunca Más. Informe de la Comisión Nacional sobre la Desaparición de Personas*, Buenos Aires: EUDEBA

Crenzel, Emilio (2008): *La historia política del Nunca Más. La memoria de las desapariciones en la Argentina*. Buenos Aires: Siglo XXI.

Duhalde, Eduardo (1999); *El Estado terrorista argentino. Quince años después, una mirada crítica.* Buenos Aires: EUDEBA.

Filippini, Leonardo (2011): La persecución penal en la búsqueda de justicia', en CELS y Centro Internacional para la Justicia Transicional (eds.), *Hacer justicia. Nuevos debates sobre el juzgamiento de crímenes de lesa humanidad en Argentina*, Buenos Aires: Siglo XXI.

Foucault, Michel (1986): *La verdad y las formas jurídicas*, México, Siglo XXI.

Galante, Diego (2011): *El Juicio a las Juntas: cultura política y discursos sobre ciudadanía en la transición argentina. Tesis de Maestría en Ciencia Política*, Buenos Aires: Instituto de Altos Estudios Sociales, Universidad Nacional de San Martín.

Goldhagen, Daniel (1996): *Los verdugos voluntarios de Hitler. Los alemanes corrientes y el holocausto*, Madrid, Taurus.

González Bombal, Inés (1991): *El diálogo político: la transición que no fue.* Buenos Aires: Documento CEDES/61.

González Bombal, Inés y Landi, Oscar (1995): "Los derechos en la cultura política". En: Acuña, Carlos; Vacchieri, Adriana; Smulovitz, Catalina; Jelin, Elizabeth; González Bombal, Inés; Quevedo, Luis Alberto y Landi: *Oscar Juicio, castigos y memorias, Derechos Humanos y justicia en la política Argentina.* Buenos Aires: Nueva Visión, pp. 147–192.

Guest, Ian (1990): *Behind the Disappearances: Argentina's Dirty War Against Human Rights and the United Nations.* Philadelphia: University of Pennsylvania Press.

Jelin, Elizabeth (1995); "La política de la memoria: el movimiento de Derechos Humanos y la construcción de la democracia en Argentina". En: Acuña, Carlos; Vacchieri, Adriana; Smulovitz, Catalina; Jelin, Elizabeth; González Bombal, Inés; Quevedo, Luis Alberto y Landi: *Oscar Juicio, castigos y memorias, Derechos Humanos y justicia en la política Argentina.* Buenos Aires: Nueva Visión, pp.101–146.

Johnson, Eric (1999): *El terror nazi. La Gestapo, los judíos y el pueblo Alemán.* Barcelona: Paidós.

Johnson, Eric y Heiz-Reuband, Karl (2006): *What We Knew. Terror, Mass Murder and Everyday Life in Nazi Germany.* An oral History, Basic Books.

Laino Sanchis, Fabricio (2020): "De niños desaparecidos a nietitos restituidos. Actores, escenarios y discursos en torno a los procesos de búsqueda y restitución de los/as niños/as apropiados/as durante la última dictadura militar en la Argentina (1976–2014)", tesis de Doctorado en Historia, Universidad Nacional de San Martín, (UNSAM).

Lozowick, Yaacov (2002): *Hitler's Bureaucrats: The Nazi Security Police and the Banality of Evil.* Londres: Continuum International Publishing Group.

Malamud Goti, Jaime (2000): *Terror y justicia en la Argentina. Responsabilidad y democracia después de los juicios al terrorismo de Estado*, Buenos Aires, De la Flor.

Milgram, Stanley (1974): *Obedience to Authority; An Experimental View.* Nueva York: Harpercollins.

Nino, Carlos (1995): The duty to punish past abuses of human rights put into context: the case of Argentina". En Kritz, Neil (ed.) *Transitional justice. How emerging democracies reckon with former regimes.* Washington: United States Institute of Peace, p. 417-443, 1995.

Nino, Carlos (1997): *Juicio al mal absoluto. Los fundamentos y la historia del juicio a las juntas del proceso.* Buenos Aires: Emecé.

Osiel, Mark (1986): The Making of Human Rights policy in Argentina: The impact of ideas and interests on a legal conflict. *Journal of Latin American Studies*, n.18, p. 135-180.

Osiel, Mark (1995): *Ever Again: Legal Remembrance of AdministrativeMassacre.* University of Pennsylvania Law Review, Pennsilvanya, n. 144, p. 463-680.

Roseman, Mark (2002): *La villa, el lago, la reunión*, Barcelona, RBA.

Roxin, Claus 1998 [1963]: *Autoría y dominio del hecho en derecho penal.* Madrid: Marcial Pons.

Sikkink, Kathryn (2011): *The Justice Cascade: How Human Rights Prosecutions Are Changing World Politics.* Nueva York: W. W. Norton & Company.

Verbitsky, Horacio (1995): *El Vuelo.* Buenos Aires: Planeta.

Verbitsky, Horacio (2003): *Civiles y militares. Memoria secreta de la transición.* Buenos Aires: Sudamericana.

Vezzetti, Hugo (2002): *Pasado y presente. Guerra, dictadura y sociedad en la Argentina.* Buenos Aires: Siglo XXI.

Weber, Max (2010): *La ética protestante y el espíritu del capitalismo*, Buenos Aires: Prometeo.

FABRICIO LAINO SANCHIS

"Videla está preso". Las causas judiciales por apropiación de menores en Argentina durante la vigencia de las "Leyes de impunidad" (1987–2005)

En Argentina, las leyes 23.492 ("Punto Final") y 23.521 ("Obediencia Debida"), sancionadas respectivamente en 1986 y 1987, intentaron poner un coto al proceso de justicia transicional por las violaciones a los derechos humanos cometidas durante la dictadura que había gobernado entre 1976 y 1983. Estos procesos habían comenzado con el retorno de la democracia, el 10 de diciembre de 1983, y habían alcanzado un primer hito con el Juicio a las primeras tres juntas militares, conocido como "Juicio a las Juntas".

La Ley de Obediencia Debida, en particular, establecía que los delitos cometidos durante la represión por el personal de las Fuerzas Armadas con rango menor a coronel no eran punibles ya que se presumía que habían actuado según el principio castrense de la "obediencia debida" a las órdenes de los mandos superiores. Las "leyes de la impunidad", así llamadas por los familiares de las víctimas y organismos de derechos humanos, estuvieron vigentes hasta que fueron anuladas por el Congreso Nacional en 2003 y luego declaradas inconstitucionales por la Corte Suprema de Justicia en 2005.

Sin embargo, estas leyes no extinguieron por completo la acción penal contra los delitos cometidos durante la dictadura. Por diferentes motivos, jurídicos y políticos, la Ley de Obediencia Debida excluyó de su alcance a los delitos de violencia sexual, robo de inmuebles y "sustracción y ocultación de menores o sustitución de su estado civil". Con esta denominación se hacía referencia a los alrededor de 500 niños y niñas que habían sido apropiados por las fuerzas represivas, algunos/as secuestrados junto con sus padres y/o madres, otros/as (la mayoría) nacidos/as durante el cautiverio de sus madres, secuestradas embarazadas.

Desde 1977, un grupo de mujeres, madres de desaparecidos/as y abuelas de esos niños/as apropiados/as, demandaba al gobierno su aparición y restitución a sus familias biológicas. Hacia fines de la dictadura, este grupo creció y terminó de conformarse como Abuelas de Plaza de Mayo (Abuelas), organización que continúa esta lucha hasta el presente. Hasta la fecha de esta publicación, pudo resolver 139 casos de personas que pudieron conocer sus verdaderos orígenes y reencontrarse con su familia biológica.

En 1987, el margen de acción que la ley de Obediencia Debida habilitaba fue aprovechado por Abuelas. Con la asesoría legal de su equipo jurídico y de otros organismos de derechos humanos, durante estos años de amplia impunidad Abuelas impulsó numerosas causas judiciales, primero contra los apropiadores directos (con el fin de obtener la restitución de los niños y niñas que se encontraban bajo su poder) y luego también contra los altos mandos de las Fuerzas Armadas, a quienes se acusaba de haber ejecutado un plan sistemático de apropiación de menores.

En este capítulo analizaremos algunos procesos judiciales por apropiación de niños y niñas que se llevaron adelante durante este periodo de casi total clausura judicial, entre 1987 y 2005. Mostraremos de qué forma estos procesos se transformaron en batallas judiciales que trascendieron los estrados e impactaron en la esfera pública nacional e internacional, con el involucramiento de diferentes actores sociales y políticos y fuertes repercusiones en los medios de comunicación.

En estas disputas judiciales y mediáticas colisionaron memorias y representaciones antagónicas sobre el pasado dictatorial, así como discursos y saberes sobre la infancia y sus derechos, la familia y la noción de identidad, provenientes de diversos campos disciplinares. Buscaremos demostrar de qué forma estos procesos contribuyeron, en primera instancia, a sostener los reclamos de los familiares de las víctimas de la dictadura en un contexto político y social adverso y, en un segundo momento, a fines de la década de 1990 y comienzos de los 2000, a impulsar la derogación de las "leyes de impunidad" y la reapertura definitiva de los procesos judiciales.

El punto de partida: las paradojas del Juicio a las Juntas

Por la comisión de diversos delitos, en el Juicio a las Juntas de 1985 se condenó a Jorge Rafael Videla y Emilio Eduardo Massera a la pena de reclusión perpetua; a Orlando Ramón Agosti a cuatro años y seis meses de prisión; a Roberto Eduardo Viola a diecisiete años de prisión y a Armando Lambruschini a la pena de ocho años de prisión, con accesoria de inhabilitación absoluta perpetua en todos los casos.

Resultaron absueltos Omar Domingo Rubens Graffigna y los integrantes de la tercera junta: Leopoldo Fortunato Galtieri, Jorge Isaac Anaya y Basilio Lami Dozo. El tribunal dictaminó que no era posible considerar que la "sustracción de menores" hubiera respondido a órdenes superiores, o que hubiera sido "prevista y asentida por quienes dispusieron de ese modo de proceder" (a diferencia, según los jueces, de lo que había ocurrido con el robo de bienes durante los operativos). En un párrafo sucinto, el tribunal ofrecía como único argumento para arribar a esta conclusión que la comisión de este delito se había demostrado "sólo en forma ocasional".

Como ha señalado Alan Iud, abogado y durante muchos años integrante del equipo jurídico de Abuelas de Plaza de Mayo, la Cámara Federal en aquélla sentencia parece haberse basado en un criterio estrictamente cuantitativo para denegar el carácter planificado y sistemático de la sustracción de menores y calificar al delito de ocasional (Iud, 2013, p. 6).

Esto no suponía que el tribunal negara la posible comisión de estos delitos, sino que invertía la atribución de responsabilidades sobre la que se fundamentaba la condena. Los comandantes habían sido considerados autores mediatos de los crímenes que ordenaron ejecutar a sus subalternos y también eran responsables por aquéllos que, sin ordenar explícitamente, habían previsto o consentido; pero, en opinión del tribunal, no podían ser culpados por aquellos otros delitos que los ejecutores habían cometido "excediéndose" en su cumplimiento.

Esto suponía, por ende, que el principio de "obediencia debida", instituida en el Código Militar vigente al momento de los hechos no podía regir para los perpetradores de "excesos" (en apariencia ocasionales) como la sustracción de menores.

En efecto, si el fallo del tribunal, que condenaba a quienes dictaron las órdenes, podía sentar jurisprudencia para que los subordinados alegaran en su favor "eximente de obediencia debida o un error invencible respecto de la legitimidad de las órdenes que recibieron", de ninguna manera eximía a aquéllos otros que "ejecutaron sin miramiento hechos atroces" quienes, en consideración del tribunal, eran "responsables de los hechos cometidos junto a quienes impartieron las órdenes objeto de este proceso" (Galante, 2019).

Este fallo tuvo un efecto paradójico para la lucha por la restitución de los/as niños/as apropiados/as. Abuelas repudió la absolución de los comandantes por el delito de sustracción de menores y, desde ese momento, dedicó crecientes esfuerzos para probar el carácter planificado y sistemático de este fenómeno represivo (Herrera y Tenembaum, 1990; Arditti, 2000; Abuelas de Plaza de Mayo, 1994 y 2007). Pero, al mismo tiempo, todos los juicios a apropiadores de niños/as que se sustanciaron durante la vigencia de las Leyes de Punto Final y Obediencia Debida fueron posibles porque estas normas exceptuaron al delito de sustracción de menores del beneficio de la extinción de la acción penal. Y el principal fundamento con que se incorporó esta excepción en la redacción de las leyes provenía del fallo del Juicio a las Juntas: si, como habían dicho en aquella oportunidad los jueces, el delito de sustracción de menores no había sido ni planificado ni sistemático, los subalternos que lo habían perpetrado eran los únicos responsables y no podían pretender ampararse en el principio de la "obediencia debida".

Los juicios contra los apropiadores (1987-1995)

Desde el retorno de la democracia, Abuelas de Plaza de Mayo instaló al ámbito judicial como una arena para obtener respuesta a sus demandas y como esfera principal de su acción pública de la democracia. Para la organización, no se trataba sólo de obtener justicia retributiva por las "violaciones a los derechos humanos" sino, particularmente, de conseguir la obtención de su principal reclamo: la restitución de los "niños desaparecidos" localizados/as a sus familias biológicas. Esta faceta particular de la acción de Abuelas distinguió en parte sus propias demandas de justicia del reclamo de "juicio y castigo" compartido con el resto del movimiento de derechos humanos (Villalta, 2012; Regueiro, 2013; Laino Sanchis, 2020).

Con la brecha legal que permitieron las "leyes de impunidad", esta estrategia de Abuelas continuó. Abuelas batalló por la restitución de varios niños que la organización había logrado localizar y que se encontraban en manos de personas directamente involucradas en la represión dictatorial. Uno de estos casos fue el de los mellizos Matías y Gonzalo Reggiardo Tolosa, apropiados por Samuel Miara, un subcomisario de la Policía Federal que ya en 1984 había sido denunciado por Abuelas. Miara se dio a la fuga con su esposa, Beatriz Alicia Castillo, y los niños a comienzos de 1986. Recién en abril de 1987 pudieron ser localizados viviendo en Paraguay, y en 1989, con los análisis del Banco Nacional de Datos Genéticos, se estableció que eran hijos de Juan Enrique Reggiardo y María Rosa Ana Tolosa, desaparecidos en febrero de 1977.

También prófugos en ese país fueron hallados en 1987 (y en parte como efecto de las acciones judiciales emprendidas para lograr la extradición de

Miara y su esposa) Miguel Furci con Mariana Zaffaroni y otro represor, el ex mayor médico del Ejército Norberto Atilio Bianco, que junto con su esposa tenían una niña y un niño que se sospechaba que eran hijos de desaparecidos. Abuelas pidió la intervención de la OEA y de la ONU. Amnesty International y otros organismos extranjeros impulsaron campañas para exigir la localización de los/as niños/as con sus apropiadores prófugos y, una vez hallados/as en Paraguay, su devolución a sus familias biológicas en Argentina (Carta de la Asociación Pro Derechos Humanos al fiscal general de Paraguay Clotildo Jiménez Benítez, 16 de octubre de 1987, Madrid, España. Archivo CELS, FICELS, FOO, Caja 22. Carta de Jeanne Dupouy y Christianne Lacour a los grupos de padrinazgo de ACAT, 7 de marzo de 1986; Carta de Jeanne Dupouy a los grupos de padrinazgo de ACAT, 29 de enero de 1990. Ambos en CNAEF, Fondo ACAT, Caja 107).

Poco después de ser localizados en ese país, la justicia argentina pidió la extradición de los represores prófugos con los/as niños/as. Sin embargo, todavía bajo el régimen dictatorial de Alfredo Stroessner, la justicia paraguaya se negó a cooperar y realizó toda una serie de maniobras dilatorias y de entorpecimiento del proceso. La cuestión se transformó en un verdadero conflicto diplomático entre Argentina y Paraguay. Las extradiciones de los/as niños/as cautivos/as en Paraguay y sus apropiadores pudieron comenzar a concretarse (lentamente y aun con la interposición de numerosas trabas) sólo después del derrocamiento de Stroessner, el 3 de febrero de 1989 (Laino Sanchis, 2024).

Tras la extradición se pudieron concretar los análisis genéticos requeridos desde 1985. Sorpresivamente, los estudios establecieron que los niños no eran hijos de Adalberto Rossetti y Liliana Ross, como se creía hasta ese momento, sino de otra pareja detenida-desaparecida: María Rosa Ana Tolosa y Juan Enrique Reggiardo. A partir de ese momento, comenzó una larga disputa judicial por su tenencia: mientras que a Miara se le dictó la prisión preventiva por los delitos de retención y ocultamiento de menores, falsedad ideológica de documento público y uso de documentos falsos, Castillo, su esposa, también procesada, continuó en libertad y con la guarda de los mellizos.

Abuelas inició entonces una fuerte campaña por la restitución a su familia biológica, para la que contó con el apoyo de diferentes personalidades y actores sociales. A través de sucesivas presentaciones, Abuelas consiguió que la CIDH elevara su caso a la Corte Interamericana de Derechos Humanos, el 19 de noviembre de 1993 resolvió

Requerir al Gobierno de la República Argentina a que adopte sin dilación cuantas medidas sean necesarias para proteger la integridad psíquica de los menores Gonzalo Xavier y Matías Ángel Reggiardo Tolosa y evitarles daños irreparables, en estricto cumplimiento de la obligación de respeto y garantía de los derechos humanos que tiene contraída en virtud del artículo 1.1 de la Convención.

La Corte Interamericana le dio plazo al gobierno argentino hasta el 20 de diciembre del mismo año para informar las medidas tomadas para satisfacer este requerimiento, so pena de tomar otras medidas. El efecto de esta resolución fue inmediato. En noviembre de 1993 el juez de la causa, Jorge Ballestero, resolvió quitarle la guarda a la apropiadora y ponerlos provisoriamente a cargo de una familia sustituta.

Pocas semanas después, en diciembre de 1993, otorgó la guarda a Eduardo Tolosa, su tío biológico. Según reseñaba Página 12, la medida se fundamentaba en lo establecido por la Convención Americana sobre Derechos Humanos y el artículo 8 de la Convención de los Derechos del niño, "que reconoce como prioritario el derecho a la identidad".

Posteriormente, el 19 de enero de 1994 la Corte Interamericana emitía una nueva resolución en la que daba por cumplidas las medidas solicitadas al Estado argentino.

Fue entonces cuando, impulsados por Castillo y los abogados de la familia, los jóvenes se presentaron en diferentes programas televisivos para reclamar su retorno con la mujer que los había criado. La disputa judicial dio paso una resonante controversia mediática. Los medios de comunicación no son un simple canal neutral por el que discurre información objetiva, sino que son al mismo tiempo un escenario en el que se libran las batallas de los movimientos sociales y, al mismo tiempo, son actores con determinados que los llevan a tomar partido en dichas disputas, a través de discursos hostiles o reivindicativos (Kircher, 2005; Rucht, 2004).

No extraña, pues, que diferentes periodistas y medios de comunicación se hayan posicionado de forma explícita del lado de los apropiadores, mientras que otros, minoritarios (principalmente, el diario Página/12) hayan salido en apoyo del reclamo de Abuelas y de la familia biológica. La última semana de mayo de 1994, los mellizos hicieron su aparición en el programa "Memoria" de Samuel "Chiche" Gelblung, en "Haddad & Longobardi", conducido por los periodistas homónimos, y en "Tiempo Nuevo" de Bernardo Neustadt.

En estas sucesivas presentaciones, los periodistas se refieron a Castillo como la "madre histórica". Los jóvenes acusaron a su tío biológico por malos tratos y reclamaron su retorno con la mujer que los había criado. Finalmente, el raid mediático tuvo repercusiones judiciales: el 1 de junio de 1994, el juez

Ballestero decidió revocarle a Eduardo Tolosa la guarda y entregar a los jóvenes de nuevo a Castillo.

Frente a esto, Abuelas desarrolló en los siguientes meses una activa intervención pública para desactivar lo que consideraban como una "campaña para legitimar el robo de niños" ("¿Es lícito el robo de niños? Caso Reggiardo Tolosa", Archivo CELS, FICELS, FOO, CAJA 22).

Esta disputa mediática expuso las dificultades que encontraba la organización para movilizar apoyos para su causa en aquellos años, marcados por un importante reflujo en la capacidad de movilización del movimiento de derechos humanos y una política oficial de "olvido" y "reconciliación".

Los grandes medios de comunicación de tendencia conservadora o liberal que se posicionaron en contra del reclamo de Abuelas y a favor de la apropiadora de los mellizos esgrimieron dos argumentos centrales. Por un lado, lo que Sabina Regueiro (2013, p. 216) ha llamado la "desbiologización del lazo de parentesco": en este discurso los padres "verdaderos", "legítimos", eran los "padres históricos", los "padres del corazón", aquellas personas con las que los jóvenes se habían criado, sin importar las circunstancias de su arribo a la familia y sin distinguir adopción de apropiación.

Por otro lado, una apelación al "respeto de la voluntad de los jóvenes" fundado en el "interés superior del niño", principio rector del paradigma del niño como sujeto de derechos. Incluso en el programa de Haddad y Longobardi se leyó el artículo 13 de la Convención sobre los Derechos del Niño, sobre el derecho de los niños a la libertad de expresión. Este es un ejemplo más de los usos múltiples e incluso diametralmente opuestos que, como ha señalado Julieta Grinberg (2013) se hicieron en la esfera pública local de los "derechos del niño" en los años '90.

Dos posturas antagónicas e irreconciliables, como aquella en favor de la restitución y aquella otra que bregaba por mantener la guarda de la apropiadora, podían pretender fundamentarse en esos mismos derechos.

Frente a las declaraciones en los medios de los jóvenes Reggiardo Tolosa, que exigían que se respetara su voluntad de vivir con su "madre histórica", Estela de Carlotto, presidenta de la asociación desde 1989, expresó:

- ¿Qué opina usted de la emisión del programa?
- (...) Los chicos, con sus diecisiete años, hablaron para protestar. Lástima que los están utilizando quienes no se ocuparon de ellos cuando vivían en cautiverio. Los pusieron en la pantalla para que eligieran lo que quieren, pero nadie elige lo que no conoce. Los menores deben ser escuchados,

comprendidos, pero la decisión de lo que es mejor para ellos es responsabilidad de los mayores, en este caso el juez y el tío Tolosa, con quien viven, son los que deben guiar y comprender a estos dos adolescentes.
- ¿Aun cuando esos chicos sean ya adolescentes con voz y voto?
- No es lo mismo restituir a una criatura de diez años que a otra de diecisiete. Pasaron más años de la apropiación y tienen más internalizado el discurso del apropiador. En este caso particular, el pasaje del tiempo es imputable a la Justicia, porque desde el año '89 se sabía quiénes eran y el entonces juez Ricardo Weschler no los restituyó. Pero mientras sean menores y estén en manos de asesinos, la separación abrupta es lo que aconsejan como más sano los psicólogos, aunque sea doloroso asumirla.

Las voces antagonistas a la lucha de Abuelas, que cuestionaban las restituciones como "retraumatizantes" y defendían los derechos de los "padres del corazón" existieron desde el comienzo de su lucha (Arditti, 2000; Abuelas de Plaza de Mayo, 2007). Sin dudas, el contexto político adverso (con un gobierno nacional que promovía el "olvido" y la "reconociliación" para "alcanzar la paz nacional") y la transición etaria en la que los niños y las niñas buscados dejaban de serlo, se acercaban a la adultez y ya emitían opiniones propias (aunque sin dudas, impregnadas por el discurso de sus apropiadores) ayudó a darle un nuevo vigor a estos argumentos y a dividir a la opinión pública y al espectro político. La organización era consciente de las dificultades que presentaban las restituciones.

En los años siguientes, en un proceso no exento de conflictos internos y contradicciones, las estrategias y el repertorio de acción de Abuelas vivieron una importante transformación. El significante "restitución", clave en el repertorio discursivo, comenzó a resemantizarse para transformarse en sinónimo de "reconocimiento de la verdad" o de la identidad biológica (y, como consecuencia, de la identidad y la memoria familiar) y no ya (como no podía ser posible por la edad de esos jóvenes) en la incorporación en el seno de la familia biológica.

El análisis de la conflictiva restitución de Matías y Gonzalo Reggiardo Tolosa nos muestra que el escenario judicial fue un espacio donde entraron en disputa discursos y representaciones favorables y contrarias a las restituciones, en una relación dialéctica con otros discursos y esferas de la vida social, que alimentaban la conflictividad judicial y se veían también impactadas por ella.

Como señala Sabina Regueiro (2013) en estas batallas se enfrentaron no solo las familias biológicas y los apropiadores, sino diferentes actores judiciales y extra-judiciales, como los principales medios de comunicación. En sus posturas y opiniones se vieron expresadas las posiciones de todos estos actores dentro de la trama político-social y frente a la causa por la restitución de los hijos e hijas apropiados.

Las acciones penales contra los/as apropiadores que habían quedado exceptuadas de las leyes de impunidad continuaron su curso. Para junio de 1996 eran siete las sentencias condenatorias por delitos de sustracción de menores. En la mayoría de los casos, los condenados habían estado directamente vinculados con la represión ilegal durante la dictadura.

Los orígenes del juicio por el "plan sistemático de apropiación de menores"

Hacia mediados de la década de 1990, diferentes factores volvieron a instalar en la escena pública la cuestión de los crímenes cometidos durante la última dictadura y revitalizaron las demandas del movimiento de derechos humanos. Se produjo una eclosión de testimonios de sobrevivientes y de antiguos militantes que Lvovich y Bisquert (2008) han denominado como el "boom de la memoria".

En este contexto en que las violaciones masivas a los derechos humanos en el pasado reciente volvían a ocupar un espacio significativo en la discusión pública, la cuestión de los "niños desaparecidos" apareció con fuerza como un elemento central en la erosión del entramado jurídico-normativo de la impunidad.

Además de los procesos judiciales puntuales contra cada apropiador y/o apropiadora, el 30 de diciembre de 1996 se radicó una denuncia en los tribunales de la Capital Federal que tenía por fin demostrar la existencia de un plan detrás de la comisión de un delito y juzgar a sus responsables.

La denuncia fue presentada por Abuelas de Plaza de Mayo y otros familiares y organizaciones (como la Asociación Anahí, fundada por la ex integrante y ex presidenta de Abuelas, Chicha Mariani). Los denunciados eran Eduardo Albano Harguindeguy, Carlos Guillermo Suárez Mason, Cristino Nicolaides, Rubén Oscar Franco y Reynaldo Benito Bignone, a quienes sindicaban como responsables de los delitos de "sustracción y ocultación de menor, homicidio, sustitución de estado civil, privación ilegal de la libertad y reducción a servidumbre".

La elección de los denunciados en la presentación no era aleatoria. Se trataba de militares implicados en apropiaciones profusamente documentadas y que además no habían sido juzgados en la Juicios a las Juntas. Esto suponía que las defensas no iban a poder ampararse en el principio de "cosa juzgada" para obtener un rápido sobreseimiento.

Es que de hecho, como ha señalado Galante (2014: 295), la denuncia penal presentada en 1996 se estructuraba a partir de aquello que el Juicio a las Juntas había dejado sin tratar, y en los estrechos márgenes de acción que las leyes de Punto Final y Obediencia Debida habían dejado abiertos. La Cámara Federal en el fallo del Juicio a las Juntas había dictaminado que el delito de "sustracción de menores" se había demostrado sólo en forma ocasional y no podía entonces considerarse como parte de un plan que hubiera respondido a órdenes superiores. Por ende, todos los acusados fueron absueltos de este delito.

El fallo, que negaba la planificación y la sistematicidad de las apropiaciones, fue paradójicamente el principal argumento de los legisladores oficialistas para excluir a este crimen de la extinción de la acción penal planteada por las layes de Punto Final y Obediencia Debida, ya que los subalternos que lo habían perpetrado no podían ampararse en el cumplimiento de órdenes superiores para eximirse de su responsabilidad.

La denuncia penal presentada en 1996 no buscaba juzgar a los responsables directos de la consumación de la apropiación, como se había hecho hasta entonces, sino a todos aquellos partícipes necesarios y responsables mediatos entres los oficiales y altos mandos.

Lo que buscaban demostrar las organizaciones y sus querellas era que las apropiaciones puntuales que eran objeto de la denuncia, ocurridas durante la última dictadura, no habían sido hechos ocasionales perpetrados sin el conocimiento de la comandancia por subalternos que se habían aprovechado de su situación, sino que por el contrario había sido una práctica sistemática posibilitada por la existencia de alguna forma de planificación o de órdenes emanadas por los mandos superiores.

Es por esto que, aunque el objeto procesal lo constituyera cada una de las apropiaciones concretas, con el tiempo, la causa pasó a llamarse "Plan sistemático de apropiación de menores" (Iud, 2013, 14−15). He aquí otra paradoja: este proceso judicial tenía en parte como objetivo rebatir lo establecido en la sentencia del Juicio a las Juntas en lo relativo al delito de apropiación, pero era justamente (o al menos en gran medida) por ese fallo y su consideración de la ausencia de planificación en la comisión de dichos crímenes que habían sido exceptuados de las leyes de impunidad y era posible encarar su juzgamiento en el marco de la clausura de la justicia penal que habían establecido las leyes de impunidad y los indultos.

El principal argumento del escrito para demostrar la necesidad de impulsar una nueva investigación sobre el tema era que en el Juicio a las Juntas el tribunal había carecido de los elementos de prueba para determinar el carácter planificado y sistemático del delito de apropiación durante el gobierno militar.

Dado que las figuras penales principales del proceso eran otras, las pruebas colectadas en torno a la cuestión de la sustracción de menores sólo permitieron comprobar este delito en solo dos casos. Sin embargo, los querellantes afirmaban que para 1996, y en especial en virtud de la información recolectada por organizaciones de la sociedad civil como Abuelas de Plaza de Mayo, se contaba con información, testimonios y documentación que daban cuanta cabalmente de la existencia de un plan sistemático implementado por el gobierno militar.

Entre los elementos de prueba que mencionaba la denuncia se señalaban la comprobación de la existencia en los centros clandestinos de detención de áreas de ginecología y obstetricia para el control de las detenidas embarazadas (las llamadas "maternidades") y el uso clandestino de instituciones como el Hospital Militar de Campo de Mayo para la realización de los partos. También se mencionaba la existencia de documentos militares con directivas emanadas de los mandos superiores relativas a cómo proceder con los menores encontrados después de los operativos de secuestro. En particular, se destacaba el hallazgo en un organismo militar de Córdoba de una referencia a un documento titulado "Instrucciones sobre procedimiento a seguir con menores de edad, hijos de dirigentes políticos o gremiales cuando sus progenitores se encuentran detenidos o desaparecidos".

La referencia a estas directivas se encontraba en un inventario de documentación relativa a la "lucha antisubversiva" archivado por el Tercer Cuerpo del Ejército y cuya destrucción había sido ordenada por el Teniente General Cristino Nicolaides por radiograma del día 23 de noviembre de 1983. Las "Instrucciones..." habían provenido del Ministerio del Interior y estaban fechadas en abril de 1977. Aunque el documento en sí nunca pudo ser hallado y su contenido concreto permanece desconocido, su título parecía dar crédito a la existencia de un plan premeditado o, al menos, de órdenes superiores vinculadas con la sustracción de los hijos e hijas de los/as desaparecidos/as (Sentencia Causas 1351, 1499, 1584, 1604, 1730 Y 1772 "Plan sistemático de apropiación de menores", Tribunal Oral Federal N° 6, 5 de julio de 2012).

La causa quedó radicada en el Juzgado Criminal y Correccional N° 7 a cargo del juez Adolfo Bagnasco. Fue recién en 1998 cuando la causa comenzó a tener un intenso avance, en un año signado desde su comienzo por la fuerte presencia de la cuestión de los crímenes dictatoriales en la discusión pública, tanto por la acción de los organismos de derechos humanos, por las respuestas de los represores y también por las iniciativas y declaraciones cruzadas entre el oficialismo y la oposición (Lvovich y Bisquert, 2008).

En este contexto, la causa 1351 sobre el "Plan sistemático" a cargo del juez Bagnasco comenzó a mostrar avances significativos. Más aún: en paralelo a esta causa, empezaron a reactivarse otras en diferentes juzgados federales. Se trataba de causas vinculadas con denuncias de casos puntuales de apropiación iniciadas hacía años (algunas databan incluso de finales de la dictadura) que, por diferentes factores, se habían frenado.

Una de estas causas estaba radicada en el Juzgado Federal de San Martín, a cargo del Juez Roberto Marquevich Era la causa 1499, iniciada en 1985 a partir de una denuncia presentada por el por entonces Secretario de Desarrollo Humano y Familia del Ministerio de Acción Social, Enrique De Vedia, y por Mirta Bokser, abogada de Abuelas de Plaza de Mayo, en la que se denunciaba a Norberto Atilio Bianco (médico militar, a quien muchos testigos mencionaban como el jefe de la maternidad clandestina que había funcionado en Campo de Mayo), su mujer Nilda Susana Wherli (sobre quienes pesaba además la acusación de la apropiación de dos niños desaparecidos) y otros implicados en los nacimientos y las apropiaciones cometidas en el Hospital Militar de Campo de Mayo. Como Bianco y Wherli se fugaron a Paraguay con los dos niños apropiados, la causa quedó paralizada.

Después de una lucha de más de diez años, ambos fueron extraditados a la Argentina en 1997 e inmediatamente procesados por ocultamiento de menores de 10 años y falsificación de documento público, con prisión preventiva para ambos.

Hasta aquí, la causa seguía un desarrollo similar a los otros procesos que se habían sustanciado hasta entonces contra los autores materiales directos del delito de sustracción de menores. Sin embargo, en 1998, probablemente a la luz del avance de la causa que investigaba la existencia de una planificación detrás de las apropiaciones, el juez Marquevich realizó un salto cualitativo en la investigación.

El juzgado consideró, a diferencia de lo que venía ocurriendo hasta entonces, que la apropiación no podía juzgarse como un hecho aislado sino que "existían presunciones que suponían la existencia de un plan delictivo cuyo diseño y ejecución excedía la directa intervención de aquellos imputados".

En consideración del tribunal, esto obligaba a ampliar el objeto procesal de la investigación ante la posible existencia de un sistema ilegal destinado al deliberado apoderamiento de menores ordenado por los mandos superiores a Bianco y los otros imputados. Por este motivo, el 10 junio de 1998, el juez Marquevich ordenó la detención de Jorge Rafael Videla (que en su carácter de Comandante en Jefe del Ejército entre los años 1976 y 1980 era el responsable último de dicha institución) para tomarle declaración indagatoria.

Debates jurídicos y apoyos sociales

La decisión de Marquevich generó enorme revuelo mediático y político y reavivó aún más el debate sobre los crímenes dictatoriales y su juzgamiento. Página 12 celebró la medida. Una contratapa de Alfredo Leuco, con el elocuente título "Videla está preso", festejaba el "día histórico" en el que Videla volvía a prisión gracias a "la lucha y la tozudez de las Abuelas":

> Bebés y Abuelas llevaron a la cárcel a Videla, al más sanguinario. Por eso el miércoles fue un día histórico. Un canalla menos entre nosotros, los civiles desarmados y pacíficos. Una gran victoria de la lucha y la tozudez de las Abuelas de Plaza de Mayo que no descansan nunca. Dale que te dale siempre para adelante. Buscando sus nietos, dale que te dale, buscando su sangre, dale que te dale...Buscando castigo a los culpables.

En otra nota de opinión, Luis Bruschtein recreaba la algarabía con la que, según su parecer, gran parte de la población había recibido la noticia. Lo hacía deslizando una crítica a uno de los argumentos que sirvieron de sustento a su impunidad a través de leyes e indultos: la supuesta búsqueda de la "unidad nacional":

> Cuando lo juzgaban, Videla decía que se estaba provocando la desunión entre los argentinos. Ayer, su detención pareció convertirse en el emblema de la unión nacional. Salvo la bronca de los secuaces del ex dictador, la calle, los medios de comunicación, los comentarios en los bares, expresaban alegría, alivio o dudas o las tres cosas al mismo tiempo.

Las "dudas" que acompañaban a la "alegría" y el "alivio" de Bruschtein se vinculaban con las sospechas circulantes de que la detención de Videla por parte del juez Marquevich era en verdad una oportuna maniobra política de Menem. Se especulaba que, de gira por Europa, una noticia favorable a la revisión de la "cuestión de los derechos humanos" (sensible a la opinión pública de muchos países del viejo continente) podía servirle al presidente argentino para destrabar el apoyo que necesitaba de varios mandatorios europeos para sus planes económicos y políticos (incluido el de la re-reelección).

Las propias declaraciones de Menem parecían reforzar estas sospechas, ya que el presidente argentino rechazó la idea de conferirle un nuevo indulto a Videla y opinó que la imagen de la Argentina frente al mundo "se ve fortalecida porque, pese a lo que puedan decir algunos, las instituciones argentinas funcionan" (*La Nación*, 11 de junio de 1998).

El diario *La Nación*, que también abonaba a las sospechas de oportunismo político, mostraba en cambio preocupación por la detención de Videla y ponía en duda sus fundamentos legales. Retomaba para ello los propios argumentos de la defensa del ex-dictador, que se había negado a declarar interponiendo la excepción de "cosa juzgada" por los delitos que se le imputaban. La legalidad de la detención y del proceso abierto, así como sus derivas en otras posibles imputaciones y detenciones, ocupó buena parte del debate público sobre el tema. Menem, que en un primer momento parecía no mostrar ninguna objeción al accionar de la justicia, dijo apenas unas semanas después que "las bibliotecas están divididas" y que algunos decían que el delito estaba prescripto y otros que no.

Este debate enfrentó incluso a quienes habían compartido el trabajo de la fiscalía en el Juicio a las Juntas. Luis Moreno Ocampo opinó que Videla ya había sido juzgado y absuelto en 1985 por el delito de sustracción de menores, por lo cual el objeto procesal constituía en efecto "cosa juzgada". En la vereda opuesta, el fiscal Strassera sostuvo que no podía tratarse de "cosa juzgada" en la medida en que en el Juicio a las Juntas se habían elegido casos paradigmáticos entre los que el delito de sustracción de menores ocupaba un lugar secundario y que en el nuevo procesamiento se denunciaban casos no abarcados en los procesos penales realizados previamente (*La Nación*, 13 de junio de 1998).

Sin embargo, aparecía en las opiniones a favor de la detención y el procesamiento otro argumento que suponía un enfoque jurídico novedoso. El procesamiento de Videla era legalmente válido no sólo porque implicaba casos diferentes, aun no tratados, sino porque el delito en cuestión (la apropiación de niños) era una "crimen de lesa humanidad" según la legislación vigente en la Argentina desde la Reforma Constitucional de 1994 y, por lo tanto, resultaba imprescriptible. Si la autoría mediata, a través de alguna forma de planificación, había existido, el crimen debía ser perseguido y castigado, sin importar los antecedentes que existieran.

Estos argumentos constituyeron, de hecho, el núcleo de la fundamentación del procesamiento de Videla que el juez Marquevich efectivamente dictó el 15 de julio de ese año. El juez consideró que existía semiplena prueba de la existencia de un plan para sustraer a los hijos de los desaparecidos de sus familias que sólo podía haberse ejecutado bajo conocimiento y orden de los mandos superiores.

Por ser este un delito de lesa humanidad, en atención a los principios del derecho y de la jurisprudencia internacional era pasible de ser juzgado aun con retroactividad (es decir, independientemente de que los tratados internacionales que lo tipifican fueran firmados por la Argentina con posterioridad a la comisión de los hechos). Era la primera vez que en un proceso por crímenes cometidos durante la dictadura se utilizaba la categoría de "lesa humanidad", que en el mediano plazo tendría un impacto decisivo en la reapertura judicial ampliada.

La prisión preventiva de Videla (a quien finalmente el juez le concedió prisión domiciliaria) trajo aparejada, como era previsible, nuevas imputaciones y detenciones. A pesar de los temores de Abuelas de Plaza de Mayo de que, por una posible superposición de competencias, la causa que instruía Bagnasco se demorara, esta mostró un importante avance.

En el curso del año, el juez citó al ex dictador Leopoldo Fortunato Galtieri, a los ex jefes de la Armada y el Ejército, Armando Lambruschini y Cristino Nicolaides respectivamente, al ex jefe del Primer Cuerpo del Ejército Guillermo Suárez Mason y a otros treinta ex militares en condición de imputados. Para el 28 de octubre de 1998 había culminado la etapa de las declaraciones testimoniales y la recolección de pruebas y estaban a punto de comenzar las indagatorias. A comienzos de 1999, los imputados eran indagados y detenidos.

En paralelo, hubo otra causa de larga data que se reactivó. Se trataba de una denuncia presentada en 1982 por Abuelas ante el Juzgado de Menores N° 9 de Capital Federal. El juez, al observar que se denunciaban delitos de carácter federal, se declaró incompetente.

La contienda en torno a la competencia se resolvió recién en 1998 y la causa quedó radicada ante el Juzgado Nacional en lo Criminal y Correccional Federal N° 1 de Capital Federal, a cargo de la jueza María Servini de Cubría. En la causa se encontraba como querellante Cecilia Pilar Fernández Viñas, representada por la Dra. Alcira Ríos, una de las abogadas de Abuelas de Plaza de Mayo y se denunciaba la desaparición y el secuestro en la ESMA de su hija Cecilia Marina Viñas, embarazada de siete meses y la sustracción de su hijo nacido en cautiverio, Javier Gonzalo Penino Viñas, apropiado por el marino Jorge Vildoza y su esposa, Ana María Grimaldos.

El joven había sido localizado e identificado a través del BNDG en julio de ese año, lo que le dio un impulso importante a la causa. En noviembre de 1998, Servini de Cubría imputó no sólo a Vildoza y su esposa, sino también a Febres, Vañek y Massera por el delito de sustracción, retención y ocultamiento del menor. Por esta causa, Massera fue detenido el 24 de noviembre de 1998, aunque pocos días después se le dictó la prisión domiciliaria. Se alojó en una quinta en Pacheco donde fue escrachado por H.I.J.O.S. y la Asociación Madres de Plaza de Mayo, al igual que había ocurrido tras el traslado de Videla a su domicilio en Belgrano.

Como hemos visto, estas causas judiciales en las que se imputaba por el delito de apropiación de niños no ya solo a los autores materiales de los crímenes sino también a quienes tuvieron responsabilidades de mando durante la última dictadura generaron un importante impacto político y social. Una encuesta realizada por la consultora Hugo Haime y Asociados mostraba que el 68% de los encuestados rechazaba tajantemente el accionar militar. Mayor aún era, empero, el guarismo de quienes estaban a favor de que Videla siguiera en prisión: el 74% de los entrevistados se mostraba favorable a esta medida, mientras que sólo el 12% se oponía. En consideración de los encuestadores, esto se debía a que la cuestión de la apropiación de niños era uno de los que más irritaba a la opinión pública:

> La gente opina, con lógica, que allí no hay debate posible sobre si hubo o no una guerra entre las Fuerzas Armadas y la guerrilla, en tanto que los niños no pudieron formar parte de ningún tipo de batalla. En ese sentido, las Abuelas de Plaza de Mayo suelen tener altos índices de aprobación en las encuestas y se trata, junto a la tortura, del aspecto en el cual la gente mantiene una posición más crítica respecto de los militares (*Página 12*, 20 de julio de 1998).

Durante 1998 y 1999 Abuelas otorgó numerosas entrevistas a diferentes medios de comunicación. Un medio tradicionalmente adverso al movimiento de derechos humanos como *La Nación* realizó extensos reportajes que rescataban el punto de vista de la organización y valoraban positivamente su trayectoria y la continuidad de su lucha. Estela de Carlotto fue invitada al popular programa televisivo de Mirtha Legrand, actriz y presentadora de tendencia conservadora.

También la revista Gente la reconoció uno de los "personajes del año" de 1998 por la "lucha de Abuelas de Plaza de Mayo por recuperar a los chicos desaparecidos" y junto con los demás seleccionados fue invitada a participar de la foto de tapa que tradicionalmente realizaba la revista a fin de año.

La extendida y cada vez menos cuestionada reputación de Abuelas y su presidenta se evidenciaron también cuando, en el año 2002, Estela sufrió un atentado en su casa, que concitó un repudio transversal de todos el espectro político, de numerosos referentes de la cultura y de los principales medios de comunicación.

Sin embargo, como dijimos en la introducción, la importancia del avance de estas causas no fue sólo político y social, sino también, y en gran medida, legal y jurídico. Como ha señalado María José Guembe (2007), existían una serie de obstáculos para la persecución penal de los acusados de graves crímenes cometidos durante la dictadura, que no se limitaban a la existencia de leyes de impunidad y que se interponían incluso en casos como el delito de apropiación, que estaba exceptuado de aquellas.

Los acusados y sus defensas alegaban, en primer lugar, que la acción penal ya se encontraba prescripta; en segundo término, como ya vimos, que se trataba de "cosa juzgada", es decir, que ya habían sido juzgados en otra oportunidad por los mismos delitos (principio penal conocido como ne bis in ídem); por último, que la desaparición forzada no estaba tipificada en la legislación interna.

Como señala la autora, la mayoría de estos planteos se resolvieron por primera vez en casos en los que se investigaba el robo de niños en el marco del terrorismo de Estado. En general, estos fallos se fundaron en gran medida en la doctrina y la jurisprudencia del derecho internacional de derechos humanos (Guembe, 2007, p. 423-424).

Así como el procesamiento del juez Marquevich se fundaba en la noción de "crimen de lesa humanidad", amparada en los tratados internacionales con jerarquía constitucional, también en sentido similar fallaron las instancias de apelación frente a los recursos de las defensas. Guembe analiza diversos fallos, especialmente de la Cámara Federal en lo Criminal Correccional de Capital Federal, de fines de los '90 y principios de los 2000, que rechazaron estos planteos (cosa juzgada, prescripción de la acción penal, inexistencia de la figura penal). Estos fallos se fundaron en gran medida en la doctrina y la jurisprudencia del derecho internacional de derechos humanos (Guembe, 2007, 424 y ss.).

Hay todavía otra faceta más por la cual el delito de apropiación de niños resultó decisivo en la erosión del cierre penal impuesto por las leyes de impunidad. Como sabemos, estos delitos quedaron exceptuados de las leyes de Obediencia Debida y Punto Final.

Esta circunstancia, como señalaron los organismos de los derechos humanos, resultaba contradictoria: ¿cómo era posible que la apropiación de niños/as fuera juzgada pero no así los hechos directamente vinculados a ese delito, esto es, el secuestro y desaparición de las madres y padres de esos niños?

Esta contradicción fue puesta de manifiesta por los abogados del CELS en el año 2000, en la causa en la que se investigaba la apropiación de la hija de José Poblete y Gertrudis Hlaczik, abierta a partir de una denuncia de Abuelas. El juez Gabriel Cavallo, a cargo del Juzgado Nacional en lo Criminal y Correccional Federal donde estaba radicada la causa, convocó en 1999 a una joven que estaba inscripta como hija de Mercedes Beatriz Moreira y Ceferino Landa, ex agente de inteligencia del Ejército. Los resultados del ADN confirmaron que la joven era Claudia Poblete Hlaczik, hija de la pareja desaparecida.

El juicio contra los apropiadores siguió su curso y en el 2001 Landa y Moreira fueron condenados a nueve y seis años de prisión, respectivamente, por los delitos de falsedad ideológica de instrumento público y retención y ocultamiento de un menor de diez años.

Pero en paralelo, el CELS presentó una demanda para que se indagara a todos los hubieran intervenido en la apropiación de la niña y, por consiguiente, también en el secuestro de su madre y de su padre. Como muchos de los posibles imputados estarían alcanzados por las leyes de Obediencia Debida y Punto Final, la querella del CELS demandó que se declarara su nulidad. En un fallo sin precedentes, el 6 de marzo de 2001 el juez Cavallo hizo lugar al pedido y declaró la nulidad e inconstitucionalidad de ambas leyes (Folgueiro, 2006).

Luego de recorrer todas las instancias, la Corte Suprema de Justicia confirmó este pronunciamiento en el año 2005, lo que junto con la nulidad de estas leyes sancionada por el Congreso en el 2003, se abrió definitivamente el paso para el procesamiento judicial por crímenes de lesa humanidad de los delitos cometidos durante la última dictadura (Guembe, 2005).

Finalmente la causa llegó a juicio el 28 de junio de 2006 y concluyó con la condena del ex suboficial de la Policía Federal Julio Héctor Simón, conocido como el "Turco Julián", quien operaba en el centro clandestino de detención El Olimpo, a donde fueron llevadas las víctimas. Por su parte, la causa por el plan sistemático de apropiación de menores avanzó hasta el juicio oral y, en el año 2012, el tribunal oral federal N° 6, integrado por María del Carmen Roqueta, Julio Luis Panelo y Domingo Altieri, condenó a los ex dictadores Videla y Bignone a 50 años y 15 años de prisión, respectivamente, así como también a otros siete represores a penas de entre 5 y 40 años.

A modo de conclusión

A lo largo de este capítulo hemos mostrado durante la década de 1990 la cuestión de la apropiación de niños ocupó un lugar cada vez más destacado dentro de de la esfera pública.

En tiempos donde primaba la clausura judicial y la política oficial del gobierno menemista era la del "olvido" y la "reconociliación", las causas por apropiación mantuvieron vivos los reclamos de justicia transicional y, de modo más amplio, la agenda del movimiento de derechos humanos.

Algunos de estos procesos generaron importantes repercusiones políticas y mediáticas. La causa de Abuelas por la restitución a las familias de los niños encontrados (por entonces ya adolescentes) encontró apoyos pero también firmes detractores, que al igual que la organización apelaron al interés superior del niño como argumento para cuestionar la legitimidad de su reclamo.

Estos cuestionamientos a las restituciones (entendidas como el retorno de estos jóvenes a los hogares de sus familias biológicas) se produjeron en un momento de profundas transformaciones tanto del sujeto que promovía la búsqueda como del sujeto que estaba siendo objeto de la buscado

Además de los procesos llevados contra los apropiadores directos, la causa penal presentada a fines de 1996 por integrantes de Abuelas y otros querellantes, conocida como "Plan sistemático de apropiación de menores", fue la que más impacto judicial y político alcanzó.

El arresto de las figuras principales del régimen militar, como Videla y Massera, produjo fuertes repercusiones (y controversias) en los medios de comunicación y obligó a los diferentes sectores políticos a tomar posición sobre el tema.

Sus sucesivas derivas contribuyeron, junto con otros procesos sincrónicos (como la emergencia de HIJOS) al renovado interés público por los crímenes dictatoriales y la reactivación de la lucha del movimiento de derechos humanos.

Pero las causas por apropiación no solo tuvieron un impacto social y político en la instalación de la discusión pública sobre los delitos de la dictadura, sino que además jugaron un rol clave en la erosión de las leyes de impunidad. En términos jurídicos fueron la punta de lanza que permitió la introducción en los tribunales federales de la noción de "crimen de lesa humanidad" y de otras categorías provenientes de instrumentos y de la jurisprudencia internacional en derechos humanos, que permitieron la sucesivas declaraciones de inconstitucionalidad de las leyes de "Punto Final" y "Obediencia Debida", abriendo un nuevo proceso de justicia transicional de largo aliento que, con avances y retrocesos, continúa hasta el presente.

Bibliografía

Abuelas de Plaza de Mayo (1994). *Filiación, Identidad, Restitución. 15 años de lucha de Abuelas de plaza de Mayo*. Buenos Aires: Asociación Abuelas de Plaza de Mayo/El Bloque Editorial.

———. (2007). *La historia de Abuelas: 30 años de búsqueda: 1977–2007*. Buenos Aires: Asociación Abuelas de Plaza de Mayo.

Arditti, Rita. (2000). *De por vida, historia de una búsqueda. Las abuelas de Plaza de Mayo y los niños desaparecidos*. Buenos Aires: Grijalbo.

Folgueiro, Hernán. (2006). "Inconstitucionalidad de las Leyes de 'Punto Final' y 'Obediencia Debida'. Notas al fallo 'Simón' de la Corte Suprema de Justicia de la Nación". En Abuelas de Plaza de Mayo (eds.), *Derecho a la identidad y persecución de crímenes de lesa humanidad*. Buenos Aires: Asociación Abuelas de Plaza de Mayo.

Galante, Diego. (2019). *El Juicio a las Juntas*. Entre los Libros de la Buena Memoria, 15.

Guembe, María José. (2005). "La reapertura de los juicios por crímenes de lesa humanidad en Argentina". *Sur–Revista Internacional de Derechos Humanos*, 2(3), 120–137.

———. (2007). "Obligación de investigar y sancionar graves violaciones a los derechos humanos". En Abramovich, V., Bovino, A. y Curtis, C. *La aplicación de los tratados sobre derechos humanos en el ámbito local*. Buenos Aires: Del Puerto. 421–445.

Herrera, Marcela. y Tenembaum, Ernesto. (1990). *Identidad, despojo y restitución*. Buenos Aires: Contrapunto.

Iud, Alan. (2013). "El juicio por el 'Plan sistemático de apropiación de niños', un hito en la lucha contra la impunidad" en *Derechos Humanos*, II, 3, pp. 3–35.

Laino Sanchis, Fabricio. (2020). *De 'niños desaparecidos' a 'nietos restituidos'. Actores, escenarios y discursos en torno a los procesos de búsqueda y restitución de los/as niños/as apropiados/as durante la última dictadura en Argentina (1976-2004)* (Tesis de doctorado en Historia). Instituto de Altos Estudios Sociales, Universidad Nacional de San Martín, Buenos Aires. Disponible en: https://ri.unsam.edu.ar/handle/123456789/1203

Lvovich, Daniel. y Bisquert, Jaqueline. (2008), *La cambiante memoria de la dictadura. Discursos públicos, movimientos sociales y legitimidad democrática*, Biblioteca Nacional/Universidad Nacional de General Sarmiento, Buenos Aires.

Kircher, Mirta. (2005). "La prensa escrita: actor social y político, espacio de producción cultural y fuente de información histórica". *Revista de Historia*, (10), 115–122.

Regueiro, Sabina. (2013) *Apropiación de niños, familias y justicia. Argentina (1976-2012)*. Rosario: Prohistoria.

Rucht, Dieter. (2004). "Movement Allies, Adversaries and Third Parties". En Snow, D. A., Soule, S. A., y Kriesi, H. (Eds.). *The Blackwell Companion to Social Movements*. Oxford: Blackwell Publishing. 197–216.

Villalta, Carla. (2012). *Entregas y secuestros. El rol del Estado en la apropiación de niños*. Buenos Aires: Del Puerto.

AYELÉN MEREB

Tramitaciones familiares y procesos memoriales en torno a los juicios por la desaparición de personas en Argentina. El caso de Julio César Schwartz.

Introducción

LA DESAPARICIÓN DE PERSONAS constituyó en Argentina el más emblemático de los delitos en el proceso de judicialización respecto de la última dictadura cívico-militar. Las aristas son múltiples y diversas, tanto como los sujetos, períodos y escenarios involucrados. En este artículo haremos foco en la experiencia de las y los familiares demandantes y las significaciones asociadas según el correr de los años.

Desde la mirada microhistórica que busca iluminar aspectos que de otro modo pueden pasar inadvertidos (Bandieri, 2021), revisaremos el derrotero judicial que debió atravesar la familia de Julio César Schwartz tras su secuestro y desaparición el 1 de abril de 1978 en El Bolsón, Río Negro, desde la presentación del primer hábeas corpus en la ciudad de Buenos Aires, hasta la sentencia emitida en 2018 por la causa "ABO 3" en la que se juzgó a los responsables de los delitos cometidos en el circuito clandestino de detención y tortura Atlético - Banco - Olimpo, que lo incluía. En esa ocasión, el Tribunal desestimó la hipótesis de la parte acusatoria por entender que, en su caso, "no se ha adquirido el grado de certeza que esta instancia procesal requiere" para concretar imputaciones en torno al cautiverio, pues la víctima "continúa desaparecida" y las pruebas existentes fueron consideradas sólo "indiciales" (Poder Judicial de la Nación. TOCF N°2. CFP 14216/2003. Sentencia causas 2370 y 2505. Ciudad Autónoma de Buenos Aires, 8 de marzo 2018. Caso 201, "Julio César Schwartz". Fs 496/1085).

Si bien la Fiscalía apelaría esta decisión, surge inevitable la pregunta acerca de la significación que estos procesos adquieren para sus protagonistas, quienes transitan años de desgaste, esperanzas y frustraciones por cada tramitación que la burocracia impone en pos de lograr la aclamada Justicia, para encontrarse décadas después con sentencias de este tenor. Asimismo, interesa poner de relieve la coexistencia de activismos, legislaciones, gestiones administrativas y políticas de Estado, en cuanto a sus repercusiones sobre el proceso judicial según los distintos momentos históricos; así como la tramitación del caso por parte de las distintas generaciones de la familia a lo largo de las cuatro décadas que separan el hecho trágico de la sentencia aludida.

Tras diversas conversaciones mantenidas con familiares, y gracias a las gestiones del Archivo Provincial de la Memoria de Río Negro para obtener las autorizaciones correspondientes, pude acceder a las actuaciones realizadas ante distintos Juzgados Federales de Buenos Aires, Río Negro y Neuquén a lo largo de todo el período. El registro incluye el detalle del Libro de Causas del Juzgado Federal de Viedma correspondiente al año 1978, en el que figura el recorrido del expediente N°169 "Schwartz Julio César s/habeas corpus - recaratulado s/desaparición", así como los dos cuerpos que constituyen la causa. Con algunos baches que revisaremos, ésta avanza hasta la declaración de incompetencia del Juzgado de Neuquén en 2012, y su remisión al Juzgado Federal N°3, donde tramitaba la megacausa "ABO" en Capital Federal que derivó en la sentencia señalada.

Al análisis de este material se suman, por un lado, las copias certificadas del expediente CONADEP "Julio César Schwartz Legajo N° 137" obtenidas tras la solicitud de desarchivo presentada por el hijo en 2010 ante el Archivo Nacional de la Memoria, dependiente de la Secretaría de Derechos Humanos del Ministerio de Justicia de la Nación. Por el otro, el legajo generado en 2013 por la Delegación Andina de la Secretaría de Derechos Humanos de Río Negro y actualizado por última vez en 2015, cuyas páginas dan cuenta del trabajo de asistencia y seguimiento de la causa judicial desde el organismo provincial.

A partir de la revisión de dichas fuentes y su entrecruzamiento con otros elementos contextuales abordados en mi tesis doctoral (Mereb, 2017), me propongo dar cuenta del derrotero que una familia víctima de desaparición forzada debió atravesar en esa búsqueda, desde aquel gobierno dictatorial pasando por los diferentes períodos constitucionales hasta entrado el siglo XXI. Poner la lupa en ese recorrido particular para dar cuenta de la complejidad que muchas veces se pierde de vista en explicaciones generales, identificando las múltiples dimensiones y contradicciones con las que como sociedad seguimos lidiando, cada vez que la realidad nos interpela y nos convoca a repreguntarnos "justicia para qué y para quién".

Abril 1978. Secuestro en El Bolsón, hábeas corpus en Buenos Aires

Julio César Schwartz fue secuestrado por un grupo de tareas la tarde del 1 de abril de 1978 en la vía pública de El Bolsón, Río Negro. Desde ese pequeño pueblo ubicado en un valle cordillerano al extremo sur de la provincia, Julio fue llevado en un vehículo Ford Falcon hacia Bariloche. Los secuestradores se presentaron ante el único testigo directo como miembros de la Policía Federal Argentina, y dejaron a su esposa el mensaje de que si quería verlo, debería viajar a Buenos Aires. Eso fue lo que ella hizo inmediatamente junto a su hijo e hija de 10 y 11 años, no sin antes denunciar lo ocurrido ante las fuerzas de seguridad locales. Tal como quedara asentado en el primer hábeas corpus presentado en Tribunales el 3 de abril de 1978,

(…) al ser informada me dirigí al departamento de Gendarmería Nacional donde por radio se comunicaron con el Destacamento de Río Villegas, quienes interceptaron el vehículo donde iba detenido mi esposo y confirmaron que era de la Policía Federal, no teniendo hasta la fecha ninguna noticia de su paradero (Juzgado Federal de 1era Instancia de Viedma. Expediente N°169/78. Hábeas corpus Ana María Portas y Otilia Seijas. Buenos Aires, 3 de abril 1978. Cuerpo 1. Fs 29/432).

Dicho trámite fue realizado junto a su suegra, quien asumiría desde entonces el rol demandante ante la Justicia hasta la recuperación democrática y la creación de la Comisión Nacional sobre la Desaparición de Personas en 1984, como veremos.

Como señalara Juan Pablo Bohoslavsky (2015), las complicidades entre el poder judicial y el terrorismo de Estado en nuestro país han sido profusas. Específicamente en relación al recurso de hábeas corpus durante el golpe de Estado, el autor afirma que se trató de una práctica permitida con el único fin de brindar un manto de legalidad y encubrimiento a la actuación de las fuerzas represivas, para luego rechazarlos sin más de manera sistemática.

La propia CONADEP advertiría que lo que generalmente había ocurrido era que el magistrado oficiaba a la autoridad administrativa policial, militar o penitenciaria, sobre el destino de la persona desaparecida, para luego conformarse con la escueta fórmula de respuesta que informaba que no estaba detenida en las dependencias aludidas.

De este modo, ocurría que "la misma autoridad contra quien se interponía el recurso era la que, con su negativa, determinaba la clausura de la investigación" (CONADEP, 1984). Se afirmaba con ello su inutilidad administrativa, toda vez que las víctimas privadas ilegalmente de su libertad no fueron halladas, mucho menos liberadas por esa tramitación. "En realidad, -concluye el Informe en el apartado específico- debería decirse que el hábeas corpus careció en absoluto de vigencia conforme su finalidad, ya que la formalidad de su implementación funcionó en la práctica como la contracara de la desaparición" (CONADEP, 1984).

No obstante y paradójicamente, el recurso supuso también la apertura de un camino que evidenció elementos relevantes, al tiempo que resultó cauce por el que circularon agentes y narrativas extrajudiciales que echaron luz sobre lo acontecido y las responsabilidades involucradas.

En el caso que nos ocupa, un mes demoró el reclamo hasta que un magistrado se declaró competente para intervenir en la causa. El recurso fue presentado en Buenos Aires apenas la esposa hubo arribado a la ciudad; desde allí y en razón del territorio, remitieron las actuaciones al Juzgado Federal de Viedma, a cuya jurisdicción correspondía la localidad donde había ocurrido la detención. Tras librar oficios al Ejército, la Policía Federal y el Ministerio del Interior, y ante sus respuestas indefectiblemente negativas, a principios de junio de 1978 el Juez Federal de 1era Instancia, Dr. Eduardo Cassano, resolvió no hacer lugar al recurso. Sin embargo, advertiría que las requirientes habían afirmado que

la existencia de una comunicación efectuada por Gendarmería Nacional a su destacamento Río Villegas, quienes procedieron a interceptar el vehículo donde se transportaba al mencionado Schwartz, confirmándose como consecuencia de ello que el vehículo (...) pertenecía a la Policía Federal Argentina. [Por ello,] y ante la posibilidad de encontrarnos en presencia de un presunto delito de privación ilegal de la libertad, corresponde ordenar la instrucción del correspondiente sumario a sus efectos (Juzgado Federal de 1era Instancia de Viedma. Expediente N°169/78. Resolución Eduardo G.A. Cassano. Viedma, 7 de junio 1978. Cuerpo 1. Fs 85/432).

El procedimiento, que fue informado a las demandantes más de un mes y medio después, fue encargado al Escuadrón 35 de Gendarmería Nacional en El Bolsón y supuso la designación de un instructor sumariante y un secretario quienes, entre agosto y octubre de 1978 tomaron declaraciones testimoniales, realizaron la inspección ocular en el lugar del secuestro y solicitaron informaciones a la Comisaría local así como al propio Jefe del Escuadrón. Ante dichos requerimientos, el subcomisario se limitó a responder negativamente, mientras que el Comandante de Gendarmería Domingo Jorge Victorio Conforti dejó asentado por escrito que

(...) al tener conocimiento (...) dispuse en forma verbal por intermedio de la Red de comunicaciones de la Unidad con la Sección Puente Villegas, se incrementara el control de vehículos por dicho lugar a los fines de detectar el paso del vehículo que presuntamente trasladaría al causante, lo que arrojó un resultado negativo (Juzgado Federal de 1era Instancia de Viedma. Expediente N°169/78. Nota Domingo J. V. Conforti. El Bolsón, 20 agosto 1978. Cuerpo 1. Fs 127/432).

Incluso agrega que no fueron efectuadas comunicaciones escritas "ya que la orden fue impartida en forma personal por el suscripto, dada la premura del caso." Llama la atención que dicha respuesta fuera aceptada sin más, aun cuando el sumario se estaba llevando adelante en razón de que las demandantes habían afirmado exactamente lo contrario, es decir, que Gendarmería había interceptado el vehículo confirmando su pertenencia a la Policía Federal. No obstante, no hubo repregunta desde la instrucción sumarial, así como tampoco fue requerida por el Juez Federal cuando recibió las actuaciones "sin detenidos" en noviembre de ese año.

Otro de los elementos que se destaca en el procedimiento tiene que ver con la declaración que le tomaran al único testigo directo, quien al término de relatar la violenta situación que supuso el secuestro, fue preguntado acerca de si tenía conocimiento "que Schwartz habría estado ligado a algunas bandas de delincuentes comunes o subversivos". Su respuesta es negativa, pero no es inofensiva la estrategia del instructor sumariante toda vez que da por cierta una suposición estigmatizante sin elementos que la respalden, victimizando doblemente a la persona desaparecida.

La única actuación del Juez Cassano con esos elementos en mano fue la solicitud al Jefe de la Policía Federal, General de Brigada Edmundo Ojeda, en base a las declaraciones testimoniales de los testigos, para que informase si personal de esa fuerza había procedido a la detención de Schwartz. Ante la respuesta inexorablemente negativa, en diciembre de ese año el magistrado dictó la resolución según la cual, no hallados los autores del hecho, la causa N°169/78 caratulada "Schwartz, Julio César s/hábeas corpus" fue sobreseída provisionalmente.

Si bien ese trámite culminaría allí, paralelamente se desplegaban otras actuaciones derivadas de la perseverancia de la madre de Julio luego de que el primer hábeas corpus fuera denegado. Mientras en la Patagonia se sustanciaba la instrucción sumarial destinada a exculpar a las fuerzas de toda responsabilidad en torno al secuestro, nuevas presentaciones en Buenos Aires, aun sin ser exitosas en sí mismas, colaborarían a la retroalimentación del recorrido al concitar la atención de agentes y dinámicas extrajudiciales que cobrarían protagonismo en el contexto transicional.

1984. Comisión de Derechos Humanos y reapertura de la causa 169/78

La recuperación democrática en 1983 consagró al radical Raúl Alfonsín como Presidente constitucional, destacándose entre sus primeras medidas la creación por decreto N°187 de la Comisión Nacional sobre la Desaparición de Personas (CONADEP), cuya misión fue establecer una verdad pública sobre el dramático fenómeno (Crenzel, 2008). En Buenos Aires, y como tantas madres en igual situación, Otilia Seijas hizo llegar inmediatamente la denuncia por la desaparición de Julio Schwartz, junto al relato del tortuoso camino recorrido en su búsqueda, que supuso golpear las puertas de Gendarmería, Ministerio del Interior, Policía Federal, Tribunales e incluso la Conferencia Episcopal Argentina, sin obtener respuesta alguna:

> (...) Es por todo lo que declaro que luego de esperar 5 años y 8 meses, me dirijo a ustedes con la renovada esperanza de tener alguna información acerca del destino de mi hijo (Legajo CONADEP N°137 "Julio César Schwartz". Carta de Otilia Seijas, Buenos Aires, 30 de diciembre 1983).

Al comenzar el año 1984, fue abierto el legajo CONADEP N°137 "Julio César Schwartz"; unos meses más tarde fue agregada la declaración testimonial del único testigo directo del secuestro; y en agosto, dando por cumplimentada la investigación, se indicó elevación a la Justicia "sin más".

El 20 de septiembre siguiente, la CONADEP hizo entrega del Informe Final al Presidente de la Nación en un evento de gran trascendencia para la opinión pública general. Esto motivó actividad en los estrados federales y el Subsecretario de Derechos Humanos, Eduardo Rabossi, fue requerido para brindar los elementos de juicio colectados sobre aquellas causas instruidas por privación ilegítima de la libertad entre 1976–1983 que, a pedido de la CONADEP, habían sido remitidas a la Corte Suprema de la Nación a principios de ese mes. El legajo 137 fue enviado entre los antecedentes solicitados.

Contemporáneamente, y aun con sus particularidades, varias provincias replicaron el ejemplo CONADEP en sus territorios (Scocco y Solís, 2017); Río Negro fue una de ellas. En marzo de 1984, por decreto N°375 del gobernador -también radical- Osvaldo Álvarez Guerrero, fue creada la Comisión de Derechos Humanos (CDHRN) que durante los siguientes 9 meses investigaría los delitos cometidos en dictadura, mediante sus tres delegaciones distribuidas entre las zonas atlántica, andina y alto valle.

Las novedades iban siendo publicadas periódicamente en el diario Río Negro, provocando derivaciones ciertamente insospechadas. Así fue que en junio de 1984, la noticia acerca de que la CDHRN contaba con elementos probatorios relacionados con el secuestro de Schwartz, impulsó al Juez Cassano a reabrir el sumario sobreseído 6 años antes y oficiar a la Comisión para que informase al respecto. Rubén Marigo y Víctor Bravo, comisionados de la zona andina, respondieron que esos datos habían sido recabados por la APDH local, la que además había:

> solicitado medidas y testimonial sobre el particular al Sr. Juez Penal de (...) Bariloche donde se tramita la causa iniciada a raíz del secuestro del ciudadano Julio César Schwartz y en la cual desde su constitución esta comisión ha requerido medidas u ofrecido elementos importantes para la investigación del hecho citado (Juzgado Federal de 1era Instancia de Viedma. Expediente N°169/78. Comisión de Derechos Humanos, Delegación Zona Andina, Bariloche, 5 de julio 1984. Cuerpo 1. Fs 177/432).

Semejante iniciativa impulsada desde estamentos extrajudiciales, a la sazón organismos de derechos humanos, generó pronta reacción por parte del Dr. Cassano, quien requirió información al magistrado interviniente, Dr. César Eduardo Lanfranchi. La existencia de una causa penal paralela a la investigación federal no fue inocua, y coincidente con el criterio de la fiscal que señalaba que el ilícito había sido cometido presuntamente por la Policía Federal u otro por orden de autoridad nacional, ese mismo invierno el Juez Cassano se declaró competente en la causa, solicitando la inhibición del Juez Penal y la consecuente remisión de actuaciones al Juzgado Federal de Viedma para agregarlas al expediente N°169/78.

A partir de allí pudo establecerse que dicha causa penal se había originado cinco años antes cuando, tras el rechazo del primer e incluso un segundo habeas corpus, apenas iniciado el año 1979, la madre de Schwartz presentó un nuevo recurso en Buenos Aires, igualmente rechazado.

No obstante, ante la posible constitución de delito, esta vez el Juez resolvió extraer las partes pertinentes y remitir a la Cámara de Apelaciones en lo Criminal y Correccional. Entonces se sucederían los jueces de distintos juzgados hasta que en junio de 1979 fue resuelta la competencia del Juez penal de la 3era circunscripción de Río Negro, con asiento en Bariloche, "por lugar de comisión del presunto hecho y no habiéndose determinado aún las personas que estarían implicadas en el mismo" (Ibíd.).

El expediente N°197/79 caratulado "Schwartz, Julio César s/privación ilegal de la libertad en su perjuicio" no tuvo avances ni movimiento alguno excepto en octubre de 1980, cuando el Juez Dardo Ismael Sosa requirió de Gendarmería Nacional - Destacamento Villegas "sobre todo lo atinente a las circunstancias denunciadas" (Juzgado Federal de 1era Instancia de Viedma. Expediente N°169/78. Notificación Juez Dardo Ismael Sosa, Bariloche, 29 de octubre 1980. Cuerpo 1. Fs 231/432). Protocolarmente se ofició al Jefe de la Policía Federal, al Ministro del Interior, al Comando en Jefe del Ejército y al Jefe de la Policía rionegrina, cuyas respuestas fueron indefectiblemente negativas y no tuvieron repercusión alguna.

Con la recuperación democrática y la conformación de la CDHRN, dicha causa volverá a tomar cierto impulso. En abril de 1984, los comisionados tomaron participación, acreditando facultades y solicitando medidas al Juez Penal por las tres desapariciones constatadas en la cordillera: Juan Marcos Herman, Carlos Surraco y Julio Schwartz. En este último caso aclararon además que sabían de la existencia de una causa judicial, que no había podido ser ubicada por lo que solicitaban urgente búsqueda y/o reconstrucción de las actuaciones, además de citar a declarar a testigos del hecho y requerir información precisa y detallada tanto a la Policía de Río Negro como a la Gendarmería Nacional.

El Juez Lanfranchi atendió dichos requerimientos, y tras recibir la noticia de que en el juzgado había sido "hallado un paquete de expedientes paralizados del año 1982", agregaría nuevos testimonios a la causa penal que tramitaba en la justicia provincial.

Por su parte, desde la Policía rionegrina adujeron no poder entregar la información solicitada debido a que "partes diarios dependencia fueron incinerados conforme PON N°12/82, encontrándose en esa fecha como jefe comisario Domingo Ventura Altamiranda", además de argumentar "que las Unidades Regionales actuaban en esa oportunidad con autonomía propia" Ibíd. Desde Gendarmería, en cambio, remitieron la nómina del personal del Escuadrón 35, encabezada por el Comandante Conforti, junto con la del personal que prestaba funciones en el Destacamento Villegas el 1 de abril de 1978 y el libro de novedades, en el que no se había registrado denuncia alguna.

Mientras estas diligencias eran llevadas a cabo, un nuevo testimonio se presentó espontáneamente ante la CDHRN a través de la APDH Bariloche, agregando información y ampliando la dimensión del hecho investigado.

Dirigente comunista domiciliado en El Bolsón, Luis Levita denunció entonces los hostigamientos y la prisión ilegal por él sufrida apenas iniciado el Golpe de 1976, así como detalles relevantes en torno a la violenta irrupción de un grupo de tareas en su librería, amenazándolo de muerte, y llevando a un detenido en el interior del vehículo en el que circulaban: "por la fecha y la hora la persona secuestrada no podía ser otra que Julio Schwartz" (Denuncia Luis Levita, APDH Bariloche, 19 de mayo 1984 en Ibíd).

La denuncia adjuntaba copias de las notas enviadas oportunamente por Levita al Ministro del Interior Harguindeguy y su sucesor Llamil Reston, así como al Comandante General de Gendarmería Carlos Lailew, denunciando los hechos señalados. Todo el material fue remitido en julio de 1984 al Juez Penal, solicitando se cite al testigo a ratificar lo denunciado, además de abrir expediente por los demás tormentos sufridos. La declaración testimonial de Levita fue la última actuación del Dr. Lanfranchi, previo a declarar su incompetencia en la causa y remitir el expediente a la Justicia Federal de Viedma en septiembre de 1984.

Esa primavera traerá noticias alentadoras para el desarrollo de las causas al ser nombrado el Dr. Juan Pablo Videla al frente del Juzgado Federal de Viedma en reemplazo del Dr. Cassano. Como señala Cristian Rama (2022), en los últimos años de la dictadura y desde su pertenencia al colegio de abogados, el Dr. Videla había forjado vínculos con el movimiento de derechos humanos de Viedma y Patagones, y además era cercano al Obispo Miguel Hesayne.

Consecuente, a partir de entonces la tarea cobrará un dinamismo renovado. Tras notificar a las partes sobre su avocamiento a la investigación, y aun en un contexto de temores latentes por la amenaza de un nuevo golpe, entre las primeras medidas el Juez Videla requirió al Escuadrón 35 que informase el destino de los gendarmes que habían cumplido servicio en Villegas el 1 de abril de 1978, citándolos a declarar tras la feria judicial en febrero de 1985. Por este tipo de actuaciones, el Dr. Videla se erigirá en uno de los pocos jueces que osó tensionar el programa del poder ejecutivo nacional al indagar más allá de los límites establecidos en la etapa transicional, como veremos a continuación.

1985. Expediente N°169/78 recaratulado "Schwartz, Julio César s/desaparición"

El año 1985 resultó emblemático dada la trascendencia que adquirió el "Juicio a las Juntas" (Galante, 2019). A la par que avanzaban las investigaciones de las denuncias radicadas en el fuero civil, desde el Consejo Supremo de las Fuerzas Armadas (ConSuFA) presionaban para que las causas fueran remitidas a los tribunales militares considerados su "ámbito natural" de juzgamiento. Frente a esto, en febrero de 1984, el Congreso de la Nación había sancionado la ley N° 23.049 de reforma del Código de Justicia Militar que establecía que si al cabo de 180 días el ConSuFA no arribaba a conclusiones, la justicia civil podría apelar la competencia, y las cámaras federales debían tomar las causas; en el caso que nos ocupa, la Cámara Federal de Apelaciones de Bahía Blanca (CFABB), donde había funcionado el Comando de Zona de Defensa V.

Como advierte Rama (2022), el rol de los jueces fue clave al interpretar el contexto y tomar posición sobre cuestiones relevantes para el tratamiento de los expedientes. En este sentido, y a diferencia de gran parte de sus colegas, el Juez Videla vehiculizó las expectativas de justicia del movimiento humanitario, al apelar el reclamo del ConSuFA para desprenderse de las causas declarando inconstitucional la ley 23.049 en razón del principio de igualdad ante la ley, y citando a indagatoria a miembros de las fuerzas de seguridad más allá de sus jerarquías, tensionando el principio de obediencia debida.

La presión que el contexto ponía sobre los magistrados permite dimensionar la trascendencia de esta actitud de abierto cuestionamiento a la política judicial del gobierno nacional y a la legislación establecida el año anterior. Aun sabiendo que la resolución sería desfavorable, con ello ganaba tiempo y acumulaba información valiosa que, "en continuidad con el trabajo de la CONADEP y el de la CDHRN, se convertiría en pieza clave para las futuras indagaciones sobre el accionar represivo" (Rama 2022:177). La causa 169/78 es exponente de esta estrategia.

El 22 de diciembre de 1984 la Comisión de Derechos Humanos de Río Negro entregó su Informe Final al gobernador Álvarez Guerrero. Si bien la publicación recomendada nunca vio la luz, las denuncias recibidas sí fueron remitidas por el propio mandatario a los fueros civiles de General Roca y Bariloche -juzgados provinciales-, y al Juzgado Federal N°1 de Viedma, "lo que simbolizaba el apoyo político del gobierno provincial para que se avanzara en las investigaciones." (Rama, 2022:187).

No obstante, aun cuando el criterio utilizado por el Poder Ejecutivo para distribuir las presentaciones fuera "el lugar de la detención y la fuerza que lo hizo", en el caso de Schwartz sólo se mencionaba que había sido secuestrado en El Bolsón, omitiendo toda referencia a la Policía Federal como presunta autora del hecho, a pesar de haber sido sistemáticamente señalada en los testimonios recogidos (Presentación del gobernador de Río Negro, Dr. Álvarez Guerrero, ante la Justicia Penal provincial. Viedma, 22 de febrero 1985. Cuerpo 2. Fs 276/385). El caso entonces fue remitido al juzgado de instrucción penal cordillerano, diversificando nuevamente el camino. Algunos meses más tarde, el Juez Videla advertiría al respecto y tramitará las actuaciones necesarias para que la información fuera remitida a su fuero, agregándose al expediente 169/78.

Durante los meses que el Dr. Videla se mantuvo al frente de la causa se llevaron a cabo procedimientos de relevancia tales como las indagatorias a los gendarmes presentes en Villegas el día del secuestro, lo que supuso librar exhortos a una multiplicidad de juzgados dispersos por todo el territorio nacional, cada cual con sus propios desafíos burocráticos.

El interrogatorio que debieron responder apuntaba a conocer si ese día habían realizado controles vehiculares, si habían interceptado un Ford Falcon con determinadas características, si habían recibido órdenes al respecto, si los ocupantes del vehículo se habían identificado como miembros de la Policía Federal, si habían visto algo sospechoso. Aun cuando todos respondieron con evasivas o bien directamente negando los hechos, la perseverante actuación del juez lograba tensionar la afirmación del Comandante Conforti acerca de que la intervención aquel día había arrojado sencillamente "resultados negativos".

Con los elementos disponibles, el 22 de abril de 1985 el juez Videla resolvió recaratular la causa 169/78 como "Schwartz, Julio César s/desaparición". Al mes siguiente el Tribunal se constituyó en el Destacamento de Villegas para llevar a cabo una inspección ocular y verificación documental; y a continuación se volvió a dirigir al Jefe de la Policía Federal para insistir en que informase si habían procedido a la detención de Schwartz en El Bolsón, explicitando que se trataba de una causa por desaparición y que la fuerza era señalada por testigos presenciales. La respuesta fue invariable.

En agosto de 1985 el juez recibió el último testimonio, sin arrojar novedad alguna, desconociendo como todos los demás todo lo denunciado. El pacto de silencio gozaba de buena salud en la corporación.

Esa primavera, a diferencia de la anterior, el movimiento humanitario y las familias involucradas recibieron un revés desde la Cámara Federal de Apelaciones de Bahía Blanca cuando en septiembre de 1985 ésta finalmente se pronunció y falló en favor del tribunal militar, por lo que el juez Videla debió declinar y derivar los expedientes al ConSuFA, quedando "sin efecto las citaciones planificadas para las semanas siguientes por los funcionarios judiciales rionegrinos." (Rama 2022:196).

No obstante, la estrategia del juez tuvo su impacto dada la cantidad y calidad de las pruebas enviadas, condicionando al Juzgado de Instrucción Militar

(JIM) que para llegar a conclusiones opuestas, debió cometer arbitrariedades que lo dejaron expuesto.

Cuando al año siguiente el ConSuFA aún no había emitido sentencia, la CFABB avocó estas investigaciones junto a una veintena de denuncias derivadas del informe de la CONADEP; entre las causas solicitadas a la Corte Suprema de Justicia de la Nación en enero de 1987 se encontraba el expediente 169/78 "Schwartz s/desaparición", radicado en Viedma.

Para entonces corrían los tiempos perentorios en razón de la Ley 23.492 "de punto final". Fue por ello sumamente oportuna la intervención del Procurador Fiscal de Cámara, Hugo Omar Cañón, quien señaló que, atento al dictamen de diciembre de 1986 en la causa N°11/86, que había juzgado a los responsables del Comando del V Cuerpo del Ejército,

(...) a fin de mantener la unidad en el conocimiento de todos los hechos, tanto por razones de buen orden como para no desaprovechar pruebas comunes, y atendiendo a la situación de urgencia derivada de los plazos fijados por la ley 23.492, corresponde que V.E. se avoque al conocimiento de esta causa en la que resulta víctima Julio César Schwartz, hecho ocurrido el 1/4/1978 en la localidad de El Bolsón, lugar comprendido en la Zona de Defensa n°5, Área 524 (Escuela de Instrucción Andina, San Carlos de Bariloche), de la Subzona 52.

A la semana siguiente la CFABB, integrada por los jueces Luis Alberto Cotter, Ricardo Emilio Planes e Ignacio Larraza, resolvió avocarse al expediente principal N°230, notificando al presidente del ConSuFA y al Juez Federal Videla (Juzgado Federal de 1era Instancia de Viedma. Expediente N°169/78. Resolución CFABB. Expediente 230 y agregado. "Schwartz, Julio César s/ desaparición". Bahía Blanca, 16 de febrero 1987. Cuerpo 2. Fs 380/385). A partir de allí perdemos el rastro de las actuaciones sucedidas, pero no deja de ser relevante en el contexto aludido que el trabajo de instrucción impulsado desde el Juzgado Federal de Viedma sirviera a las partes acusadoras, tanto al fiscal Cañón como a la querella de las delegaciones de la APDH, para alegar en contra de los procedimientos de los JIM, reponiendo la trascendencia del compromiso -así como de la negligencia- de los agentes judiciales y políticos intervinientes en estos procesos.

Memoria, Verdad, ¿Justicia? en el siglo XXI

La década de 1990 estuvo marcada por el imperio de las llamadas "leyes de impunidad", que a las de "Obediencia Debida" y "Punto Final" sancionadas bajo el alfonsinismo sumaba los indultos decretados por el presidente justicialista Carlos Saúl Menem, cuyo gobierno se caracterizó por el absoluto desprecio a las consignas del movimiento humanista.

De hecho, las únicas tramitaciones que encontramos en los registros aludidos tuvieron lugar en 1994, cuando fue sancionada la Ley N°24.321 de "declaración de ausencia por desaparición forzada", que no redundaba en beneficio o resarcimiento específico alguno, mucho menos en información que pudiera dar cuenta del destino de los desaparecidos.

La esposa de Julio solicitó en su momento ese certificado, y un mes más tarde desde el Ministerio del Interior fue enviado el Legajo N°137 al Juez penal de Bariloche, Dr. Juan Lagomarsino, quien había solicitado información para la instrucción de la causa caratulada "Schwartz, Julio César s/ausencia con presunción de fallecimiento". Aún cuando no pude reconstruirla con el material disponible y desconozco qué repercusiones tuvo en lo sucesivo, cuanto menos está claro que el legajo cuestionaba abiertamente esa carátula, manteniendo inconclusa la búsqueda de verdad.

El cambio de siglo no traería información relevante sino hasta varios años después. En 2005, ya bajo el gobierno del Presidente Néstor Kirchner -también peronista, aunque de claro sesgo opositor al menemismo y con especial compromiso con el movimiento de derechos humanos-, el expediente 169/78 fue remitido nuevamente a Viedma en razón de la ley N° 25.779 que declaraba nulas las "leyes de impunidad" y la consecuente reapertura de las causas. Si bien al momento no contamos con las actuaciones llevadas a cabo entre entonces y el año 2012, sí en cambio podemos iluminar novedades de gran relevancia para las banderas del movimiento, más allá de la tarea del Poder Judicial.

Hasta aquí, las actuaciones judiciales no habían trascendido mucho más allá en términos de memoria activa sobre la historia reciente y los delitos de lesa humanidad que debían ser condenados. En el caso que nos convoca, la comunidad de El Bolsón, donde había ocurrido el secuestro, guardaba un silencio ensordecedor detrás del slogan turístico que promocionaba el destino como "mágico y natural", ajeno a las conflictividades propias de las grandes urbes, y donde la dictadura "no se había sentido tanto".

Recién en la primavera de 2007 concurrirán dos eventos importantes que habilitarán la reactivación de la memoria familiar y colectiva sobre Schwartz y, con ella, la necesaria revisión de la narrativa local: por un lado, la convocatoria de la Comisión de Memoria del Banco Nación, que buscaba reconstruir información de sus trabajadores y trabajadoras víctimas de desaparición forzada en dictadura; por el otro, la publicación en los medios regionales de un comunicado de la APDH local en atención a un requerimiento de la Jueza

Federal de Viedma, Dra. Mirta Susana Filipuzzi, quien –según se indicaba- se encontraba reconstruyendo antecedentes sobre los secuestros en Río Negro, entre ellos el de Julio Schwartz.

Como he desarrollado en otro trabajo (Mereb, 2018), la delegación APDH en El Bolsón se había conformado en atención a las violaciones a los derechos humanos ya en democracia, por lo que sus integrantes -que en su mayoría habían arribado a la región promediando los años ochenta- desconocían lo ocurrido allí durante el gobierno de facto. Abiertamente conmovidos por la noticia, desde las páginas del periódico los activistas advertían

> Hoy, 29 años después, se abre este espacio de justicia y de reparación histórica que forma parte de la política de derechos humanos sostenida por el gobierno nacional (...) Es fundamental saber quién se lo llevó, le podría haber sucedido a cualquier otro vecino, porque este pueblo no estuvo ajeno al zarpazo de la dictadura militar (Testimonio Raúl Prytula, APDH El Bolsón).

La nota iba acompañada de la transcripción del testimonio que el Dr. Oscar Fattorini había compartido para el libro "73-83. La Comarca se transforma", editado poco tiempo atrás por la Escuela de Arte y Periodismo que funcionaba en la vecina localidad de El Hoyo, provincia de Chubut. Allí el médico daba cuenta de su propio calvario como prisionero político en dictadura, como del secuestro y desaparición de Schwartz, a la vez que cuestionaba duramente la indiferencia que había sentido de parte de la comunidad ante tales injusticias:

> ¿Acá no pasó nada? ¿Julio Schwartz no desapareció? ¿yo no fui en cana? ¿treinta tipos no fueron echados del hospital? ... si lo repetís, reaccionan, pero no lo saben... ni lo quieren saber. Lo pasaron por alto en su momento, quizás por vergüenza (Testimonio Oscar Alberto Fattorini).

Fueron el hijo y la hija de Schwartz quienes desde Bariloche se toparon con sendos llamados y se pusieron en contacto: Adriana con la Comisión de Memoria, que desconocía que ella trabajaba en la misma sucursal que su padre allá por el año 1976; Germán con la APDH El Bolsón tras leer la noticia y meditarlo mucho en su entorno privado.

Los testimonios al respecto ponen de manifiesto la densidad que hace falta para contener un proceso tan complejo como lo es la reactivación de la memoria familiar y pública sobre un desaparecido. Políticas públicas que generen un contexto político y social receptivo y reivindicativo de la experiencia tantos años negada y hasta estigmatizada; núcleos militantes que impulsen desde sindicatos, universidades, barrios, escuelas los trabajos de memoria; instituciones intermedias y jueces federales trabajando de manera mancomunada en la búsqueda de la verdad; un círculo íntimo de afectos dispuesto a acompañar el trajín cotidiano que significa la puesta en palabras de lo que durante años se mantuvo silenciado... Y una vez que todo esto confluye, se echa a andar un proceso que a su vez supone múltiples derivaciones.

Entonces, desde el Banco llegó el reconocimiento institucional a la trayectoria de Julio, generando un movimiento intrafamiliar inesperado e inédito para una memoria que no se había expuesto nunca públicamente; y la APDH tomó testimonio a Germán y su madre Ana María sobre lo acontecido casi tres décadas atrás, invitándoles a ponerlo en palabras para la causa judicial por primera vez desde aquel hábeas corpus de 1978 con el que comenzó todo. El informe resultante fue enviado a la jueza sin darle publicidad a fin de no obstaculizar las actuaciones en curso, según evaluaron desde la organización de derechos humanos en ese momento (Testimonio Julio Saquero, integrante APDH El Bolsón, en el largometraje documental "La memoria, otra historia del paraíso", de Gustavo Marangoni, 2014).

Asimismo, fue a través de la Comisión del Banco Nación que Germán y Adriana conocieron el trabajo del Equipo Argentino de Antropología Forense (EAAF), y entonces supieron que con una muestra de sangre podían encontrar restos de su padre. Gracias a la campaña que el EAAF llevaba adelante para ampliar las extracciones en todo el territorio nacional, ese diciembre de 2007 se acercaron al hospital zonal de Bariloche y entonces establecieron el primer contacto con la Secretaría de Derechos Humanos de Río Negro, que articulaba con el EAAF. Esa iniciativa además les permitió conocer a otros hijos e hijas de desaparecidos en esa ciudad, impulsándoles a formar HIJOS Bariloche, un espacio militante de contención necesaria para transitar el proceso y reivindicar las luchas de sus padres y madres de manera colectiva.

Desde tal identidad pública y novedosa, tanto para ellos mismos como para las comunidades involucradas, los años siguientes participaron de espacios de gran trascendencia en el ámbito público regional. Fue fundamental para esto la muestra gráfica itinerante "Banco Nación les dice Presente", el dispositivo diseñado por la Comisión y que se componía por gigantografías con los rostros e historias de vida de cada trabajador y trabajadora homenajeada.

Primero se expuso en Bariloche y luego, en octubre 2009, gracias al activismo popular que comenzaba a hacerse eco de esta historia silenciada en el relato oficial, la muestra pudo ser montada en la Casa de la Cultura de El Bolsón, generando un despliegue inédito para la memoria local respecto de ese pasado sistemáticamente silenciado. Entonces en declaraciones radiales Germán y Adriana reivindicaron: "pudimos saldar la deuda que teníamos con el viejo de traerlo de nuevo a la Comarca" (Testimonios de Germán y Adriana Schwartz en Marangoni, 2014).

Desde entonces se sucederán eventos relevantes que colocarán la memoria de Julio Schwartz en la escena pública local una y otra vez (Mereb, 2022). Ese proceso familiar y comunitario fue registrado por el realizador audiovisual Gustavo Marangoni, derivando en el documental "La Memoria, otra historia del paraíso" estrenado en 2014, colaborando a la conmoción y reflexión colectiva sobre este pasado que hasta aquí había permanecido oculto.

En términos judiciales y de actuaciones estatales de reconstrucción de la verdad sobre ese pasado represivo reciente, en 2010 la APDH local requirió a la Secretaría provincial de Derechos Humanos que se presentara como querellante ante la publicación en una revista de tirada masiva del listado de Personal Civil de Inteligencia del Batallón 601, en el que figuraban dos vecinos de El Bolsón, pero el pedido no fue atendido.

El mismo año Germán solicitará al Archivo Nacional de la Memoria el desarchivo del expediente CONADEP de su padre para presentar ante el equipo de la Ley 25.914 sancionada en 2004, que establecía las indemnizaciones para hijos e hijas de detenidos y/o desaparecidos durante el período dictatorial. Las copias certificadas fueron remitidas en febrero 2011, reafirmando una vez más ese pasado, ese presente y esa identidad familiar y comunitaria que se iría forjando mediante estas experiencias y estas materialidades, con sus claroscuros constitutivos.

Un año más tarde, en febrero de 2012 fue confeccionado finalmente el informe "Schwartz, Julio César s/desaparición forzada" con membrete de la Subsecretaría de Derechos Humanos de Río Negro. Junto a los datos de la víctima señalaba que la causa había sido iniciada por la familia y se encontraba en ese momento en Neuquén, donde se juzgaban las responsabilidades de los delitos cometidos en la Subzona 52.

Se aclaraba también que el caso "aún no ha sido incluido en causa ABO ya que el testimonio de un sobreviviente del Banco no es lo suficientemente certero respecto del paso de Julio por ese CCD". Según recuerda Jimena Palopoli, entonces delegada de la zona andina y la profesional encargada de llevar adelante la vinculación institucional con la familia en Bariloche, Nos llegan desde el Archivo Nacional de la Memoria en 2012 creo, las copias de los legajos CONADEP de las personas desaparecidas en la provincia. A la delegación nos entregan los de la zona andina para sistematizar la información. Esto es abrir legajos con esa documentación y resumir los hechos. Posteriormente a esos registros sólo a los fines de contar con la información que surge solo de los CONADEP yo me comunico con Germán con quien tenía ya una relación por compartir actividades de Teatro por la Identidad y la Red por la Identidad y le digo de la apertura de los legajos, el registro de la APDH (donde él me cuenta cómo es que lo contactan, etc) y del informe de la provincia del 84.

Tuvimos sólo charlas informales, porque en ese momento a pesar que yo se lo propuse, no llegamos a realizar ninguna entrevista formal. El vínculo institucional siempre fue de intercambio de información sobre el recorrido de la causa y una vez creado el programa de acompañamiento en los juicios, la presencia de la psicóloga con ellos en la declaración (Comunicación personal por correo electrónico con Jimena Palopoli, 4 de julio 2023).

Esa declaración ocurrirá varios años más tarde. Es necesario reconstruir antes el derrotero previo que modificará el rumbo de las actuaciones, cuando el juez federal Gustavo Villanueva de Neuquén declarara la incompetencia por el caso Schwartz. En la resolución señaló que las actuaciones habían sido recibidas desde la Cámara de Apelaciones de General Roca por incompetencia declinada por el Juzgado Federal de Viedma, cuyo titular había entendido que Schwartz había sido víctima de órdenes emanadas del Comando de Subzona 52 con asiento en Neuquén.

No obstante, advierte el Dr. Villanueva, dado que no existían pruebas de que el secuestro hubiera sido ordenado por fuerzas de la región ni de que hubiera pasado por instalaciones de esta Zona y Subzona, y como el último lugar donde habría sido visto era el CCDyT Banco, declinará competencia al magistrado a cargo del Juzgado Federal N°3 que investigaba el llamado "circuito ABO" en Buenos Aires, remitiendo las partes pertinentes en relación a Schwartz y a Surraco.

En agosto 2012 el Dr. Daniel Rafecas, a cargo de la instrucción de la causa 1er Cuerpo Ejército ABO II, aceptaría la competencia atribuida siendo esto informado esa primavera por la Fiscalía de Neuquén a la Delegación Andina, desde donde lo comunicarían a Germán y Adriana, como quedó asentado en el legajo provincial.

La noticia fue positiva: mediante la resolución del 8 de noviembre de ese año, el Juez Rafecas dictó procesamientos que contemplaban los casos rionegrinos. En el caso específico de Schwartz, el cúmulo de pruebas incluía el primer hábeas corpus presentado por la madre y la esposa, la declaración del único testigo directo del secuestro brindada ese mismo año, el testimonio relevado por la APDH que agregaba un llamado anónimo de alguien que decía haber compartido la detención clandestina con Julio en "El Banco" donde era apodado "el gerente"; y el informe para Amnesty Internacional de Oscar González y Horacio Cid de la Paz donde se mencionaba al "gerente de un hotel en Bolsón" que habría sido "trasladado" (Autos de procesamiento causa N°14216/2003. Resolución Juez Federal Daniel Rafecas, Buenos Aires, 8 de noviembre 2012. Folio 23. Legajo APM).

Por todo ello, el Juez resolvía dar por "acreditada con el grado de certeza requerido para esta etapa procesal, la privación ilegal de la libertad y tormentos que la víctima aquí tratada sufriera en el CCDyT Banco". Los autos de procesamiento serán remitidos al poco tiempo al nuevo Secretario de Derechos Humanos de Río Negro, Néstor Busso, quien se había comunicado en razón del trabajo de asistencia y seguimiento de las causas judiciales que realizaba el equipo técnico de la Delegación Bariloche.

El informe será actualizado en abril 2013 agregando las novedades y ese invierno fue confeccionada la ficha para formalizar el caso en los registros provinciales. Tramitado por el hijo en carácter de "testigo" -no querellante ni denunciante-, el registro sintetiza los datos de la víctima, el relato de los hechos, el estado de la causa penal radicada ahora en el Juzgado Federal N°3, con una resolución de "instrucción con procesamiento" de noviembre 2012.

Recién en 2017 Germán y Ana María serán convocados a prestar declaración testimonial en el marco de la causa ABO. Ante la pregunta por el sentido de justicia que tal instancia podía revestir para la familia, Germán me ha señalado que el sentido y las expectativas para él tenían que ver con acompañar a su mamá que había decidido testimoniar. Adriana por su parte, no podía ser de la partida pues sólo admitían dos testigos por víctima, pero sintió que si acompañaba a su madre y hermano al estrado cerraría un ciclo al verles las caras a los responsables: "No ocurrió. Ni siquiera estuvieron presentes", lamentó en una conversación mantenida tiempo después.

La sentencia de 2018 corona de manera penosa este larguísimo proceso. Integrado por los jueces Rodrigo Giménez Uriburu, Jorge Alberto Tassara y José Antonio Michilini, el Tribunal Oral en lo Criminal Federal N°2 consideró que, si bien no había dudas respecto del secuestro, era distinto respecto del cautiverio al no haber relato de sobreviviente que atestiguase de manera fehaciente su paso por allí. Afirmaban que el testimonio anónimo que recibiera la familia en 1979, así como el que figuraba en el informe de Amnesty Internacional sobre la presencia de un hombre apodado "El Gerente" que provenía de El Bolsón, no eran más que "pruebas indiciarias" que no brindaban el grado de certeza necesaria para esta instancia procesal:

(...) Por esos motivos, es que el grado de certeza que esta instancia procesal exige no puede ser alcanzado, de modo que no se puede dar por acreditado el cautiverio de la víctima dentro del circuito represivo. Ello, no implica negar la existencia propia del hecho, sino que, a las resultas de la presente, no podrá ser objeto de imputación a los acusados, imponiéndose adoptar un temperamento liberatorio sobre el punto (Sentencia causas 2370 y 2505. Ciudad Autónoma de Buenos Aires, 8 de marzo 2018. Caso 201, "Julio César Schwartz". Fs 496/1085).

La Fiscalía apelaría la sentencia, pero en los términos en que está planteado, el proceso exige generar más pruebas de la reclusión para lograr condenas. Vale preguntarse acerca de si es posible reunir esa prueba cuarenta años después y partiendo de la clandestinidad en la que ocurrieron los hechos. Preguntarse qué supone semejante diligencia, e incluso, si esto pudiera ser concretado de algún modo, si se haría justicia en torno a la desaparición, si echaría algo de luz sobre la vida familiar y comunal que sigue desconociendo el destino de sus desaparecidos y cuyos responsables no dan muestra alguna de querer quebrantar el pacto de silencio establecido, siendo avalados por acción u omisión por los propios jueces de la democracia.

Reflexiones finales

En este trabajo procuré reflexionar en torno a las significaciones que puede atribuir una familia argentina víctima de desaparición forzada, al intentar alcanzar justicia mediante las tramitaciones en los estrados. Recorriendo las diversas fuentes, me pregunto qué vemos desde la investigación académica de nuestro pasado reciente al revisar los expedientes judiciales; qué se dijo, qué más se supo, qué se silenció, olvidó e incluso negó en las distintas instancias del proceso hasta la sentencia de 2018.

Lo que se conoció en relación al secuestro, las fuerzas involucradas, la liberación de la zona, los esfuerzos de la familia por dar con su paradero golpeando distintas puertas sin recibir respuesta alguna, la desesperanza del fin de siglo, la reapertura en el siglo XXI y cómo resignificar el proceso, ahora con el hijo y la hija ya adultos y accionando en términos memoriales por su propia cuenta. En palabras de Adriana,

No solamente nos quitaron cuadros importantes políticos que pudieron haber sido referentes para llevar la revolución adelante, sino que nos sacaron la oportunidad de vivir mejor, de tener otro tipo de vida... cuando ves que la gente empieza a tomar conciencia es donde yo encuentro justicia... pero no en los juicios. El juicio es una fantochada, no sirve... no sirve (Entrevista de la autora con Adriana y Germán Schwartz. Bariloche, 9 de septiembre 2021).

¿Cómo puede en este derrotero, hacer justicia la justicia? ¿Dónde reside lo reparador de los juicios de lesa? Considero igualmente exponentes de este dilema, tanto el desencanto de Germán y Adriana, como la importancia y trascendencia que las organizaciones de derechos humanos le otorgan a los juicios que hoy mismo se desarrollan a lo largo y ancho del territorio nacional.

Al mismo tiempo, aún con sus demoras y sinsabores, el hecho de que el proceso judicial se mantuviera relativamente en marcha, favoreció una serie de situaciones que posibilitaron que varias décadas después del secuestro, la comunidad de El Bolsón conociera acerca del hecho trágico que hasta entonces había pasado desapercibido a nivel local, debiendo hacerse cargo de alguna manera de una dimensión oculta de su propia identidad. Así fue que el pedido de información desde un Juzgado Federal a un organismo de derechos humanos, colaboró a que la memoria de Schwartz fuera reactivada públicamente y con la suya, la de la historia reciente local, trenzándola significativamente con las luchas y demandas contemporáneas.

En definitiva, es sólo un ejemplo de cómo las particularidades de cada caso y de cada comunidad gravitan en el contexto general, comprendiendo cómo estas tramitaciones diferenciales configuran a su vez los procesos memoriales posibles, tanto a nivel personal y familiar como colectivo.

Tal vez en este nuevo tramo ABO la Fiscalía logre convencer al Tribunal del cautiverio y se logre alguna condena para los acusados. Los tiempos biológicos apremian, desdibujando la esperanza de "justicia". En tal sentido, las palabras de Germán y Adriana iluminan una significación posible en torno a estos procesos: se trata de conocer y dar a conocer para reivindicar a los desaparecidos en su dimensión política, en un reconocimiento permanente a los ideales por los que fueron perseguidos. Que como sociedad tengamos la posibilidad de saber más de ese pasado, complejizar miradas, identificar actores que hasta acá no eran conocidos y por eso también quedaban impunes, así como reconocer persistencias que ayuden a resignificar las banderas de Memoria, Verdad y Justicia para las generaciones venideras en pleno SXXI.

Bibliografía citada

Bandieri, Susana. "Microhistoria, Microanálisis, Historia Regional, Historia Local. Similitudes, diferencias y desafíos teóricos y metodológicos: Aportes desde la Patagonia", *Anuario del Instituto de Historia Argentina*, 21(1), e133. 2021. https://doi.org/10.24215/2314257Xe133

Bohoslavsky, Juan Pablo. *¿Usted también, doctor? Complicidad de jueces, fiscales y abogados durante la dictadura*. Buenos Aires: Siglo XXI editores, 2015.

Comisión Nacional por la Desaparición de Personas. *Informe Nunca Más*, Buenos Aires: Eudeba, 1984.

Crenzel, Emilio. *La historia política del Nunca Más. La memoria de las desapariciones en la Argentina*. Buenos Aires: Siglo XXI editores, 2008.

Galante, Diego. *El juicio a las juntas: discursos entre lo político y lo jurídico en la transición argentina*. Los Polvorines: Universidad Nacional de General Sarmiento; La Plata: Universidad Nacional de La Plata. Facultad de Humanidades y Ciencias de la Educación; Posadas: Universidad Nacional de Misiones, 2019.

Mereb, Marina Ayelén. ¿Paraíso, mágico y natural?: Historia y memorias de la represión política en El Bolsón. 1974–2012 (Tesis de posgrado). Universidad Nacional de La Plata. Facultad de Humanidades y Ciencias de la Educación. 2017. *Memoria Académica*. https://www.memoria.fahce.unlp.edu.ar/tesis/te.1571/te.1571.pdf

Mereb, Marina Ayelén. "El movimiento de derechos humanos y la construcción de las memorias de la represión en clave local. La resistencia 'jipuche' en El Bolsón de la posdictadura argentina", *Nuevo Mundo Mundos Nuevos [En línea], Cuestiones de tiempo presente*, 2018. URL: http://journals.openedition.org/nuevomundo/72891

Mereb, Marina Ayelén. *La memoria del terrorismo de Estado ante la avanzada neoliberal a escala local: la experiencia de la Comarca Andina del Paralelo 42°. Patagonia Argentina*, Argumentos. Revista de crítica social, N°26, 2022. En línea: https://publicaciones.sociales.uba.ar/index.php/argumentos/article/view/7958

Rama, Cristian. Juzgar el pasado en la "provincia de los derechos humanos": las causas por desaparición forzada en Viedma (Río Negro) y el problema de la competencia (1984–1985). *Revista De Historia Americana Y Argentina*, 57(1). 2022. https://doi.org/10.48162/rev.44.024

Scocco, Marianela y Solís, Carol (coord.) (2017). *Dossier "La CONADEP y las provincias*. Comisiones investigadoras, justicia y derechos humanos", disponible en: https://historiapolitica.com/dossiers/dossier-la-conadep-y-las-provincias-comisiones-investigadoras-justicia-y-derechos-humanos/?print=print

CECILIA VÁZQUEZ LAREU

La causa Ford: una lucha de los trabajadores y sus familias (2002–2018)

ESTE ARTÍCULO PROPONE EXAMINAR las características particulares de la judicialización de los crímenes cometidos durante la última dictadura cívico-militar desde una experiencia específica de búsqueda de justicia: la llevada a cabo por los sobrevivientes, familiares y allegados de los trabajadores detenidos-desaparecidos de la empresa Ford Motor S.A. Del grupo de 24 trabajadores (muchos de ellos delegados gremiales) secuestrados entre marzo y mayo de 1976, 18 fueron detenidos y torturados en el propio predio de la empresa situada en General Pacheco (pcia. de Buenos Aires). Los 24 hombres estuvieron detenidos en la comisaría de Tigre, luego en la cárcel de Devoto y finalmente fueron trasladados a la Unidad 9 de La Plata. Todos ellos fueron liberados entre enero y marzo de 1977.

"Los desaparecidos de Ford" apareció como la causa militante que logró instalarse y ocupar un lugar en la escena pública gracias al trabajo del núcleo demandante de justicia. Este núcleo pudo consolidarse aún con dificultades y pérdidas y está integrado por los extrabajadores de la planta automotriz que sobrevivieron a los cautiverios clandestinos y sus familiares, con especial presencia y actividad de sus esposas.

Con el transcurrir de los años, ya bajo el régimen democrático, se integraron al grupo movilizador de la causa diversos actores sociales provenientes de otros ámbitos como abogados y activistas de organismos de Derechos Humanos.

Este artículo se propone analizar las características particulares del caso Ford, reponer los elementos que permitieron instalarlo como causa y judicializarlo e indagar en las principales estrategias que han desplegado los integrantes del núcleo movilizador. Para ello se utilizará como fuente un conjunto de relatos orales que dialogarán con parte de la producción académica, periodística y judicial referida al caso. Sin dejar de contemplar la lucha por la verdad y la justicia que iniciaron en 1976 quienes luego impulsaron el juicio, este escrito parte de la presentación judicial de los trabajadores y delegados como querellantes contra los exdirectivos de la firma Ford en el año 2002. El análisis culminará en el hito histórico que implicó la sentencia dictada en 2018 que condenó a dos civiles y a un militar imputados en la causa.

Abordar la judicialización del caso de los desaparecidos de Ford implica indagar en dos planos: el social y el judicial. El análisis del plano eminentemente social refiere al impacto y a la instalación de la cuestión más allá de los tribunales. En el caso Ford, la idea de "más allá de los tribunales" se vincula a dos dimensiones: por un lado al análisis de las situaciones domésticas de muchos de los integrantes del núcleo movilizador de la causa y, por otro lado, a las respuestas que han recibido por parte de la sociedad civil. Así, se analizará la repercusión diferencial de este proceso de judicialización en la sociedad respecto de otros juicios donde los imputados han sido exclusivamente personal militar, policial o de las fuerzas de seguridad.

En el plano judicial, la cuestión distintiva que presenta el caso Ford es la de las responsabilidades en los crímenes de lesa humanidad de una reconocida empresa multinacional y gerentes de esta empresa.

2. Los desaparecidos de Ford

Entre marzo y mayo de 1976, un grupo de 24 trabajadores -delegados, subdelegados y operarios- de la planta automotriz Ford Motor situada en General Pacheco fueron secuestrados, detenidos y sometidos a torturas, interrogatorios y traslados. Estos hechos de violencia han marcado sus vidas y las de sus familiares incluso luego de las liberaciones de los hombres en 1977. Esa serie de secuestros clandestinos tuvo como respuesta la movilización de las familias, con especial protagonismo de sus parejas, quienes organizaron su búsqueda enfrentando el terror y la incertidumbre así como violencias físicas y psicológicas.

El caso de Ford Motor cobra especial relevancia porque 18 de los hombres de la planta automotriz secuestrados en 1976 fueron detenidos y torturados durante varias horas en el quincho de la fábrica, dentro del propio predio de la empresa. Esto no solo detenta un gran peso simbólico -considerando que el quincho del centro recreativo había sido un espacio conseguido gracias a la lucha de los delegados- sino que ha constituido una carga probatoria determinante en la imputación de responsabilidades empresariales en la comisión de los crímenes.

A la utilización del quincho como centro de detenciones y torturas, se suma la confección por parte de directivos de la empresa de listados con los nombres de aquellos obreros que debían ser detenidos, la notable militarización de la planta incluso tiempo antes del golpe de Estado y la prestación de medios de transporte (camionetas Ford) para la ejecución de los secuestros y traslados. Estos son algunos de los elementos más significativos que han brindado vastas evidencias no solo de la connivencia entre los intereses militares y empresariales, sino de la responsabilidad material compartida entre ambos sectores en lo que respecta a la edificación de una logística represiva que tuvo como blanco a obreros y delegados gremiales.

En definitiva, el caso de Ford resulta emblemático al haber puesto al descubierto, gracias a un proceso coronado por una sentencia ejemplar dictada en diciembre del 2018, la responsabilidad civil y empresarial en la violaciones sistemáticas a los derechos humanos durante la última dictadura argentina.

Pero la ejemplaridad del caso, si bien tiene uno de sus puntos más visibles en la condena judicial, alberga una extensa lucha por parte de los sobrevivientes, sus familiares y un conjunto de aliados provenientes de otros sectores de la sociedad. En este proceso se centra el presente artículo, haciendo énfasis en los elementos que permitieron que el caso de los desaparecidos de Ford lograra instalarse como causa y alcanzara su judicialización. Ello, a través del análisis de los obstáculos y estrategias desplegadas por el grupo de actores sociales que impulsaron la búsqueda de justicia, lo cual supondrá alumbrar la articulación constante del plano social y judicial, así como su retroalimentación.

3. Una condena ejemplar

En el transcurso de los años 80 y 90 en la Argentina se gestó un panorama social y político que ha coadyuvado a la invisibilización de los grupos de obreros y trabajadores desaparecidos, fenómeno acentuado en el caso de los campesinos, en un país que ha sido pensado sin campesinos tras la idea de un "campo despoblado".

Esta relativa invisibilización ha sido explicada por diversas variables, como la necesidad histórica de institucionalizar una narrativa humanitaria que permitiera impulsar los primeros juicios y condenas a los militares responsables de las violaciones a los Derechos Humanos, pero también la más extendida en el tiempo desatención y relegación de las demandas de estos grupos.

Aún en aquél contexto, el caso de Ford Motor y Mercedes Benz, caracterizados por visibilizar la persecución y desaparición de grupos de trabajadores y delegados fabriles, han alcanzado una presencia mediática considerable. El interrogante, entonces, se inclina sobre las condiciones de posibilidad para que el caso Ford haya alcanzado tal grado de institucionalización y lograra instalarse y ser comunicado más allá de los tribunales.

Los delitos de lesa humanidad cometidos por militares y civiles durante la última dictadura militar que han sido denunciados en la llamada causa Ford fueron investigados en el marco de la Causa Campo de Mayo (expediente N° 4012). Dicha megacausa fue iniciada en el año 2003 ante la Justicia Federal de San Martín y, con el correr de los años, han ido llegando a juicio oral distintos tramos. En este marco, el caso de Ford ha sido especialmente llamativo al alcanzar la instancia del juicio oral en el año 2017, llevando al tribunal a dos empresarios ex-directivos de la multinacional y a un militar responsable de la zona en cuestión (norte de la provincia de Buenos Aires).

En una primera instancia, la denuncia penal de la causa Ford (n°2855) fue hecha contra Nicolás Enrique Julián Courard, presidente y representante legal de la empresa; Guillermo Galarraga, gerente de Relaciones Laborales; Pedro Müller, gerente de Manufactura, y Héctor Francisco Sibilla, militar retirado del Ejército y jefe de seguridad de la planta. Los dos primeros fallecieron antes del inicio del juicio oral, en tanto que los dos últimos resultaron condenados en 2018. Asimismo, en la causa estuvo imputado el general Santiago Omar Riveros, como militar responsable de la zona.

La causa Ford ha sido un evento con repercusión nacional e internacional cuya etapa oral se desarrolló entre diciembre del año 2017 y diciembre del año siguiente. En aquel mes del 2018 se dictaron las condenas a los mencionados dos exdirectivos de la empresa por considerarse partícipes necesarios en los procesos represivos contra 24 trabajadores:

"(...) Pedro Norberto Troiani, Carlos Rosendo Gareis, Jorge Enrique Constanzo, Marcelino Víctor Reposi, Adolfo Omar Sánchez, Francisco Guillermo Perrotta, Juan Carlos Ballestero, Pastor José Murúa, Rubén Manzano, Juan Carlos Amoroso, Fernando Mario Groisman, Luciano Bocco, Juan Carlos Conti, Ricardo Avalos, Vicente Ismael Portillo, Carlos Alberto Propato, Luis María Degiusti, Eduardo Norberto Pulega, Hugo Adolfo Núñez, Rubén

Traverso, Raimundo Cayetano Robledo o Mirco Robledo, Carlos Enrique Chitarroni, Roberto Cantelo y Héctor Subarán" (Poder Judicial de la Nación, Causa nro. 4012/03, 20 de mayo, 2013. Fuente: CIJ.)

El proceso de avance de los juicios contra imputados por delitos de lesa humanidad cometidos durante la dictadura cívico militar no ha sido lineal en el territorio nacional. Aún más, este proceso ha sido desparejo en particular en lo que hace a las personas condenadas: los casos juzgados corresponden en su mayoría a responsabilidades militares.

De ahí toma especial relevancia indagar en las particularidades de la causa Ford e interrogarse cómo se logró llegar a la sentencia condenatoria del 2018. Como veremos, ciertos elementos como la realización previa de denuncias ante la CONADEP reiteradas en los Juicios por la Verdad, los juicios laborales y la tramitación (o no) de causas penales constituyen fenómenos que han marcado diferencias entre los derroteros seguidos por cada uno de estos juicios. Pero también existen particularidades en el plano social que refieren a organizaciones domésticas, alianzas estratégicas y agenciamientos con otros sectores que han sido definitorios en los resultados obtenidos.

4. El proceso penal

En el año 2002, en un marco de intento de reapertura de los juicios penales, un grupo de ex-trabajadores y delegados de la empresa Ford realizaron su presentación judicial como querellantes contra los exdirectivos de la firma. La causa judicial, al igual que la iniciada por ex-trabajadores de la automotriz Mercedes Benz, buscaba acreditar la responsabilidad de empresas y empresarios en la represión a los trabajadores y dirigentes sindicales.

"Paralelamente, el 31 de octubre de 2002, el Dr. Félix Pablo Crous, fiscal designado para representar al Ministerio Público en los procesos por violaciones a los derechos humanos que se instruyeran en la ciudad de La Plata, denunció la detención ilegal y la privación de la libertad de Pedro Norberto Troiani y otros trabajadores de la planta de la empresa "Ford", ubicada en la localidad de General Pacheco durante la dictadura militar instaurada entre 1976 y 1983." (Poder Judicial de la Nación, Causa nro. 4012/03, 20 de mayo, 2013. Fuente: CIJ.)

Resulta importante señalar que -por más que el objeto de indagación en esta oportunidad tome como punto de partida el año 2002- los testimonios sobre lo ocurrido en la Ford comenzaron a brindarse desde el regreso de la democracia ante la Comisión Nacional sobre la Desaparición de Personas (CoNaDeP). En 1984 Pedro Troiani, junto a otros ex-trabajadores de la Ford, se presentaron ante la Comisión a denunciar las violencias y abusos sufridos en manos de militares y empresarios. Paralelamente, durante los años 80, se presentaron denuncias judiciales de los trabajadores por despido arbitrario contra Ford, de los cuales tres casos fueron desestimados y tres casos tuvieron sentencia favorable (Expediente laboral "Conti, Juan Carlos c. Ford Motor Argentina S.A. s. cobro de pesos").

Las denuncias efectuadas ante la CoNaDeP se reiteraron durante los juicios por la Verdad acontecidos en La Plata a finales de los años noventa y comienzos de la década siguiente y recién fueron presentados ante un tribunal oral -como se ha mencionado- a partir de diciembre del 2017. Uno de los puntos más relevantes de estos hechos es el material testimonial generado en aquellas instancias previas que, si bien no han tenido como desenlace inmediato el castigo a los culpables, engrosaron el caudal de pruebas presentadas décadas más tarde en el Tribunal de San Martín.

Ciertamente, los testimonios brindados en los juicios por la Verdad por parte de trabajadores de Propulsora, Astilleros, Swift y Ford, entre otras empresas, han constituido las bases de otro conjunto de procesos judiciales sucedidos años después. Entre los juicios que se alimentaron de aquel valioso material testimonial se encuentra el juicio por los desaparecidos de Ford.

Entre los escollos que generaron dificultades y demoras en el desarrollo de la causa Ford se encuentran las conocidas leyes de impunidad (las leyes de Obediencia Debida y Punto Final) que impedían que los responsables de delitos de lesa humanidad fueran juzgados. El 2 de septiembre de 2003, en el marco de un gobierno que movilizó las políticas de memoria, verdad y justicia como políticas de Estado, el entonces presidente Néstor Kirchner promulgó la ley 25.779 que declaró la nulidad de esas leyes. Así, a fines de ese mismo mes, los expedientes vinculados a la causa Ford, iniciados el año anterior con la presentación judicial de los trabajadores y delegados, fueron reabiertos.

"(...) no se puede olvidar que dichas leyes tuvieron un efecto paralizante en todas las investigaciones, hasta la sanción de la mencionada Ley 25.779, que determinó no solo la reapertura de los expedientes sino también que el trámite se adecuara al nuevo código procesal penal, quedando la investigación a cargo de un juzgado de primera instancia. De este modo, el 30 de septiembre de 2003 y por orden de la Excma. Cámara Federal de San Martin, el expediente 85 y todos sus vinculados llegaron a estos estrados." (Poder Judicial de la Nación, Causa nro. 4012/03, 20 de mayo, 2013. Fuente: CIJ.)

En el año 2006, Pedro Norberto Troiani, ex obrero de la Ford se presentó judicialmente -en su carácter de querellante en la causa - a solicitar la declaración indagatoria de 4 exdirectivos de la empresa (entre los cuales se encontraban Muller y Sibilla, finalmente condenados) y un militar apellidado Molinari, Subdirector de la Escuela de Ingenieros con quien se entrevistaron las "mujeres de Ford" durante el derrotero de búsqueda de sus maridos. (N° 18.018/02 caratulada "MOLINARI, ANTONIO – PERSONAL FORD s/privación ilegal de la libertad").

La solicitada a declaraciones indagatorias estuvo dirigida a:

1. "Nicolas Enrique Julian Courard, Presidente y Representante Legal de la compañía Ford Motor Argentina Sociedad Anónima en 1976.
2. Pedro Muller, Gerente de Manufactura de la misma compañía en 1976.
3. Guillermo Galarraga, Gerente de Relaciones Industriales de la misma compañía en 1976.
4. Hector Francisco Sibilla, Jefe de Seguridad de la misma compañía en 1976.
5. Antonio Francisco Molinari, Subdirector de la Escuela de Ingenieros en el año 1976."

(Solicitada a declaraciones indagatorias, causa N° 18.018/02, Septiembre 2006)

Recién a finales del año 2012, la jueza federal de San Martín, Alicia Vence, llamó a declaración indagatoria a quienes en 1976 presidieron el directorio de la empresa. Courard, Muller, Galarraga y Sibilla fueron formalmente acusados del delito de participación necesaria en la privación ilegítima de la libertad y tormentos que sufrieron los 24 operarios de la automotriz Ford durante el primer año de la dictadura. Ese mismo año se llevó a cabo la primera inspección ocular a la planta de General Pacheco. Esta instancia de reconocimiento involucró la participación de jueces, ex trabajadores sobrevivientes de secuestros y torturas y abogados involucrados en la megacausa de Campo de Mayo.

"La jueza federal de San Martín Alicia Vence ordenó el recorrido en el comedor, las oficinas de estampado y pintura y montaje, lugares donde trabajaban obreros de la fábrica que fueron secuestrados, y en los quinchos del parque recreativo, donde el Ejército montó un centro de tortura y los mantuvo detenidos ilegalmente durante varias horas, antes de llevarlos a distintos centros clandestinos de detención de la zona." (Nota en el diario Página 12: "Inspección en la fábrica Ford", 30 de mayo, 2012)

La instancia de la inspección ocular se repetiría con posterioridad (en el año 2013 y 2018) y, como analizaremos más adelante, constituyó una de las acciones claves para la generación de material que contribuyó a la comunicación y difusión de la causa más allá de los tribunales.

"(...) Actuaciones labradas con motivo de la inspección ocular realizada en la actual empresa "Ford Argentina SCA", agregadas a fs. 2557/2585, que constata la existencia de los sectores desde los cuales fueron secuestradas las víctimas, al igual del lugar donde funcionó el centro recreativo." (Poder Judicial de la Nación, Causa nro. 4012/03, 20 de mayo, 2013. Fuente: CIJ.)

A finales del año 2012, se ordenó el llamado a indagatorias y las mismas fueron cumplidas en la primera mitad del año siguiente. Para ese momento Courard había fallecido y Galarraga y Muller se negaron a declarar mientras que Sibilla declaró y negó las acusaciones. En mayo del 2013, la jueza Vence dictó el procesamiento de 3 de los exdirectivos imputados: Pedro Müller (ex Gerente General), Guillermo Galarraga (ex Gerente de Relaciones Laborales) y Héctor Francisco Jesús Sibilla (ex Jefe de Seguridad). El ex presidente de la empresa Nicolás Enrique Courard también iba a ser citado pero, como se dijo, murió impune.

Aquí cabe revisar y destacar la particularidad de las imputaciones penales a los exdirectivos de la planta automotriz. La atribución de responsabilidades en el contexto judicial no sólo fue relevante y en gran parte novedosa por tratarse de un grupo de trabajadores (acompañados por familiares, abogados y testigos de contexto) acusando a civiles empresarios con puestos gerenciales, sino por el contenido de estas atribuciones. La causa Ford -al haberse armado con un importante bagaje testimonial nutrido también por las denuncias previas ante la CoNaDeP y los Juicios por la Verdad- contó con una detallada descripción de los hechos y de las acciones llevadas a cabo por los empresarios en connivencia con el personal militar.

"(...) se les imputa el haber facilitado los datos personales de cada uno de los empleados involucrados, junto a sus fotografías -glosadas a sus Legajos personales de la empresa- y domicilios particulares, para que de esa forma puedan ser habidos. Así también se les endilga, el haber permitido que se montara un centro de detención en el interior del predio de esa fábrica, en los sectores del Campo de Recreativo y/o de Deporte, para que en sus dependientes fueran interrogados. Allí fueron, golpeados, maniatados, tapándoseles sus rostros para que no pudieran observar lo que ocurría y golpeados por el personal que intervino." (Poder Judicial de la Nación, Causa nro. 4012/03, 20 de mayo, 2013. Fuente: CIJ.)

Estos hechos no fueron únicamente respaldados por una serie de testimonios coincidentes tanto de los sobrevivientes como de sus esposas (Elisa Charlin y Arcelia Ortiz tuvieron la oportunidad de ver la hoja con el logotipo de Ford donde figuraban los nombres de los hombres secuestrados) e inspecciones oculares, sino también por una variedad de documentos. Entre estos últimos, podemos mencionar los informes elaborados por SMATA donde se hace saber que la nómina de delegados del personal de "Ford Motor Argentina S.A." fue puesta a disposición del Poder Ejecutivo Nacional y en ellas se encontraban los delegados Troiani, Gareis, Constanzo, Reposi, Sanchez, Perrotta, Ballestero, Murúa, Manzano, Amoroso, Groisman, Bocco y Conti.

Además, se desprende que entre los años 1976 y 1983 ese sindicato no ejercía sus funciones por estar intervenido militarmente. Ello nos demuestra que tanto las declaraciones testimoniales, como las imputaciones y todo el proceso que significó la investigación indagatoria coronada con el juicio oral, han sido fenómenos que alumbraron un entramado social de responsabilidades que exceden pero incluyen y demuestran las de los dos civiles condenados.

Finalmente, el 19 de diciembre de 2017 la causa Ford llegó al Tribunal Oral en lo Criminal Federal N° 1 de San Martín. Los trabajadores estuvieron representados por las querellas a cargo del abogado Tomás Ojea Quintana y la abogada Elizabeth Gómez Alcorta. También fueron querellantes institucionales la Secretaría de Derechos Humanos de la Nación y la de la provincia de Buenos Aires y, además, seis de los ex-trabajadores de Ford se presentaron en el juicio como querellantes, con sus propios abogados.

El desarrollo del juicio oral y público que tuvo lugar durante los últimos días del 2017 y casi todo el año siguiente no hubiera sido posible sin la organización de los sobrevivientes junto a sus familias y el respaldo de distintos actores de la sociedad civil. Pero, como vimos, también ha sido diferencial la contribución al caudal de pruebas y recursos testimoniales que generaron las instancias previas de denuncia efectuadas aun con anterioridad a la reapertura de los juicios en agosto del 2003.

La sentencia condenatoria se dió a conocer el 11 de diciembre de 2018, al final de un año de trámite oral al que se llegó luego de atravesar las instancias repasadas, no exentas de obstáculos y demoras. El Tribunal Oral Federal 1 de San Martín condenó al ex Gerente de Manufactura de la empresa Ford Motor Argentina, Pedro Müller, a 10 años; al ex jefe de Seguridad, Héctor Sibilla, a 12 años; y a Santiago Riveros, ex titular de Institutos Militares del Ejército, a 15 años de prisión, por su responsabilidad en los delitos de detenciones ilegales y tormentos agravados. Sibilla y Müller fueron considerados partícipes necesarios de las violaciones a los derechos humanos, lo cual constituyó un hito histórico en el enjuiciamiento de responsabilidades empresariales en delitos de lesa humanidad.

5. Responsabilidades empresariales

Según el informe anual del CELS sobre los juicios de lesa humanidad publicado en 2018, el 7% de los civiles acusados por delitos de lesa humanidad son empresarios. Con la instalación de la dictadura en Argentina, muchos directivos de grandes empresas vieron la oportunidad para resolver de manera represiva los conflictos laborales y aumentar sus ganancias. Es decir que no sólo tuvo lugar una clara connivencia de intereses sino que se dio un accionar represivo conjunto (empresarial-militar) con una participación necesaria de los empresarios.

En este sentido, el caso Ford es paradigmático ya que se ha demostrado (gracias a las tareas de investigación y a los testimonios brindados a los largo de décadas en distintos contextos) cómo los directivos de la planta fabril pusieron a disposición de los militares recursos materiales, como autos e instalaciones y confeccionaron y entregaron un listado de nombres de trabajadores, delegados gremiales y activistas sindicales.

Como se mencionó en el apartado anterior, en el caso de Ford, dos de los civiles imputados que llegaron vivos al juicio oral fueron condenados a penas de más de diez años. Tanto los trabajadores como sus familias y los organismos de derechos humanos que acompañaron el proceso, evaluaron este resultado como un éxito muy importante, no sólo por el monto elevado de las penas sino por tratarse de una condena contra civiles, empleados de alto rango y con participación directa en el proceso productivo (Martínez, J. y Sarrabayrouse Oliveira, M.J., 2019).

Efectivamente, la causa Ford constituyó un trabajo enorme por parte del grupo denunciante, que logró recolectar y presentar una carga probatoria contundente que no pudo ser eludida por la defensa de los imputados. Los logros en materia de justicia fueron ejemplares, no porque sean suficientes (ya que quedan responsabilidades sin condenar) sino, sobre todo, porque se trata de un avance sin precedentes en el enjuiciamiento de crímenes ejecutados por empresarios durante la dictadura.

El desarrollo de la causa Ford en el ámbito judicial, antes incluso de ser elevada a juicio oral, reunió y visibilizó pruebas claves para demostrar la responsabilidad empresarial y el interés de la empresa en secuestrar al grupo de empleados/delegados:

> "(...) una información sumamente sugestiva es que el vínculo laboral entre aquellos trabajadores y la firma, en su gran mayoría, finalizó el 18 de diciembre de 1976 por un supuesto "desvinculamiento" que no es otra cosa que enmascarar el despido por no presentarse a trabajar, tanto es así que en el legajo de Portillo se ve como causal de la distracto laboral "despido", luego corregido por "desvinculado" -ver fotocopias de los legajos laborales-. En este aspecto son sumamente ilustrativos los telegramas aportados por la víctima De Giusti, que si bien no era empleado directo de Ford Motor Argentina, lo cierto es que trabajaba en el interior de la planta de Pacheco (...)" (Poder Judicial de la Nación, Causa nro. 4012/03, 20 de mayo, 2013. Fuente: CIJ.)

Además de sus propios testimonios orales y los de sus familiares, las víctimas del caso Ford aportaron pruebas materiales como los telegramas provistos por De Giusti que se mencionan en el fragmento. Estas pruebas fueron un respaldo contundente de las acusaciones y tuvieron un impacto que excedió por mucho a las condenas de los individuos acusados ya que generaron a su vez la visibilización del accionar empresarial en el circuito represivo de la dictadura. Lo que se estaba mostrando era el interés de los empresarios argentinos en la concreción de los secuestros de los obreros y delegados y su participación directa en los mismos. Ello derivó no solo en la sentencia condenatoria que coronó el juicio sino a la puesta en la agenda pública de todo lo que significó el bastión económico-empresarial de la dictadura.

En el documento del auto de mérito escrito en el 2013 y utilizado aquí como fuente para reconstruir parte del derrotero penal, se lee: "En definitiva, los grandes grupos empresarios hicieron mucho más que apoyar la acción de las fuerzas militares. Entre los documentos desclasificados por el Departamento de Estado de Estados Unidos de Norteamérica existen algunos muy útiles para comprobar la relación entre empresas y fuerzas militares." (Poder Judicial de la Nación, Causa nro. 4012/03, 20 de mayo, 2013. Fuente: CIJ.)

Considero que aquél pasaje del documento dictado en el año 2013 resulta en parte sintomático del avance que se había logrado en algunos ámbitos institucionales respecto de la investigación sobre las responsabilidades empresariales en los crímenes cometidos durante la dictadura. Además, ya en estos años, el tema aparecía como un área de vacancia que se hacía cada vez más imperioso abordar.

6. Más allá de los tribunales

6.1. Sociedad civil

La causa Ford se ha caracterizado por la capacidad que ha tenido para instalarse más allá de los tribunales, excediendo los dominios exclusivos de la justicia penal. Si analizamos el desarrollo de los hechos que derivaron en aquella sentencia a fines del 2018, podemos identificar los vasos comunicantes entre la sociedad civil y la estructura jurídica. En su desarrollo, la causa presenta distintos ámbitos que se han enlazado y retroalimentado a los cuales debemos prestar atención: el ámbito doméstico/privado (las familias y su cotidianeidad), el jurídico (los tribunales) y la sociedad civil, considerando especialmente la alianza con actores del ámbito profesional, vinculados a la academia y a la investigación.

Un emergente claro de la causa Ford, que ha funcionado a su vez como insumo para la consecución de justicia, ha sido el gran trabajo publicado en el año 2015 por el Área de Economía y Tecnología de FLACSO, CELS, Programa Verdad y Justicia y Secretaría de Derechos Humanos del Ministerio de Justicia y Derechos Humanos de la Nación. La publicación, titulada "Responsabilidad empresarial en delitos de lesa humanidad: represión a trabajadores en el Terrorismo de Estado", estudia la responsabilidad que tuvo un sector del empresariado en las violaciones a los derechos humanos cometidas durante la última dictadura argentina. Este documento ha sido fundamental en la generación, recopilación y visibilización de evidencias sobre el accionar empresarial -articulado con el militar- en la represión y persecución de trabajadores durante la última dictadura cívico-militar.

En conjunto, las mencionadas instituciones de la sociedad civil (FLACSO, CELS y la Secretaría de Derechos Humanos de la Nación) han examinado un abanico de prácticas empresariales de represión a los trabajadores en empresas situadas en distintas regiones del país. Entre las empresas correspondientes a la zona norte de la provincia de Buenos Aires se encuentra, junto a otras como Acindar, Astilleros Astarsa y la automotriz Mercedes Benz, la multinacional Ford Motor.

Además de constituir una investigación de incalculable valor respecto a la demostración de responsabilidades económicas en los delitos de lesa humanidad (tema aún poco abordado de manera sistemática), demuestra la porosidad entre los tribunales, la sociedad civil y los espacios gubernamentales. Dicha porosidad no refiere sólo a la circulación de información sino a una dimensión productiva de elaboración de conocimiento.

En este sentido, la causa Ford presenta características especiales respecto al enlazamiento de actores que han ido generando avances en términos de su judicialización pero que no pertenecen necesariamente a la esfera judicial. El documento "Responsabilidad empresarial (...)" puede concebirse entonces como una consecuencia del avance de la causa y de su repercusión e impacto más allá de los tribunales, situando en la agenda pública la cuestión de las responsabilidades empresariales, pero también puede leerse como un material que ha servido para el avance del proceso penal, sobre todo en la instancia de instrucción.

Tanto las investigaciones realizadas que han derivado en la elaboración del documento publicado en el 2015, como los/as investigadores/as académicos/as incidieron en el desarrollo del juicio (a partir de la provisión de materiales como a partir de la intervención como testigos de contexto) constituyen una característica distintiva de la causa Ford. Efectivamente, al abordar un tipo de responsabilidad (empresarial) que aún debe ser extensamente indagada más allá del ámbito penal, la causa ha vinculado diversas instancias de investigación y judicialización de estos procesos de participación empresarial en las políticas represivas durante el gobierno dictatorial.

La causa 2855, públicamente conocida como causa Ford, comenzó su instrucción en el año 2002 junto a la presentación de las querellas y las condenas llegaron recién en el último mes del 2018. En el transcurso de aquellos 16 años, se ha generado una cantidad de conocimiento sobre el caso en particular y sobre las responsabilidades económicas en general que ha permeado en otros sectores de la sociedad de distintos modos.

El avance de la causa estuvo esencialmente sostenido por la voluntad y la perseverancia de la red que armaron las víctimas y sus familias, quienes -junto a abogados y una cantidad de organizaciones de Derechos Humanos, sociales y sindicales- denunciaron las violaciones a los derechos humanos que sufrieron durante la dictadura mientras estaban empleados en la automotriz Ford Motor. Por las características de la causa y las estrategias que empleó el núcleo denunciante, su avance implicó una articulación entre el campo penal, civil y laboral. Ante los movimientos de progreso que fue realizando la causa, distintas organizaciones del campo social, como organismos de derechos humanos o diversas entidades sindicales y políticas , respondieron con demostraciones de apoyo y acompañamiento a través de comunicados y su propia presencia en las calles.

Cuando se comunicó el inminente comienzo de las declaraciones indagatorias por la participación de Ford Argentina en la desaparición, tortura y asesinato de trabajadores de esa firma, CTERA publicó en sus redes: "Acompañamos a los ex trabajadores de FORD y sus familias en una jornada que debe ser sucedida por un juicio oral y público, para que todo el pueblo conozca las caras de los culpables y también cómo funcionó la participación empresarial en el terrorismo de Estado, persiguiendo, secuestrando y desapareciendo a los trabajadores organizados. Las audiencias de indagatorias no son públicas, pero se puede acompañar a los ex trabajadores desde la calle."

Los comunicados de apoyo a la causa por parte de organizaciones de la sociedad civil como CTERA, además de ser convocatorias a ocupar espacios públicos y visibilizar el proceso que estaba teniendo lugar, actuaron como medios de difusión de información. En las notas y publicaciones que comenzaron a circular, se incluían los nombres y los cargos de los civiles imputados. Es en estos hechos, entonces, donde pueden observarse las filtraciones de una esfera a otra y las distintas vías por las cuales distintos sectores de la sociedad que no accedieron a los tribunales lograron tomar conocimiento e involucrarse con aquel proceso de búsqueda de justicia por delitos de lesa humanidad con empresarios imputados.

Otro evento representativo de la vinculación y retroalimentación entre conocimiento social, investigación penal y producción académica fueron las inspecciones oculares realizadas como parte de la investigación judicial. Estas inspecciones generaron un material que ha sido insumo de trabajos como el documento que mencionamos al comienzo del apartado, donde se recopiló la información sobre diversos casos de responsabilidades empresariales en delitos de lesa humanidad en distintas zonas del país y, en el apartado destinado al caso Ford, se incluye material surgido de estas inspecciones. Dichas instancias de investigación no sólo retroalimentaron la producción académica sino también la movilización de apoyos desde distintos sectores del arco social y político.

En una nota periodística de agosto del 2018 publicada en "La izquierda a Diario", respecto a la realización de la segunda inspección ocular a la planta Ford, se lee: "Teniendo en cuenta que pasaron casi 42 años del golpe genocida y que la edad de los gerentes imputados supera los 85 años, las "demoras" judiciales no hacen más que favorecerlos y seguirles garantizando la impunidad que tuvieron todos estos años de gobiernos constitucionales. Por eso, acompañar a los obreros en la búsqueda de cárcel común y efectiva para estos empresarios es fundamental. La próxima audiencia se realizará el martes 28 de agosto a las 9:30 en el Tribunal Nro 1 de San Martín, ubicado en Pueyrredón 3728, y puede presenciarse llevando DNI." (La Izquierda Diario, Jueves 16 de agosto de 2018)

Resulta interesante reparar que la nota, además de comunicar la realización de la segunda inspección ocular, convoca a apoyar la causa y brinda información específica sobre los requisitos para acceder a la audiencia pública. Además de ser comunicadas, las inspecciones oculares (al igual que las audiencias) fueron acompañadas de manera física por distintos grupos y referentes institucionales: por ejemplo, durante la primera inspección realizada en 2012, después de casi 40 años de haber sido secuestrados y torturados en el predio, los trabajadores ingresaron acompañados por familiares, otros trabajadores y María Victoria Moyano, nieta restituida por Abuelas de Plaza de Mayo y referente del Centro de Profesionales por los Derechos Humanos.

El desarrollo del proceso penal de la causa Ford ha movilizado -además de producciones en el ámbito de la investigación y la elaboración de trabajos como el documento "Responsabilidades empresariales (...)"- recursos materiales y simbólicos que pertenecen al ámbito de la sociedad civil. En el año 2012, además de llevarse a cabo la primera inspección ocular a la planta de Pacheco, se realizó la primera señalización frente a la fábrica: fue impulsada por los trabajadores marcando el lugar como ex centro de detención y torturas.

Un breve informe publicado en el diario Página 12 aquél año relata: "Frente a la planta automotriz de Ford en General Pacheco, ex delegados y sobrevivientes de la represión ilegal encabezaron el acto en el que se instaló el cartel recordando que ese lugar operó como centro de detención y vejámenes." (P/12, El País, 21 de marzo, 2012).

Dos años más tarde, en el 2014, se llevó adelante la segunda señalización de la planta Ford como lugar de detención y tortura durante la dictadura, pero esta vez la actividad estuvo impulsada por el Ministerio de Justicia y Derechos Humanos de la Nación.

Es interesante analizar que, en vinculación al desarrollo de la causa Ford, han tenido lugar estas instancias de emplazamiento, y visibilización territorial de la memoria a través de las señalizaciones que ya no corresponden al ámbito penal sino al de la actuación de la sociedad civil en convergencia con las políticas públicas en materia de derechos humanos impulsadas desde el Estado en esta etapa.

Además, la visibilización del caso generada por su procesamiento judicial y la organización de los sobrevivientes hizo que el evento realizado en 2012 (la señalización del lugar) alcanzara un mayor grado de institucionalización y acompañamiento en el 2014. Por ello, pueden considerarse estos hechos como ejemplo del modo en que la generación de políticas de memoria, la comunicación de los eventos y la difusión de las luchas (en materia de memoria, verdad y justicia) se ven fortalecidas por el avance judicial.

La comunicación de la causa Ford y los hechos que se denunciaron en ella generó, además, repercusiones en ámbitos artísticos. Un ejemplo de esto último son las ilustraciones representativas de distintas situaciones del juicio penal elaboradas por Federico Geller. Los dibujos fueron expuestos en más de una oportunidad, formando parte de muestras como la realizada en diciembre del 2018, titulada "Ford en el banquillo de los acusados: una victoria de los trabajadores".

Aquella fue una muestra impulsada por el Espacio Intersindical de Derechos Humanos e H.I.J.O.S. Capital, con arte y gráfica a cargo de Federico Geller y José Eliezer, un guión elaborado por Marianela Galli y un texto introductorio escrito por Victoria Basualdo. Otro espacio donde fueron presentadas las ilustraciones de Geller fue la muestra inaugurada en mayo del 2019 en la casa de la Unidad: "(...) Este evento contó con la presencia de Eduardo López y Belén Sotelo, Secretario General y Secretaria Adjunta de CTA Ciudad respectivamente; el Secretario General de CTA Provincia de Buenos Aires, Roberto Baradel; Jorge Pisani, secretario de Cultura de AGTSyP y de la CTA Ciudad; Victoria Basualdo, historiadora e investigadora CONICET; Marianella Galli de HIJOS; Federico Geller, quien estuvo a cargo de la muestra; y los compañeros de Ford presentes con sus compañeras y familia." (Comunicado de la CTA en sus redes, 4 de mayo 2019)

El fragmento precedente forma parte de una nota donde la CTA comunica la inauguración de la muestra "La causa Ford" y menciona las personas que estuvieron presentes. Como puede leerse, este tipo de actividades -que han sido emergentes de la causa penal y a su vez la comunicaron y difundieron sus avances- fueron acompañadas por actores de distintas esferas de la sociedad civil.

Actualmente, en el Centro Cultural de la Memoria Haroldo Conti se encuentra expuesta la muestra "Comunicar los juicios", compuesta por micro relatos ilustrados entre los que se incluyen las ilustraciones de la causa Ford: "Se trata de micro relatos de los juicios de lesa humanidad. Es una iniciativa de la Secretaría de Derechos Humanos, que tiene una página web que lleva a cabo un equipo de artistas, periodistas, editores, investigadores" "Todo esto va a estar expuesto en la explanada del Centro Cultural. Dentro de él habrá una muestra de dibujos y dispositivos que permiten escuchar esos relatos. Son fragmentos de testimonios de las audiencias que se recogieron en contacto con víctimas, con abogados." (Lola Berthet, directora del CC Haroldo Conti, marzo 2023)

Las ilustraciones de Geller relativas a la causa Ford han articulado testimonios, imágenes y dibujos sobre los propios protagonistas y sus familias, representando sus rostros, en ocasiones a los represores, al tribunal e incluso ha incluido la lista con el logotipo de Ford. Este tipo de producciones provenientes de la sociedad civil, junto a las valiosas contribuciones del campo de la investigación, consiguieron formar parte de eventos donde se ha interpelado a un auditorio amplio de organizaciones sindicales y políticas y a la sociedad en general a sumarse a la demanda de justicia.

Por último, cabe hacer mención en este apartado a la participación de testigos de contexto en la causa Ford. La historiadora e investigadora del CONICET Victoria Basualdo ha actuado como testigo de contexto en la causa, lo cual supone no sólo un enlace sino también una retroalimentación entre la "verdad jurídica" y la "verdad histórica", además de propiciar la reflexión historiográfica.

Mientras que los testimonios de los obreros y delegados gremiales sobrevivientes al igual que los de sus familiares han contribuido a la reconstrucción de los hechos, la participación de los testigos de contexto apunta a determinar la naturaleza de aquellos hechos. Para ilustrar el papel jugado por Basualdo y una forma en que la investigación académica aportó al desarrollo del juicio lo explicado por la historiadora en el tribunal fue el modo en que aquella lógica represiva del sector empresarial sobre los obreros organizados un status quo afianzado durante el gobierno dictatorial y completamente constituyó funcional a los intereses de las empresas perfectamente articulado con las fuerzas militares.

Es decir, desde la investigación historiográfica se expusieron la existencia de demandas encabezadas por los delegados gremiales, la militarización de la planta fabril y la política represiva instalada en distintas empresas del país, en síntesis: toda información de contexto que aporta un marco contundente a la denuncia penal. El proceso de explotación laboral, militarización fabril y represión que se encontraba en ascenso para el 24 de marzo de 1976 y que desde entonces no hizo más que escalar, constituye una prueba de contexto que no tiene por objetivo relatar los hechos criminales que se denuncian (los secuestros y las torturas de los 24 trabajadores) sino dar cuenta de una situación que explica la posibilidad de aquellos delitos.

6.2. *"Las mujeres de Ford"*

Así como el análisis de la causa más allá de los tribunales conduce necesariamente a estudiar la respuesta de la sociedad civil en su conjunto y los sectores que han participado de su desarrollo, otra dimensión que permite indagar en aquel aspecto son las familias. Dentro del ámbito familiar de los desaparecidos de Ford se han destacado las mujeres, esposas de los sobrevivientes, por su accionar no sólo en pos del procesamiento penal del caso sino de la búsqueda de verdad y justicia aun durante los años de la dictadura.

A través del trabajo con un corpus de entrevistas que nos permite acceder a los relatos en primera persona, se puede conocer cómo el conjunto de tareas que se han superpuesto y han convivido con el derrotero de búsqueda y activismo durante y post la dictadura ha sido diverso. En este sentido, se evidencia que las trayectorias de lucha no se encuentran deslindadas de las redes vitales de sus protagonistas, las cuales incluyen una diversidad de elementos y responsabilidades.

Durante la dictadura, frente a la desaparición de sus maridos y las demandas de la vida cotidiana, las mujeres de Ford debieron reconfigurar sus roles y en muchos casos contaron con la contención y la ayuda práctica de otros miembros de la familia, como hermanos, madres, cuñadas, etc.

Indagar en los relatos en primera persona evidenció, además de vínculos, articulaciones y experiencias compartidas por las mujeres de Ford, todo un conjunto de diferencias y matices entre las vivencias particulares. En muchos casos, se han encontrado ante los mismos obstáculos pero también pueden identificarse variables que han influido facilitando u obstaculizando las vivencias de manera diferencial. Estas variables fueron, por ejemplo, la existencia de una familia cercana geográfica y afectivamente que en muchos casos funcionó como soporte.

Otra variable a considerar ha sido la referente a los ingresos económicos de los hogares, vinculada a la situación laboral de las mujeres. En este sentido, tampoco han sido homogéneas las experiencias; algunas de las mujeres se dedicaban esencialmente a las tareas de cuidado y sostenimiento doméstico mientras que otras trabajaban en relación de dependencia fuera de sus casas. Lo cierto es que, en los casos analizados, han tomado una importante centralidad la presencia y acompañamiento de los miembros de las familias. "Tenía una familia de hierro al lado mío" comentó Arcelia en referencia a su hermano.

Años después, con el régimen democrático argentino más fortalecido y con la causa Ford mostrando sus primeros avances en el sistema penal (la etapa de investigación) muchas de las mujeres continuaron ocupando un rol protagónico en el desarrollo de los hechos. Esta labor no ha sido emprendida por todas las esposas de los sobrevivientes de la misma manera. Dos de ellas, Elisa Josefa Charlin, esposa de Pedro Troiani y Arcelia Luján Portillo, esposa de Ismael Portillo, han sido protagonistas en el armado de la causa así como en distintas instancias de difusión de la misma. En este sentido, ellas mismas han relatado el estrecho vínculo que han construido con distintos actores, como Victoria Basualdo , Elizabeth Gómez Alcorta (abogada de la querella de los trabajadores en el juicio) e incluso con Tomás Ojea Quintana (abogado representante de la querella de los trabajadores).

Considero que en gran parte, los lazos grupales e interpersonales que se han constituido en el proceso de judicialización del caso son los que incidieron en la posibilidad de avance y despliegue de la causa.

Pedro Troiani y Elisa Charlin fueron actores fundamentales en el proceso que derivó en la sentencia a los civiles desde su etapa constitutiva. Ya con el regreso de la democracia y en los tiempos de las primeras denuncias ante la CONADEP, Pedro y Elisa compartían la intención de encontrar a los culpables y conseguir justicia. Así, emprendieron la tarea de volver a reunirse con algunos de los sobrevivientes de Ford y sus familiares.

Elisa detalló: "encontramos 16 o 18 compañeros. Hay muchos que no pudimos encontrar. Y, de esa forma, despacito empezamos a armar este grupo. Con las mujeres, con las chicas las reuniones en casa, juntando las familias, buscando abogados que se quisieran hacer cargo de este caso." (mesa "Mujeres de la causa Ford. Experiencias de represión, movilización, memoria y organización", Centro Cultural Haroldo Conti, 19 de mayo, 2019).

Aquellos primeros años estuvieron marcados por la incertidumbre debido a distintas razones. Por un lado, el grupo no estaba aún constituido, lo cierto es que con posterioridad a las liberaciones en 1977, los obreros de la Ford y sus respectivas familias no permanecieron en contacto entre ellos. Por otro lado, si bien hubo instancias de judicialización de las responsabilidades por los crímenes cometidos durante la dictadura, las condenas recayeron sobre militares y no había experiencias exitosas de procesamientos penales a empresarios por estos delitos.

En ese contexto, los sobrevivientes de Ford y sus familias no contaban con ejemplos o referentes de casos públicos similares que pudieran emular. Esta constituye otra de las particularidades de la causa Ford: a diferencia de los procesos emprendidos contra responsables de la esfera militar, aquí no existían antecedentes robustos que señalaran un camino consolidado. Por esta misma razón, la labor y el esfuerzo de los sobrevivientes y sus familias, con especial protagonismo de las mujeres son un elemento característico de la causa Ford que merece atención.

Como vimos, las dificultades en la construcción de la causa no fueron escasas: se hacía imperioso constituir, en primer lugar, el grupo de sobrevivientes, lo cual implicó movilizar contactos y recursos, recorrer, caminar y averiguar. En segundo lugar, se les presentó el desafío de buscar y hallar abogados que estuvieran dispuestos a tomar el caso y hacerse cargo de impulsar la imputación a un grupo de civiles, lo cual significaba una dificultad adicional en comparación con el enjuiciamiento de militares.

Elisa Charlin ha narrado las dinámicas que armaron en la grupalidad que impulsó la causa. Fue en el hogar de Elisa y Pedro donde se reunían (...)

El espacio que armaron los obreros sobrevivientes y sus familias fue vital, no sólo para el armado de la causa penal sino para enfrentar los distintos obstáculos que aparecieron tanto en la búsqueda de justicia como en los movimientos para promover y visibilizar la memoria de los hechos (como han sido las señalizaciones de la planta).

"Nosotros también hemos decaído. Nos recomponíamos y nos alentábamos entre la familia que formamos… Nos fortalecíamos y volvíamos a luchar por nuestros derechos para que sean juzgados como fueron y que sean condenados los responsables" (Arcelia Ortiz en la mesa "Mujeres de la causa Ford. Experiencias de represión, movilización, memoria y organización", CC Haroldo Conti, 19 de mayo, 2019)

La intervención de las mujeres de la causa Ford resultó decisiva no sólo en la búsqueda de sus maridos y luego en el armado del grupo que impulsó la judicialización, sino en el acto de brindar testimonios detallados que permitieron obtener verdad y justicia. Durante la instrucción, al inicio de la causa, muchas de ellas no habían prestado declaración ya que tampoco se les había solicitado. No obstante, como hemos mencionado, durante aquellos años las mujeres de la causa Ford trabajaron en tareas de organización y búsqueda de información. En la etapa del juicio oral iniciada a finales del 2017 y concluida al año siguiente, la manera en que brindaron sus testimonios permitió, en conjunto con un importante conjunto de pruebas y otras declaraciones, demostrar la responsabilidad de los gerentes de Ford en los delitos que se les imputaban.

Las declaraciones de las mujeres han permitido confirmar y reforzar los hechos narrados por los sobrevivientes a la vez que brindaron datos adicionales que acabaron de articular un relato probatorio completo y contundente. Fue el caso, por ejemplo, de la declaración brindada por Arcelia Luján Portillo (esposa de Vicente Ismael Portillo) quien ratificó los dichos de su marido a la vez que relató todos los trámites que realizó la declarante para dar con el paradero de su pareja, poniendo de manifiesto entre otras cosas que mantuvo varias veces entrevistas con Molinari en Campo de Mayo. Así también Elisa Josefa Charlin, esposa de Troiani, ratificó los dichos de su marido, relató los trámites que realizó para dar con el paradero de su marido y puso de manifiesto que mantuvo varias entrevistas con Molinari y con el General Riveros en Campo de Mayo.

7. Palabras finales: particularidades del caso

Ante la pregunta por los elementos que permitieron que el caso de los desaparecidos de Ford lograra instalarse como causa y judicializarse, hemos abordado dos planos que se han entrelazado en el desarrollo de los hechos. En el plano social, el análisis se ha centrado en el impacto y la instalación de la cuestión más allá de los tribunales. En el caso Ford, esto estuvo vinculado tanto al análisis de las respuestas de la sociedad civil (y su repercusión diferencial respecto de otros juicios donde los imputados fueron militares) como a las situaciones domésticas de los integrantes del núcleo movilizador y los roles que han jugado las mujeres. En el plano judicial, por otro lado, la cuestión más llamativa del caso aparece en el terreno de las acusaciones en tanto la cuestión de la responsabilidad se amplió claramente a la empresa y a los gerentes de la misma.

En el documento correspondiente al auto de mérito (instancia no conclusiva de mayo del 2013) sobre las imputaciones elevadas por el grupo denunciante se lee: "De lo que se trata, pues, es de habilitar el avance del proceso hacia el juicio, que es la etapa en que se desenvolverán los debates y la confrontación con amplitud."

Este fragmento da cuenta de la existencia de actores en el poder judicial que, al menos desde el 2013, demostraban una clara voluntad de habilitar el desarrollo del juicio que finalmente inició en 2017. Además, este tipo de documentos donde se recogen y sistematizan pruebas y testimonios brindados por sobrevivientes y familiares dan cuenta de los antecedentes del juicio oral y de las distintas instancias que articuladas entre sí permitieron alcanzar una condena histórica sobre las responsabilidades empresariales.

Como vimos, la causa Ford ha presentado particularidades que la vuelven un caso de observación y análisis especialmente interesante. Su desarrollo se ha caracterizado por una mutua retroalimentación entre el campo de lo jurídico y el campo de las representaciones sociales generales. En efecto, la causa penal ha dialogado con un importante trabajo institucional por parte del Estado dedicado a la investigación de responsabilidades empresariales. Podemos decir entonces que aquel diálogo que se entabló entre la causa judicial y la construcción del conocimiento sobre un tema aun relativamente inexplorado es una de las características más distintivas del caso de estudio. En este sentido, en la elaboración de publicaciones acerca de responsabilidad empresarial en los delitos de lesa humanidad se plasma el juego del ámbito judicial con instituciones y actores por fuera de él.

Esta dinámica también se hace reconocible en la participación de testigos de contexto: el hecho de que el objeto de investigaciones de profesionales como Victoria Basualdo (en conjunto con ámbitos institucionales) haya sido deliberado en tribunales de justicia constituye una innovación en el campo de los juicios por crímenes de lesa humanidad que enriquece el proceso de memoria, verdad y justicia. Esta participación, que pone a jugar la relación entre la "verdad histórica" y la "verdad jurídica", sobre la que han reflexionado autores como Carlo Guinzburg, 1993) también ha tenido lugar en juicios como el de la Masacre de Trelew (2022) pero en el caso de Ford se ha concentrado en demostrar la complicidad empresarial en un contexto de prácticas represivas por parte de los directivos de la automotriz dirigidas contra los trabajadores.

El repaso del derrotero judicial, enmarcado siempre en el contexto político y social de la época, ha evidenciado que el avance de la causa y la consecución de justicia no estuvieron libres de obstáculos y demoras. En este sentido, la temporalidad no constituye un factor menor ya que se trata de hechos que al momento de presentarse al tribunal habían sucedido 40 años atrás, de modo que la recreación de lo ocurrido significó una tarea muy dificultosa.

En el caso de Ford, también contamos con la existencia de un poder de veto por parte de los actores económicos que constituye un diferencial muy importante respecto a los actores militares. Sin embargo, como vimos, el caso Ford interrumpe las características de un gran número de causas por delitos de lesa humanidad en la que las víctimas no estuvieron presentes, en tanto la mayoría de las 24 víctimas tuvieron la oportunidad de prestar sus testimonios acerca de lo sucedido. En efecto, tanto las víctimas directas como sus familiares testimoniaron ya sea en sede judicial, castrense o en la CONADEP. Este dato, desarrollado y analizado en las secciones precedentes, constituye a mí entender una de las características distintivas más importantes del caso de estudio a la hora de comprender su éxito en la judicialización.

En Argentina, los juicios por delitos de lesa humanidad han sido y continúan siendo escenarios de disputas entre discursos jurídicos, académicos y militantes. En el caso de la causa Ford, su armado y el desarrollo del juicio han constituido además un espacio de retroalimentación y trabajo entre distintos espacios y actores. Creo que en este eje es donde se cifra otra de las claves del éxito del juicio: en la capacidad de forjar alianzas amplias para lograr la judicialización. Efectivamente, el núcleo movilizador de la causa, con sus derroteros previos de lucha y denuncias ante diversas instancias institucionales, supo articular alianzas con otros sectores y así alcanzar importantes condenas a dos exdirectivos de alto mando de la empresa automotriz.

Bibliografía citada

Área de Economía y Tecnología de FLACSO, CELS, Programa Verdad y Justicia y Secretaría de Derechos Humanos del Ministerio de Justicia y Derechos Humanos de la Nación (2015): *Responsabilidad empresarial en delitos de lesa humanidad: represión a trabajadores en el Terrorismo de Estado*, Posadas: EdUNaM.

Sarrabayrouse Oliveira, M. J.; Martínez, M. J. (editoras) (2021): *Crímenes y juicios*, Buenos Aires: ed. Teseo.

Martinez, Josefina y Sarrabayrouse, María José (2019): "Juicios de lesa humanidad, activismo y comunidades locales: causas "Ford" y "Las Marías" en perspectiva comparada.": *XIII Jornadas de Sociología*.

Documentación jurídica:

Documento Auto de mérito (2013): Archivo CIJ.

Fuentes orales:

Recursos del Archivo Oral de la Secretaría de Derechos Humanos del Municipio de Tigre (2020).
Entrevista de la autora con Elisa Charlin (2022), Provincia de Buenos Aires.
Vocos, F. (2019). *Las mujeres de Ford*. Revista Haroldo.

CLAUDIA CALVO

La construcción de una "verdad jurídica" sobre la represión a las Ligas Agrarias en Chaco

Introducción

A FINES DE NOVIEMBRE DE 2011 los diarios chaqueños difundieron la noticia del inicio de la investigación sobre "la represión a las Ligas Agrarias durante la dictadura militar" tras el pedido de la Fiscalía Federal de Resistencia. Desde entonces hasta principios de 2019 la causa "Ligas Agrarias" asistió a una larga espera de ocho años hasta su elevación a juicio oral, que comenzó el 5 de abril en el Tribunal Federal N° 1 de Resistencia. Se trató del primer juicio sobre el terrorismo de Estado en las zonas rurales del Chaco. Menos de tres meses más tarde se dictó la sentencia condenatoria para cuatro de los cinco imputados en la causa denominada "Ligas Agrarias 1", por la represión a dirigentes campesinos y trabajadores rurales durante el terrorismo de Estado.

El presente artículo examina las condiciones y los contextos de la judicialización de los crímenes de Estado contra las Ligas Agrarias de Chaco, entendiendo este caso como testigo de las características y dinámicas que asume la construcción de una verdad jurídica sobre la represión al campesinado en Argentina y a las Ligas Agrarias en particular.

Para ello, en primer lugar, describo las características de la represión estatal en las zonas rurales de Chaco, en particular en las áreas algodoneras, donde se situó la base social de las Ligas Agrarias entre 1970 y 1976. Específicamente, indago en las temporalidades y dinámicas de la persecución política que no fueron incorporadas en las causas judiciales así como las razones por las cuales no constituyeron evidencia para la construcción de una verdad jurídica sobre ese pasado.

En segundo lugar, analizo las políticas de memoria en Chaco desde el retorno constitucional. Signadas por su carácter pionero, se destacan, primero, la creación de la Comisión de Derechos Humanos de la Cámara de Diputados de Chaco que publicó, un año más tarde, el Informe final sobre las violaciones a los Derechos Humanos durante la Dictadura; segundo, la sanción en 2005 de la Ley provincial de la Memoria que creó la Comisión Provincial de la Memoria.

Finalmente, la reapertura de las causas judiciales a partir de la Causa Margarita Belén en 2010, dando lugar a un derrotero de investigaciones judiciales sobre los crímenes de Estado en la provincia. Especialmente examino el lugar que tuvieron y el modo como fueron presentadas las Ligas Agrarias, tanto en las políticas de memoria como en los juicios por crímenes de Estado. Por último, el trabajo propone examinar críticamente el tratamiento sobre la represión al campesinado que ofrece el poder judicial.

Para el abordaje del primer punto, sobre la represión en el campo examiné testimonios de ex miembros de las Ligas y de familias campesinas y diversas denuncias e informes de organismos de derechos humanos (nacionales e internacionales), así como periódicos nacionales y locales del periodo, y otros documentos escritos disponibles en el Archivo Ligas Agrarias y Archivo Plancot en guarda, desde 2013 en la Universidad Nacional General Sarmiento, Provincia de Buenos Aires.

El foco está puesto en la descripción y análisis de las narrativas, las periodizaciones, el perfil de la víctima, de los perpetradores, las responsabilidades corporativas y la magnitud de la represión. Al ser un movimiento social de inscripción territorial, masivo y de organicidad "difusa" (por la participación familiar de las acciones colectivas), la violencia estatal contra las Ligas adquirió contornos particulares, signados por la militarización del campo bajo operativos específicos llamados, sugestivamente, "Operativo toba".

Esas características están ausentes en los registros e informes públicos sobre la represión en la provincia. Para ello se analiza el material publicado por el Equipo de Trabajo en los Archivos del Ejército, Dirección de Derechos Humanos y Derecho Internacional Humanitario, Ministerio de Defensa de la Nación publicó el informe "Operativo Toba. Subzona 23" en 2014.

El segundo apartado que examina las políticas de memoria y los juicios por crímenes de lesa humanidad usa como fuentes los testimonios de ex liguistas y de otras familias partícipes de ese pasado, de miembros de organizaciones políticas de la época y de funcionarios estatales y judiciales. También se examinan los programas, leyes, registros, sentencias judiciales y periódicos locales entre otros documentos.

Por último, para analizar las claves narrativas que hegemonizaron esa discursividad presente en la memoria institucional, así como el modo en que las familias campesinas partícipes de ese pasado y de pobladores rurales y familiares que testimoniaron en los juicios; de funcionarios judiciales y estatales, las sentencias judiciales, los requerimientos de elevación a juicio oral, los informes de la comisión de Derechos Humanos de la legislatura local, entre otros.

Así, el trabajo se propone interrogar los dilemas y perspectivas de la construcción de una verdad jurídica en torno a la represión a las Ligas Agrarias, y, más en general, sobre los motivos y las formas que asumieron las violaciones a los Derechos Humanos del campesinado en Argentina, teniendo en cuenta el histórico proceso de invisibilización de este sector de nuestra población en cuanto sujeto político.

El terrorismo de Estado en el campo chaqueño

A finales de los años 60, el campesinado del noreste argentino se movilizó políticamente, formando las Ligas Agrarias en 1970 en Chaco, en respuesta a la crisis del algodón y para enfrentar a los monopolios y terratenientes. Estas organizaciones promovieron reformas en la distribución de tierras y la regulación del mercado, pero sufrieron persecuciones desde 1975, acusadas de subversión. La represión se intensificó tras el golpe de Estado de 1976, con detenciones masivas, torturas y asesinatos de líderes y miembros de las Ligas.

Las primeras detenciones ocurrieron a comienzos de 1975, tras el paro agrario de enero y febrero cuando fue paralizada la producción y comercialización del algodón y el girasol, luego de un extenso plan de lucha con un alto nivel de acatamiento (Diario Norte, 24 de enero de 1975).

Pese que la medida logró revertir los precios del girasol, los diarios locales solo informaron con tono acusatorio la no entrega de granos y el incendio de los transportes que no acataban la medida de fuerza. (*La Opinión*, 2 de marzo de 1975; Roze, 1992 y Calvo, 2020).

Las detenciones en el campo continuaron en marzo y abril hasta que a mediados de ese mes se produjo la mayor operación de las fuerzas conjuntas en el interior provincial con la detención de los máximos cuadros liguistas.

El 25 de abril el diario Norte informaba que a partir del 17 la policía de Chaco había orientado la represión hacia las áreas rurales y advertía sobre la participación activa de integrantes de las Ligas Agrarias en hechos terroristas como el atentado contra oficinas de Bunge y Born en Sáenz Peña en 1974, la quema del camión girasolero en Tres Isletas y el atentado y desarme del cabo de policía Lezama (Diario Norte, 25 de abril de 1975).

Entre el 17 y el 20 de abril fueron detenidos ilegalmente algunos de los principales dirigentes; otros lograron escapar siendo declarados "prófugos de la subversión".

Luego de permanecer varios días en la comisaría del pueblo, los detenidos fueron trasladados a la Brigada de Investigaciones, dependiente de la VII Brigada de Infantería con asiento en Corrientes y comandado por el general Nicolaides En Chaco existieron al menos cuatro centros de detención clandestina: la Brigada de Investigaciones, la Alcaldía Policial, la cárcel Unidad 7 y el Regimiento de la Liguria, todos ubicados en su capital Resistencia y zonas cercanas mientras en las comisarías de pueblos funcionaron como centros de detención ilegal por períodos cortos de pobladores rurales. La mayoría de los centros ya funcionaba antes del golpe de 76. Padecieron la tortura y el interrogatorio, y testificaron cómo llevaban a otros cautivos a recorrer la ciudad para la delación de militantes.

Es decir que, bajo el gobierno democrático de Bittel ya existía un modus operandi del terrorismo de estado basado en la utilización del interrogatorio bajo apremios físicopsicológicos, del que participaban el Departamento de Informaciones Especiales y la Delegación de la Policía Provincial, el Destacamento de Inteligencia 124 del Ejército, Gendarmería Nacional, Subprefectura Naval, Servicio Penitenciario Nacional y Fuerza Aérea Argentina. La Brigada de Investigaciones alojaba a los detenidos que se encontraban a disposición del Área militar 233 hasta el final de la faz interrogativa para ser trasladados luego a la Alcaldía Policial o asesinados (Comisión Provincial por la Memoria de Chaco, disponible en www.comisiónporlamemoria.chago.gov.ar).

A mitad del 75, en un contexto de doble crisis económica por la hiperinflación nacional y por los stocks acumulados de algodón, comenzó a generalizarse el clima de ilegalidad en torno a las Ligas, relegadas también del plano gremial. Las amenazas a sus cuadros generaron un vacío en la convocatoria y la desmovilización de las colonias.

En los meses que siguieron la acción de las Ligas consistió meramente en la difusión de comunicados y solicitadas sobre la situación económica. En resumen, durante 1975 fue allanado el camino para la ocupación permanente de las zonas algodoneras de la provincia. El rol de la policía local, los años previos, fue central para la intromisión del ejército: conocedora de las familias agricultoras y del territorio, asumió tareas de inteligencia y garantizó el alcance de la acción represiva, llegando a todos los parajes rurales (Testimonio de Osvaldo Lovey, audiencia N° 4 del juicio "Contraofensiva",14 de mayo de 2019, Buenos Aires).

La Brigada de Investigaciones se convirtió en un centro de tortura y detención, y los "Operativos Toba" militarizaron la provincia, buscando información y realizando detenciones bajo el pretexto de combatir la subversión. La estrategia militar incluyó operaciones de intimidación y represión en las áreas rurales, especialmente contra los delegados de las colonias, quienes eran clave en la organización campesina. La falta de registros oficiales sobre estas violencias y la naturalización de la persecución en la prensa local dificultaron la documentación y judicialización de los crímenes cometidos contra el movimiento campesino.

Las políticas de la memoria y la institucionalización de una memoria liguista

Con el retorno a la democracia, la preocupación principal fue esclarecer la masacre de Margarita Belén de 1976, juzgar a los responsables y conocer a las víctimas. Rápidamente se elaboró una verdad sobre el pasado que desmentía el relato oficial y dictatorial sobre los hechos, definidos como "enfrentamientos". En diciembre de 1983, se colocó una cruz en el lugar del fusilamiento y se iniciaron caravanas anuales en recuerdo de las víctimas. Desde entonces una caravana de vehículos recorre 35 kilómetros del vía crucis seguido por las víctimas de Margarita Belén (Jaume, 2000: 66).

Durante el mismo periodo, el Movimiento de Juventudes Políticas, surgido en Chaco durante los últimos años de dictadura, inició una huelga de hambre y una concentración en lo que hoy se conoce como la Casa de la Memoria (ex Brigada de Investigaciones), con el fin de denunciar las violaciones a los derechos humanos que se habían cometido en ese centro de detención clandestina. Allí se tomaron las primeras denuncias y testimonios de ex presos políticos, las cuales fueron entregadas a la Comisión de Derechos Humanos de la Cámara de Diputados de la provincia (Entrevista de la autora a German Bittel, primer presidente de la Comisión de Derechos Humanos de la Cámara de Diputados local. Resistencia, 11 de diciembre de 2019).

Esta Comisión centralizó información para retratar la verdad sobre la violencia política y la represión en la provincia. En 1985 publicó un informe final, que sin embargo no logró configurarse en hito vertebrador de las representaciones sobre el pasado reciente.

Lo cierto es que Chaco tuvo una temprana tradición de lucha por la denuncia de los crímenes de lesa humanidad, la búsqueda de desaparecidos, la recopilación de información y reconstrucción de los hechos. Sin embargo, al quedar circunscripto a la memoria de las víctimas de la Masacre y de la Brigada, y ser elaborado desde la capital provincial, este relato eclipsó la posibilidad de que emergieran otras memorias, ligadas a sectores sociales subalternos. Así, la historia y las memorias de las luchas campesinas y de los crímenes cometidos contra su activismo fueron silenciadas, producto del sesgo urbano y de clase en las memorias sobre el pasado.

A mediados de los 2000, tras la sanción de la ley N° 5582 se estableció la Comisión Provincial por la Memoria y se recuperó la Casa de la Memoria, que alberga el Registro Único de la Verdad, el Museo de la Memoria el Programa de Asistencia Integral a Víctimas del Terrorismo de Estado y el Programa Jóvenes y Memoria. Tras su implementación proliferaron trabajos de estudiantes secundarios (escritos, audiovisuales, obras teatrales, entre otras). Según miembros de la comisión el Programa fue muy efectivo para "activar memorias" (Entrevista de la autora a Gabriela Barrios, Resistencia, 11 de abril de 2019).

Entre 2010 y 2011, cuando comenzó, se presentaron un total de 102 trabajos de 20 localidades y pueblos del interior, cuyos temas versaron, en torno a la memoria de la última dictadura, en particular, sobre Malvinas y, en menor medida, sobre las Ligas Agrarias. Fueron los jóvenes campesinos del interior, a través de este Programa, quienes impulsaron la visibilización pública de las Ligas a nivel provincial lo que llevó a que el Ministerio de Educación se constituyera en un locus para la irrupción de las memorias de las Ligas y a la proliferación de homenajes y conmemoraciones fuera de la capital provincial. En efecto, entre 2011 y 2022 se realizaron diversas actividades de reconocimiento a las militancias liguistas y sus desaparecidos, en general organizadas en el interior provincial y algunas pocas por la CPM: homenajes, conmemoraciones, intervenciones artísticas, publicaciones, entre otras.

El RUV ha sido crucial en la recopilación de información sobre las víctimas y la promoción de derechos humanos ha documentado 190 personas desaparecidas o asesinadas vinculadas a Chaco, de las cuales solo 8 eran de las Ligas Agrarias. La única mujer, Alicia López, una joven profesora de literatura que se ocupaba de editar el periódico de la organización, El Campesino está desaparecida. Una historieta que cuenta su historia (Redigonda, 2022).

Esta cifra refleja una visión cuantitativa que no capta la magnitud completa de la represión en el campo, caracterizada por las detenciones sistemáticas que afectaron a numerosas familias campesinas: detenciones en las comisarías de los pueblos y en la Ex Brigada, libertad vigilada en las chacras y pueblos hasta el retorno democrático, allanamientos cotidianos, tortura física y psicológica, instigación a la delación intracomunitaria, amedrentamientos con helicópteros que sobrevolaban regularmente las chacras, entre otras. En efecto, no existe conocimiento sobre las características de la represión a sobrevivientes y ex presos rurales, pese a que en esa categoría se encuentra la gran mayoría de las víctimas de las zonas rurales. Esta invisibilización impactó en el proceso de judicialización por crímenes de Estado a las Ligas (Calvo, 2021).

Los juicios por crímenes de lesa humanidad en Chaco y la presencia del liguismo en los estrados judiciales

La anulación en el Congreso de la Nación de las leyes de Punto Final y Obediencia Debida, el 12 de agosto de 2003, permitió el restablecimiento de juicios por los crímenes de Estado cometidos durante la dictadura. En Chaco comenzaron en junio de 2009 y se basaron en el Informe de 1985 y en la nueva evidencia generada por los juicios por la verdad entre 2002 y 2005, por la Coordinadora Regional de Derechos Humanos y, más tarde, por información relevada por el RUV. (Entrevista de la autora a Juan Carlos Fernández, Resistencia, 30 de abril de 2019). En los últimos 15 años hubo diez juicios. Algunos funcionarios judiciales destacan el impacto y las repercusiones sociales de los juicios y las políticas de memoria, al señalar que Margarita Belén "es un emblema de fusilamiento literal de militantes políticos muy presente en el activismo político chaqueño (...) Y el juicio, tuvo un impacto muy importante en terminar de reconstruir la verdad histórica de lo que había pasado. (Entrevistas de la autora a Diego Vigay, Resitencia, 11 de abril de 2019 y a Mario Bosch, Resistencia, 11 de diciembre de 2011).

Sin embargo, esta reivindicación de la función social de los juicios convive con otra que plantea los límites que del ámbito judicial para la construcción de la memoria colectiva en torno al pasado. Algunos ex funcionarios de la CPM sostienen que en Chaco hubo un "desacople entre el proceso judicial y el proceso social", en el sentido de que la proliferación de causas e investigaciones por crímenes de Estado no implicó una activa participación de la sociedad chaqueña, ni siquiera de aquella directamente vinculada a la experimentación del terrorismo de Estado.

Que el proceso de judicialización del pasado adoleció del acompañamiento de amplios sectores de la población, quedando circunscriptos a la actividad de los organismos de derechos humanos. Esto limitó su efectividad para funcionar como política de memoria. (Entrevista de la autora a Gabriela Barrios, Resistencia, 11 de abril de 2019).

Una explicación sobre esta brecha entre lo social y lo judicial radica en el hecho de que muchas causas se circunscriben a hechos aislados sin reconstruir los procesos sociales de conjunto que enmarcan esos crímenes y sin la participación activa de las familias implicadas en esos procesos. Ello es palpable, precisamente, en el juicio Ligas Agrarias 1, en el que se juzgó a los perpetradores del fusilamiento de Carlos Piccoli y Raúl Gómez Estigarribia, dejando fuera al resto de las violaciones de derechos humanos perpetradas contra las Ligas Agrarias.

Como corolario, la gran mayoría de familias campesinas que tuvieron una activa participación, desconocían que el juicio se estaba desarrollando en Resistencia a comienzos de 2019. Esta modalidad del procedimiento judicial es justificada por el apremio que implica la edad biológica de testigos y perpetradores (muchos de los cuales han fallecido sin haber sido juzgados). Sobre el juicio Ligas, el fiscal sostuvo "no podíamos esperar que vaya todo junto a juicio, acá se murieron testigos, imputados, o son de edades avanzadas. En el juicio Caballero II se murieron tres imputados. Decí que fueron condenados los tres, sino iban a quedar impunes. Estamos corriendo atrás del tiempo. (Entrevista de la autora a Diego Vigay, Resistencia, 16 de noviembre de 2018).

La centralización de las políticas de memoria en Resistencia también tuvo consecuencias en la investigación de las causas por crímenes de Estado y en la capacidad de juzgar a los responsables del interior. En particular, por la ausencia de testimonios de pobladores rurales alejados geográfica, material y simbólicamente de la capital provincial, que podrían constituirse en evidencia jurídica.

Recién en 2009 con la implementación del Programa de Asistencia Integral a las Víctimas del Terrorismo de Estado este límite comenzó a revertirse, aunque de manera parcial. Existen dos formas por las cuales el Programa toma contacto con los testigos. A través de la Asociación de Ex Presos Políticos, organismo que en 2009 realizó un censo de sobrevivientes en Chaco y comenzó a funcionar "como una pata más del Programa" que buscaba convocar a potenciales testigos.

Por otro lado, a partir de requerimientos de la fiscalía, acompañando a los testigos desde la etapa de instrucción. La construcción del vínculo era más lenta y ardua si se trata de pobladores del interior del Chaco, ajenos a las emblemáticas conmemoraciones del terrorismo de Estado en la provincia y desvinculados de los organismos. El contacto con potenciales testigos del interior se aceleró tras la sanción de las leyes de reparación a hijos nacidos durante la privación de la libertad de sus madres y/o desaparecidos por motivos políticos, a las personas que estuvieron detenidas, víctimas de desaparición forzada o hayan sido muertas entre el 16 de junio de 1955 y el 9 de diciembre de 1983 y en noviembre de 2013 un régimen reparatorio para los ex presos políticos.

El Programa comenzó a difundir el beneficio y a promover la conformación de juntas médicas con profesionales de los pueblos. (Entrevista de la autora a Carlos Fernández, Buenos Aires, 30 de abril de 2019). Así, se abrió una coyuntura estratégica para la testificación de la represión padecida, centrada en las marcas físicas y simbólicas.

Los relatos fueron emergiendo lenta y aisladamente, cuando las Ligas comenzaron a formar parte de lo decible públicamente en torno al pasado reciente. Pero, como señalé, estos relatos no logran aun ser plasmados en los registros existentes, pues no encajan en las categorías de "desaparecidos" y/o "asesinados".

Entre abril y junio de 2019, se desarrolló el primer juicio por violaciones de derechos humanos a las Ligas Agrarias, casi cincuenta años después de su surgimiento. Hasta entonces existían pocos antecedentes de judicialización de crímenes de lesa humanidad al campesinado del noreste.

De este modo, en 2019 por primera vez se celebraba un juicio caratulado con el nombre Ligas Agrarias y llevaba el número 1, dando cuenta que se trataría el primero de una serie de investigaciones judiciales por los crímenes de estado a la organización. El juicio se desarrolló en apenas 3 meses, con audiencias semanales en las que testimoniaron algunos campesinos, ya sea familiares de las víctimas, testigos directos o de contexto. El 25 de junio el tribunal dictó la pena de prisión perpetua a José Tadeo Betolli y Alcides Sanferrraiter, por el asesinato de Raúl Gómez Estigarribia y Carlos Piccoli respectivamente, ambos dirigentes de las Ligas Agrarias. José Rodríguez Valiente fue condenado a cuatro años de prisión por encubrimiento al momento de rubricar las actas de los operativos en los que fueron ejecutados los dirigentes liguistas bajo el montaje de un "enfrentamiento"; y el ex comisario Eduardo Wischnivetzky fue condenado a 18 años de prisión por privación de ilegítima de la libertad y tormentos agravados a los trabajadores rurales Modesto Meza, Hipólito Britez y Santos Brítez. El ex policía Miguel Gonzáles, chofer de la comitiva que se trasladó desde Resistencia a Corzuela donde tuvo lugar la emboscada contra Estigarribia resultó absuelto Véase, Calvo en www.notasdelperiodismopopular.com. La investigación había comenzado ocho años antes, en noviembre de 2011, tras la solicitud de instrucción elevada por la fiscalía federal de Resistencia. El requerimiento, surgía de la causa "Caballero II", en la que había surgido por primera vez una referencia a la represión a las Ligas. El requerimiento incluía los casos de varios dirigenes y militantes perseguidos entre ellos Osvaldo "Quique" Lovey" y dos casos de desaparición los de Luis Fleitas y Hugo Vocouber.

Según el fiscal Mario Bosch, la víctima declara sobre sus hechos pero también sobre los hechos de sus coetáneos: "yo estaba en las Ligas Agrarias", "vino un grupo de las Ligas", etc. De a poco se va cruzando esta información para poder llegar a determinar quiénes son, cuáles fueron los operativos (...) iban a hacer trabajo de inteligencia al terreno y planificar la caída de las Ligas. En general las detenciones eran a través de estos mecanismos. Y coinciden las fechas: cuando había operativo Toba hubo también secuestros en la zona rural (Entrevista de la autora a Mario Bosch, Resistencia, 11 de diciembre de 2011).

Pese al vasto relato testimonial que había circulado todos esos años en los homenajes y conmemoraciones, la investigación judicial basó su trabajo en la información sistematizada por el RUV, tomando como base la lista oficial de desaparecidos y asesinados vinculados al Chaco. El juicio se circunscribió al fusilamiento de los dirigentes liguistas Carlos Piccoli y Raúl Gómez Estigarribia, y los vejámenes a los trabajadores rurales Modesto Meza, Hipólito Britez y Santos Brítez.

El resto de las violaciones de derechos humanos a las Ligas quedaron fuera del proceso judicial. Como corolario, la gran mayoría de familias campesinas liguistas no solo no participó sino que incluso desconocía que el juicio se estaba desarrollando en Resistencia.

Para la fiscalía, resultaba estratégico tomar casos aislados, retratos de un proceso más amplio de represión rural. Para Bosch el caso emblemático era el camino para empezar (Ibíd.). Si bien el resumen del requerimiento de elevación a juicio señalaba que "los hechos se ubican en el desarrollo de una gigantesca campaña de operaciones represivas a trabajadores rurales y dirigentes de Ligas Agrarias en el marco del Terrorismo de Estado llevado adelante por el gobierno de facto" y que "no fueron hechos aislados sino una persecución sistemática", el juicio sólo condenó la desaparición y crimen de dos máximos dirigentes y los tormentos padecidos por tres campesinos.

Un puñado de casos de un proceso histórico de persecución masivo, cuya densidad en términos cualitativos excedió ampliamente el asesinato y la desaparición. En efecto, los testimonios y los expedientes mencionan, por ejemplo, el desarrollo regular de "operativos masivos de detención de familias enteras, de 30, 40, 50 personas... trasladados a la Brigada una parte de ellos y el grueso quedaba en Sáenz Peña...con más ferocidad donde ellos detectaban que había algún tipo de apoyatura de alguno de los prófugos" (Entrevista de la autora a Diego Vigay, Resistencia, 11 de diciembre de 2019). Para Bosch "la falta de trabajo en terreno" era un escollo para evidenciar las características y magnitud de la represión al campesinado.

Para el "Programa de Atención..." hubo una dificultad en lograr testimonios liguistas por la incredulidad de los ex dirigentes respecto de la justicia y el Estado como ámbitos de reparación y resarcimiento. Su coordinadora, Dafne Zamudio, señala que "cuesta mucho que digan cosas. Sólo cuentan cómo se conformó las Ligas, por qué peleaban, esa historia de lo más político (Entrevista de la autora a Dafne Zamudio, Resistencia, 11 de diciembre de 2019).

La reticencia a hablar se debe también a la persistencia del aparato represivo en democracia, al riesgo de que les armen causas judiciales aun en democracia, tal como ocurrió con Lovey en febrero de 1985 cuando fue detenido en su chacra en Machagay y permaneció encarcelado hasta 1987 (Calvo, 2021).

Al respecto, Zamudio explica que "se los acusaba no sólo de subversión sino se le armaban causas, por el atentado contra Fibras Alba, el camión de girasol. Esas cosas no cuentan" (Entrevista de la autora a Dafne Zamudio, Resistencia,11 de diciembre de 2019). Finalmente, la dificultad se explica por la culpa de haber sobrevivido, en particular, por los caídos tras la "Contraofensiva". Esto comenzó a revertirse a partir del trabajo de los abogados de la fiscalía, orientado a explicar los objetivos y las necesidades de que cuenten algunos acontecimientos (Entrevista de la autora a Dafne Zamudio, Resistencia, 11 de diciembre de 2019).

La ausencia campesina en la judicialización de la represión a las Ligas se explica, también, por las distancias materiales y simbólicas signadas por un sesgo de clase. Zamudio explica que "no venían, no denunciaban. Se sintieron desprotegidos. En Resistencia siempre estuvieron los partidos políticos reivindicando la cuestión de Margarita, los derechos humanos y demás, pero en el interior estaban solos" (Ibíd.).

Según Bosch, muchos de los cosecheros de algodón eran trabajadores "golondrina", migraban a otras regiones tras la época de siembra y la cosecha, con lo cual su ausencia por largos periodos no era problematizada en las familias campesinas y, por ello, las desapariciones en el medio rural prácticamente no fueron denunciadas.

Con la judicialización de "casos emblemáticos" la fiscalía logró resolver este escollo: determinados hechos permitieron caracterizar las tramas de la persecución y las desapariciones. Desde el inicio de la instrucción y la efectiva elevación a juicio oral fue arduo "encontrar" testigos que quisieran y pudieran declarar. Se necesitaba "gente que haya estado allí", límite que indica las condiciones de producción exigidas como verdad para el campo jurídico. Por ello, quedó descartado del juicio el asesinato de uno de los máximos referentes liguistas, Carlos Orianski.

La reticencia de los jueces a que declarasen testigos de contexto y la falta de testigos "directos" limitó la posibilidad de juzgar ese crimen. Un ejemplo que grafica cómo el campo jurídico condicionó y obturó el juzgamiento de estos crímenes resulta del hecho de que el Tribunal Oral solicitara los "originales" de las historias de vida de los liguistas desaparecidos publicados por el RUV, buscando construir una verdad en base a evidencia empírica ("lo que se puede probar") allí donde lo que prima para la comprensión de la realidad es la construcción de sentido.

Dos aspectos positivos del juicio destacaron los funcionarios judiciales. Primero, los testimonios campesinos permitieron la imputación y detención de Eduardo Wischinivetzki, principal responsable de la represión a las Ligas, quien aún estaba activo y en contacto con las víctimas (Entrevista de la autora a Mario Piccoli, Resistencia, 11 de diciembre de 2019).

Esto se consideró un acto de justicia sin precedentes para el activismo campesino. Segundo, en el requerimiento de elevación a juicio se incorporó la historia de las Ligas Agrarias y la lucha de los sectores rurales subalternos, incluyendo bibliografía y el diario de la época, lo que se vio como una característica distintiva y positiva de la causa en comparación con juicios anteriores. Esto permitió reivindicar públicamente la experiencia de las Ligas Agrarias.

El poder judicial y el tratamiento sobre la represión al campesinado

Las audiencias orales evidenciaron las características singulares del testimonio de la población campesina. Ya en los primeros juicios, previo al de Ligas, los testimonios daban cuenta de las particularidades de la persecución al sector. Dafne Zamudio lo resalta al contar que era distinto, hasta en la detención, los traían tipo ganado. No era como los compañeros urbanos que traían uno, después traían otro al otro día. En Ligas Agrarias venían camiones y bajaban no sé cuántos. Los metían en una celda grande a todos juntos. Era como muy notorio el trato distinto, porque los trataban como animales. La comida en el piso, eran "cosas". Por ahí se olvidaban que estaba alguno. Eran "nadies" (Entrevista de la autora a Dafne Zamudio, Rsistencia 11 de diciembre de 2019).

Esta caracterización de relato del campesinado coincide con el análisis de las memorias de la población subalterna en el noroeste, que hace Catela da Silva (2007), al explicar que "en la evocación de la violencia experimentada los entrevistados "afirman que los trataron como perros, como animales, los deshumanizaron en nombre de la traición o la Patria, pero también y sistemáticamente, ocurría eso en las relaciones de trabajo en la mina y el ingenio" (2007: 221).

Pese a esta caracterización distintiva, en Chaco no se han elaborado registros cualitativos ni cuantitativos que puedan dimensionar estadísticamente o historizar la incidencia de estos relatos en la construcción de la verdad jurídica.

La mayor parte de estos testimonios han sido vertidos en la etapa de instrucción, dada la necesidad de no sobrexponer ni revictimizar a la población rural. Solo fueron convocados a las audiencias cuando era imprescindible su alocución como prueba.

Según el fiscal, ciertos aspectos del ritual judicial son muy hostiles para quienes los ignoran o no continuaron con la práctica política en la postdictadura. Al respecto cuenta que, tras presenciar la testificación de varios campesinos en la etapa de instrucción, notó que el acto de testimoniar los moviliza muchísimo (...) que la defensa les haga una pregunta con doble intención, o que discutamos cosas en la sala, si hacen preguntas agresivas, eso les genera una tensión que por ahí un compañero que continuó en la militancia política, que está más preparado o estuvo ya en otro juicio (...) los pone muy nerviosos, muchos de ellos son analfabetos, tienen mucho temor a que el Estado los convoque porque el Estado los ha cagado a palos (Entrevista de la autora a Diego Vigay, Resistencia, 11 de diciembre de 2019.).

El temor es una de las características que sobresale en el testimonio del campesinado en los juicios. Por la persistencia del tabú respecto de su participación en las Ligas Agrarias y también por la persecución experimentada a nivel personal, familiar y en la colonia.

La internalización del estigma en el campo limitó la posibilidad de elaboración individual y colectiva respecto de lo que motivó la represión estatal y el ensañamiento con el activismo campesino, dificultad que refuerza el miedo a tomar la palabra.

Para Vigay, la mayoría de los testimonios campesinos "no tuvo esa contención o esa participación colectiva, posterior a los 80`, los 90`de reconstruir lo que pasó, no hubo charlas entre ellos, es un tema tabú". (Entrevista de la autora a Diego Vigay, Resistencia, 11de diciembre de 2019.) Zamudio coindice en que el miedo a testificar es producto de la falta de elaboración (colectiva) al señalar que "no hay mucho entendimiento del por qué. Un militante político puede explicar y entiende que no fue por su culpa. El campesino no entiende por qué. La maldad así no la comprenden (…) te genera miedo porque no tenés cómo defenderte (Entrevista de la autora a Dafne Zamudio, Resistencia, 11 de diciembre de 2019.).

La anterior reflexión sobre la falta de entendimiento y elaboración del campesinado respecto de la experiencia traumática nos conduce a una interrogación sobre la violencia epistémica, (re)producida desde el funcionariado estatal occidental. En el libro "¿Puede hablar el subalterno?" Spivak criticó la excesiva confianza de los intelectuales franceses en la palabra del Otro subalterno al omitir los contextos de enunciación y mediación de esa palabra, problema abordado por Joan Scott (2001).

El colonizado, el marginal, el nativo, el subalterno, era objeto de discursos y saberes, significantes que operaban como reaseguro del colonizador. Sin embargo, para la autora el sujeto subalterno es "irrecuperablemente heterogéneo": es la población no académica, las personas no especializadas, los hombres y mujeres del campesinado analfabeto, las tribus, los más bajos estratos del subproletariado urbano, inaccesible (inasimilable) desde una episteme definida por la academia y al Estado.

La presencia de intelectuales o funcionarios benevolentes no escapa a la producción y/o reproducción de la violencia epistémica ejercida a partir del testimonio del subalterno. Sugiero que las dificultades atribuidas a la propia indefensión del campesinado, a su subalternidad, constituyen discursos elaborados desde una concepción que define la experiencia concreta de los oprimidos en relación a la identidad de un Yo (ligado a la figura del militante urbano, del intelectual, del funcionario estatal y/o judicial) quien, en palabras de Spivak, diagnostica y define la episteme muchas veces ignorando su propia responsabilidad institucional como contexto y condición para la enunciación. Esta perspectiva constituye al Otro por asimilación: no es que no pueda hablar el subalterno sino que es desoído, acallado, borroneado (2011, 65).

Desde otro ángulo, cabe comprender el miedo a testimoniar manifestado en los juicios por las consecuencias que puede conllevar la acusación y la identificación de represores con los que en la actualidad aun conviven en los pueblos y parajes.

En su análisis sobre las memorias sobre la violencia política en el sur chileno, Barrientos (2003) sostuvo que esa convivencia entre víctimas y victimarios construye una memoria prisionera de los hechos de violencia que no permite la total reivindicación de las primeras (construidas como heroicas, o en su defecto, como inocentes e indefensas) ni la exposición abierta de los segundos o de quienes delataron a sus coterráneos.

Tras el retorno constitucional esas relaciones asimétricas de poder y de uso de la fuerza no se modificaron. Muchos ex policías imputados en las causas de lesa humanidad siguen viviendo allí, y/o sus hijos forman parte de las fuerzas de seguridad rural. Lo mismo ocurre con muchos hacendados implicados en el desalojo de las familias campesinas con la complicidad los gobiernos de turno y la connivencia de la policía.

A nivel local, estas familias siguen teniendo poder e influencia en los pueblos y parajes. Testificar en los juicios puede significar enfrentarse a esos poderes locales con los cuales el campesinado interactúa cotidianamente. Tal es el caso de la familia Hernández en Tres Isletas, por ejemplo. Hacendados a quienes las Ligas Agrarias enfrentaron durante los primeros años 70 logrando una movilización y arreo de vacas multitudinaria que evitó el desalojo y frenó el amedrentamiento en agosto de 1972. En la actualidad uno de sus hijos preside la Sociedad Rural local y formó parte del directorio del Banco de Chaco. (Calvo, 2021).

La elite económica local continúa allí, representado cámaras, o dirigiendo organismos públicos. Los ex miembros de las ligas han quedado en los parajes y pueblos conviviendo con esos policías todos estos años. Incluso allí la represión se extendió. En democracia siguieron existiendo actitudes hostiles de caerle en el campo en cualquier momento, de autoinvitarse a comer o llevarse algo, o simplemente apretarlos "ojo con esto, ojo con lo otro" (Entrevista de la autora a Diego Vigay, Resistencia, 16 de noviembre de 2018).

El caso de Wischnivetzky ejemplifica las modalidades (y continuidades) de la violencia política en el campo. Y permite comprender por qué los testimonios del campesinado no identifican a sus de activistas de base de las Ligas, no realizan identificación de perpetradores o colaboradores.

Para Vigay existe una voluntad de evitar conflictos en el territorio habitado, "con el policía que es su vecino... yo les decía "esto que vos dijiste que eran policías del pueblo... ¿sabes quién puede haber sido?". "Si, hay uno que es mi vecino de la vuelta, que está en silla de ruedas, pero por favor no lo pongan". Y entran a temblar" (Ibíd.).

En efecto hay testigos que padecieron consecuencias directas tras su participación o solicitud de participación en el juicio. Por ejemplo, Modesto Meza "dio un testimonio en un primer momento, después, vino hablado (persuadido) por la familia del comisario del pueblo, se le planteó el tema del falso testimonio con mucha cintura y, luego, ratificó el testimonio original. También el hijo de Wischnivetzky lo fue a visitar a Britez quien le dice "yo nunca lo denuncié a tu papá", y él lo mencionó acá (en instrucción) (Ibíd.).

Una segunda característica singular del testimonio campesino es la naturalización de la violencia estatal, ligada al registro sobre la experiencia represiva (física y simbólica) en el propio cuerpo. Al respecto Zamudio explica que "cualquier otro ex detenido que por ahí te puede relatar hasta el cana o el guardia cárcel que le pegó, que no le dio la comida cómo hechos de tortura. Un campesino no. Un campesino te va a contar cuando ya sufrió mucho porque lo otro es parte de lo cotidiano, una patada es nada. Han recibido tanto maltrato que está muy naturalizado. Entonces es muy difícil que te lo cuente desde el lugar de haberlo sufrido como si hubiese sido una tortura, visualizarlo u entenderlo así (Entrevista de la autora a Dafne Zamudio, Resistencia, 11 de diciembre de 2018.). Las estructuras de opresión en las que son socializados los sectores rurales subalternos no se circunscriben al terrorismo de Estado, lo han antecedido y continúan tras el retorno constitucional. Estructuras que incluyen no solo a los gobiernos y policías locales sino también a las elites económicas y sus redes de influencia.

En este punto, cabe reflexionar si la percepción de la naturalización de la violencia como una característica de los testimonios campesinos en los juicios (tal como lo definen desde el "Programa de Atención...") no está indicando, en realidad, que el terrorismo de Estado, lejos de inaugurar una ruptura radical en relación a las formas de incorporación/exclusión del campesinado a la ciudadanía y al acceso a derechos, no implicó una continuación reconfigurada (una nueva estructuración) de las históricas formas de normalidad en las zonas rurales en el norte del país, signadas por la violencia hacia la población subalterna.

Este análisis requiere inevitablemente una mirada no solo de clase, sino también étnica, geográfica y de género, como algunas de las dimensiones que influyen en formas de encuadramiento de las memorias campesinas. Así, cabe interrogarse en qué sentido los testigos del campo pueden registrar en el cuerpo y nombrar como formas de tortura prácticas regulares ejercidas históricamente por los poderes locales.

Scott (2001) analizó los efectos de la naturalización de la experiencia de la que hablan los testimonios. La autora criticó el abordaje de la experiencia como la evidencia sobre la cual construir interpretaciones, omitiendo las condiciones históricas de enunciación de esa experiencia, su carácter "situado". Dicho olvido hace que la visión del sujeto individual (la persona que tuvo la experiencia o el historiador que la relata) se convierta en la base de la evidencia sobre la cual se construye una explicación, dejando de lado las preguntas acerca de su naturaleza construida y cómo se estructura nuestra visión (producto de determinada posición de sujeto) y de cómo los sujetos se convierten en diferentes (subalternos).

La autora propone examinar los procesos históricos que, a través del discurso, posicionan a los sujetos y producen sus experiencias. No son los individuos quienes tienen experiencias sino que son los sujetos los constituidos por medio de la experiencia" (2001: 49).

Lo narrado no puede ser interrogado en términos de su falsedad o veracidad sino contextualizado en sus condiciones de enunciación, circulación y reproducción. Es desde allí que podemos comprender la experiencia testimoniada, dándole historicidad a las identidades que produce. Según esta postura las posiciones del sujeto son efecto de los discursos. Cabe interrogarse de qué manera la construcción de una verdad jurídica como forma de construcción de conocimiento sobre la represión en el campo, pudo recuperar las voces de sus protagonistas sin tomarlas como evidentes, sin escencializar sus identidades.

Durante las audiencias los testimonios del campesinado expresaron la persistencia de la violencia estatal inscripta en los cuerpos y en el espacio. Los estrados fueron caja de resonancia de unas memorias largas, desacopladas de los discursos de los derechos humanos y del relato urbano de la represión circunscripto al periodo dictatorial.

En una de las audiencias dos pobladores rurales, Francisco Iñiguez y Adelina Rita Martín fueron citados a testificar por su supuesta participación en la emboscada al dirigente liguista Ñaró Gómez Estigarribia. Habían sido detenidos y torturados por las fuerzas de seguridad en febrero de 1977, y obligados a certificar que Estigarribia había fallecido en un enfrentamiento con la policía.

En la sentencia del 25 de junio de 2019 se dejó "constancia que él (Iñiguez) no sabe leer y solo dibuja su firma". En su alocución Francisco Iñiguez afirmó que me hicieron firmar algo, pero no sé qué. Nos fueron a buscar el Ejército (...) Me tenían ahí con la cara vendada (...) me dieron una paliza que me afectaron la salud por decir en una palabra. Después me trajeron directamente para acá en Resistencia (...) Escuche "bajaron a alguien" en la comisaría de Corzuela pero no supe quién era, ellos decían "Ñaro" yo lo conocía porque hacían reuniones con las Ligas Agrarias (...) Recuperé mi libertad a los quince días, me dejaron más muerto que vivo...el día de la inspección ocular me hicieron firmar pero no recuerdo qué, era una práctica habitual (Testimonio de Francisco Iñiguez, Tribunal Oral Federal de Resistencia, N°1, 11 de abril de 2019).

Adelina Rita Martín manifestó que no presenció el hecho que se investigaba pese a que figuraba en las actuaciones policiales como testigo que "da fe de lo que se incorporó en el acta" (Sentencia N° 57, Tribunal Oral Federal de Resistencia). Cuando finalizó su alocución le preguntó al tribunal si estaba "liberada". Esa impactante pregunta desencadenó espontáneamente una carcajada masiva en la sala, escena que grafica la violencia de largo alcance padecida por los sectores rurales subalternos frente a los poderes públicos. Es una expresión de la hostilidad que implica testimoniar en una audiencia judicial, por la exposición que ello conlleva y que refuerza violencias históricas y estructurales ejercidas por el Estado, en este caso revictimizando sujetos cuyos derechos han sido conculcados durante décadas.

Del mismo modo, uno de los sobrevivientes, también campesino, al final de su testimonio preguntó al tribunal si tenía alguna noticia de su padre, desaparecido por el "terrorismo". (Testimonio de Santos Britez, Tribunal Oral Federal de Resistencia, 16 de abril de 2019). Fue un momento de silencio en la sala, explicativo de por qué, para este sector de la población, el Estado y la justicia constituyen instituciones geográfica, material y simbólicamente lejanas e históricamente opresivas.

Pese a ello su participación en el juicio y su ánimo de testimoniar expresan la conciencia de clase que construyeron las Ligas y el compromiso con lo que fue la organización y la lucha campesina. Para Zamudio "es como algo más que les pasó, (ellos) siempre tuvieron un amo" (Entrevista de la autora a Dafne Zamudio, Resistencia, 11 de diciembre de 2019),

Estas "memorias largas" hablan de conflictos locales y del ejercicio de las violencias por parte de aquellos que controlan el poder y la disciplina. Posiblemente esta perspectiva también explique en los testimonios campesinos una concepción del Estado y de la "justicia" no ligada a la difusión de la "democracia" o de acceso a derechos, tal como ocurre en otras clases sociales y sectores urbanos.

Finalmente, ligado a lo anterior, los relatos campesinos vertidos en los juicios expresan sentidos aparentemente contradictorios respecto de las Ligas: tanto el estigma "subversivo" (es decir, la idea de que las ligas fueron el locus de la peligrosidad la presunción de culpabilidad) como una valorización positiva de la organización y sus reivindicaciones pueden formar parte de una misma enunciación. Se trata de un fenómeno paradójico desde el punto de vista del sistema de clasificación y el lenguaje canónico de los derechos humanos, pero no necesariamente contradictorio para los pobladores campesinos que han sido testigos de dicha experiencia descripta simultáneamente desde la óptica del estigma y la devoción.

Retomo aquí la reflexión de Scott (2001) sobre la dimensión contextual y situada del uso de las categorías con las cuales es representada la experiencia. Esta operación epistemológica permite comprender el pasado en términos de la historicidad de esas categorías: conceptos como "subversivo" o "extremista" se convierten en la evidencia mediante la cual la "experiencia" puede ser entendida. John Beverly (2012) describió al registro testimonial de los subalternos como un modo de interpelación ideológica.

Los funcionarios, los periodistas y los intelectuales somos interpelados desde un sujeto subalterno: en determinados momentos escuchamos algo que no se ajusta a nuestro sentido de la ética o políticamente correcto o cómodo. Este aspecto es fundante del testimonio subalterno y corre peligro de ser omitido, en los estrados judiciales, frente al cuestionamiento sobre su fiabilidad. Al respecto, Beverley recupera la proposición de Rigoberta Menchú según la cual la ciencia, la ley, la historia, la educación formal, la literatura, las campañas de alfabetización, incluso el discurso de los derechos humanos: pueden ser prácticas institucionales que producen y reproducen las condiciones de subalternidad representadas en el testimonio (2012:111).

Conclusiones

Si bien en la última década ya se había juzgado la persecución a campesinos vinculados a las Ligas Agrarias en otras provincias, Chaco es la primera y única que caratuló una investigación por crímenes de Estado como "Causa Ligas Agrarias" poniendo en primer plano la dimensión política de esos crímenes. De manera novedosa se judicializó la represión política de la organización campesina más importante en número y capacidad de incidencia en el espacio público local y nacional. Y que logró desestabilizar el poder económico concentrado de los monopolios algodoneros, tras la capacidad de comercialización del cultivo que alcanzó tras la organización cooperativa. Este trabajo apuntó a la historización de ese proceso de judicialización, que comenzó con las luchas sociales por el reclamo de memoria, verdad y justicia hasta la institucionalización del pasado en programas y políticas de Estado.

La dimensión sobresaliente de todo el periodo post-dictatorial hasta entrada la segunda década del siglo XXI fue la invisibilización de las Ligas Agrarias como objeto de la represión estatal. Este aspecto llama la atención dado el carácter fundamentalmente agrario de la estructura económica provincial y sus sujetos sociales.

Sin embargo, una doble centralización de la política de memoria ha contribuido a la ausencia de conocimiento sobre el terrorismo de Estado en el campo.

Por un lado, el agotamiento de la denuncia y judicialización en los casos de Margarita Belén y la ex Brigada de Investigaciones, emblemas que obturaron la emergencia de otras memorias y denuncias sobre los crímenes de Estado.

Por el otro, la tendencia a la centralización de la política de memoria en la capital provincial, así como la circunscripción de sus organismos de Derechos Humanos exclusivamente en el área metropolitana.

El RUV, área encargada desde 2008 de la construcción de conocimiento sobre el terrorismo de Estado, no logró reponer la densidad de la trama represiva en el campo ni las características sobresalientes de los vejámenes al liguismo. Antes bien, fueron otras intervenciones públicas realizadas fuera de la capital provincial las que dieron lugar a un nuevo régimen de memoria de torno a la historia de las Ligas y su represión.

Sin embargo, la judicialización de esta última fue construida exclusivamente con información vertida por el RUV, desperdiciando el conocimiento suscitado por aquella experiencia (implementada desde el sistema escolar, a través del Programa Jóvenes y memoria) y más de los ocho años de homenajes a las Ligas y sus protagonistas cuyos testimonios podrían haber sido recogidos por los estrados judiciales.

Así, el subregistro de la represión a las Ligas condicionó la información disponible como prueba para la investigación judicial. La judicialización no interpeló a la población campesina partícipe de ese pasado. Posiblemente, las distancias geográficas, simbólicas y materiales que separan la vida rural de la vía judicial como fuente de acceso a derechos permite comprender por qué, para el campesinado liguista, no se volvió necesario juzgar el pasado.

Ello explica, al menos en parte, la modalidad que asumió el juicio, centrado en casos emblemáticos, con escasa o nula capacidad de interpelación al sector (tanto a quienes experimentaron ese pasado como entre las organizaciones campesinas que asumen el legado liguista). Si esta modalidad permitió la aceleración de los tiempos jurídicos una vez iniciado el juicio, obturó la posibilidad de masificar el impacto político y simbólico de las condenas entre la población rural que vivió con ajenidad todo el proceso.

El discurso sobre los derechos humanos en Argentina da cuenta de una memoria "corta" de la represión, centralizada en los episodios de los años setenta, controlada y encuadrada en una serie de clasificaciones y sentidos sobre lo que se puede decir, lo que se debe decir y lo que no. Estas clasificaciones separan este periodo de otros, y requieren, además, de destrezas lingüísticas y capitales culturales, simbólicos, políticos para que puedan ser expresadas públicamente (Da Silva, 2007: 220).

Durante el juicio Ligas Agrarias el sistema de clasificación canónico sobre lo "decible" y lo "escuchable" fue desestabilizado por los relatos del campesinado, no solo por las divergencias temporales que circularon como marco de referencia para relatar las violencias, sino, sobre todo, por el uso recurrente de nociones como "extremista", "subversivo", "terrorista" para referirse a un "Otro".

Las violencias naturalizadas también nos hablan del "decir" de esos discursos: cuestionan los enunciados canónicos respecto de las violencias de Estado permitiendo comprender, en primer lugar, las condiciones de enunciación de lo que se testimonió, así como su tardía concreción.

Y, en segundo lugar, permiten cuestionar las condiciones de omisión institucional de estos relatos cuyas premisas muchas veces no encajan con la memoria hegemónica del pasado reciente. En el plano epistemológico este dilema habla de una intraductibilidad (cultural, lingüística, geográfica) propia de la relación asimétrica entre individuos y culturas cuyo horizonte cognoscitivo es diferente y hasta opuesto, con consecuencias para la construcción de la memoria y la historia local y del campesinado en general, cuando el prisma jurídico tiende a hegemonizar la construcción de conocimiento sobre el pasado.

Bibliografía

Barrientos, Claudio (2003) "Y las enormes trilladoras vinieron [...] a llevarse la calma..." Neltume, Liquiñe y Chihuío. Tres escenarios de la construcción cultural de la violencia en el sur de Chile", en Jelin E. y Del Pino P. (comps.) *Memorias de la represión* Vol. 6. Luchas locales, comunidades e identidades, Madrid: Siglo XXI.

Beverley, John (2012) "Subalternidad y testimonio. En diálogo con Me Llamo Rigoberta Menchú y Así me nació la conciencia", de Elizabeth Burgos (con Rigoberta Menchú) *Revista Nueva Sociedad*, N° 238 marzo-abril

Calvo, Claudia (2020) "Las Ligas Agrarias de Chaco: procesos de movilización política y represión al campesinado", en Revista Conflicto Social. *Revista del Programa de Investigaciones sobre Conflicto Social*, No 23, Vol. 13, Enero-junio 2020, Buenos Aires, pp. 160-194.

Calvo, Claudia (2021) *Memorias y representaciones de las Ligas Agrarias de Chaco en tiempos de estatalización de las memorias (2003-2015), tesis doctoral.* Doctorado en Ciencias Sociales, Universidad de Buenos Aires.

Da Silva Catela, Ludmila (2007) "Poder Local y Violencia: Memorias de la represión en el Noroeste Argentino", en *En los márgenes de la ley. Inseguridad y violencia en el cono sur*, Buenos Aires: Paidós.

Jaume, Fernando (2014) Actores, lugares y memoria: La Casa por la Memoria, Resistencia, Chaco.

Jaume, Fernando (2009) "Estrategias Políticas y Usos del Pasado en las Ceremonias de la "Masacre de Margarita Belén (1996-1998)" *Revista Avá*, N° 2, setiembre 2000. Pp. 65-94.

Redigonga, Luciano (2021) *Desde la raíz: la historia de Alicia López y las ligas agrarias chaqueñas*, Rosario: Ed. Aguará.

Roze, Jorge (1992) *Conflictos Agrarios en la Argentina 1 y 2. El Proceso Liguista*, Buenos Aires: CEAL.

Registro Único por la Verdad (2018) *Historias de las Organizaciones Políticas en el Chaco y sus Militantes.* Ligas Agrarias, UES y PRT/ERP, Vol. 1, Colección RUV, Resistencia: Contexto Libros.

Scott, Joan (2001) "Experiencia", La Ventana, N° 13, disponible en http://148.202.18.157/sitios/publicacionesite/pperiod/laventan/Ventana13/ventana13-2.pdf

Spivak, Gayatri Chacravorty (2011) *¿Puede hablar el subalterno?*, Buenos Aires: El Cuenco de Plata

Zleiter, Elías (2017) *¿Qué debemos recordar? Políticas de memoria y usos del pasado dictatorial en el Chaco: El caso Margarita Belén (1983–2013)*, ponencia preentada en las XVI Jornadas Interescuelas/Departamento de Historia, 9–11 de agosto, Mar del Plata.

VANESA GARBERO

Testigo 581 del juicio Menéndez III: el hallazgo de restos óseos de víctimas del terrorismo de Estado en el predio de La Perla en Córdoba

DESDE MAYO DE 2008 hasta la actualidad se han desarrollado quince juicios contra crímenes de lesa humanidad en Córdoba. El más importante a razón del número de víctimas, de imputados y de hechos juzgados fue el juicio "Menéndez III", que tuvo lugar en el Tribunal Oral Federal nº 1, en la capital provincial, desde el 4 de diciembre de 2012 hasta el 25 de agosto de 2016, día que se leyó la sentencia.

Este proceso juzgó hechos principalmente perpetrados en los ex Centros Clandestinos de Detención, Tortura y Exterminio (CCDTyE) de La Perla y Campo de la Ribera, aunque también hay casos de cautiverio en el Departamento de Informaciones de la Policía (D2), el puesto Caminero en la localidad de Pilar, la Penitenciaría de barrio San Martín, la Perla Chica de Malagueño y la Casa de Hidráulica en el dique San Roque.

También conocido con el nombre "mega causa", alusivo a su magnitud, reunió veintidós expedientes sobre los secuestros, torturas y asesinatos de setecientas once víctimas -entre asesinados/as, desaparecidos/as y sobrevivientes-, delitos por los cuales hubo cincuenta y ocho imputados: once fallecieron antes o durante el proceso judicial, cuatro fueron declarados con incapacidad sobreviniente, treinta y ocho condenados, y cinco absueltos (Secretaría de Derechos Humanos del Ministerio de Justicia y Derechos Humanos de la provincia de Córdoba, disponible en https://ejerciciodememoria.cba.gov.ar/menendez-iii-mega-causa-la-perla-la-ribera).

A la vez, este juicio tuvo aspectos distintivos y novedosos en relación con los procesos judiciales llevados a cabo en esta materia en el ámbito local. Una de sus características es que juzgó por primera vez delitos cometidos antes del 24 de marzo de 1976. El golpe policial que derrocó al gobierno constitucional de la provincia en febrero de 1974 y la subsiguiente intervención de la provincia significaron el despliegue de la represión material y simbólica, y la anulación del ciclo de protesta y movilización iniciado en 1969. A partir del 7 de septiembre de ese año, la provincia de Córdoba quedó a cargo del interventor Brigadier Raúl Lacabanne y la policía bajo el mando de Héctor García Rey, que venía denunciado por torturas durante la dirección de la policía de Tucumán.

Bajo estas autoridades se implementó un plan represivo para perseguir, detener o secuestrar, torturar, matar y desaparecer a opositores políticos que se profundizó hacia finales de 1975 con la actuación del Comando Libertadores de América (CLA) -integrado por efectivos policiales, militares y civiles- y la designación como jefe del Tercer Cuerpo del Ejército de Luciano Benjamín Menéndez. Las causas "Barreiro y otros" (expediente n° 12.627) y "Vergéz y otros" (expediente n° 11.543) por nombrar algunas, abarcan delitos cometidos justamente durante esta temprana etapa represiva orientada especialmente hacia referentes y militantes de organizaciones político armadas.

Un segundo aspecto de este juicio es que incluyó por primera vez la desaparición forzada de menores nacidos en cautiverio en la provincia de Córdoba como delito de lesa humanidad de tipo pluriofensivo –similar a la desaparición forzada de adultos– integrado por la sustracción de menores, ocultamiento, supresión de identidad, falsificación documental, etc. (Sentencia, 2016: 4266).

En este marco, se trató la sustracción del bebe nacido durante el cautiverio de sus padres, Silvina Mónica Parodi y Daniel Francisco Orozco, ambos militantes del Partido Revolucionario de los Trabajadores (PRT) que permanecen desaparecidos. Se trata del nieto de Sonia Torres, titular de Abuelas de Plaza de Mayo Córdoba. La tercera característica de este juicio es que también, por vez primera en Córdoba, los delitos contra la integridad sexual de las víctimas fueron entendidos de lesa humanidad y no subsumidos en la figura penal de "tormentos" (Archivo Provincial de la Memoria de Córdoba, 2016). Se juzgaron los abusos contra dos víctimas, entonces militantes del PRT, secuestradas por una patota del Departamento de Informaciones de la Policía de Córdoba D2, el 13 de septiembre de 1975 (Entrevista de la autora a Claudio Orosz, abogado de HIJOS y querellante de esta Mega causa, 11 de julio de 2023). El número de víctimas de este delito está subrepresentado porque cuando comenzaron a recabar testimonios para la reapertura de las causas que comprendió este juicio, en 1999 y 2000, estas mujeres prestaron declaración testimonial ante la fiscalía y dieron su consentimiento expreso para la promoción de la acción penal. Es decir, fue preciso que las víctimas estén dispuestas a denunciar expresamente este delito para que pueda proceder la investigación. La escasez de denuncias da cuenta del contexto de enunciación en torno a los delitos contra la integridad sexual de aquel momento y, a la vez, la vigencia de un sistema machista y de persistencia de las consecuencias físicas, emocionales y vergonzantes que siguen recayendo sobre las víctimas. La cuarta particularidad de este juicio es que, como parte del plan sistemático de exterminio de opositores políticos, se agregaron dos delitos de índole económica como son la usurpación y el robo calificado, con el caso de la empresa especialista en construcción vial e hidráulica Mackentor S.A. cuyos directivos fueron secuestrados y torturados en "La Perla" acusados de mantener vínculos con la subversión" (Sentencia, 2016: 3849-3895).

Cuando faltaba poco para cumplirse dos años de iniciado este proceso, el juicio tuvo un giro inesperado con el hallazgo de los restos de cuatro víctimas del terrorismo de Estado en los hornos de La Ochoa, ubicada en el predio de La Perla. Esto se producía después de más de una década de excavaciones por parte del EAAF sin obtener resultado en distintos sitios de las 13.000 hectáreas que aproximadamente abarcan los terrenos del ejército en los que estaba emplazado ese ex CCDTyE.

El testimonio lo aportó Miguel Andrés Quiroga, vecino de Malagueño que vivió durante su infancia en La Ochoa. Quiroga fue el testigo 581 durante la mega causa, el último de la etapa testimonial. Su declaración permitió quebrar la estrategia de ocultamiento de los enterramientos en las cercanías de La Perla que venían denunciando los sobrevivientes y que José Julián Solanille ya había revelado tempranamente ante la CONADEP, el Juicio a las Juntas Militares y también en esta mega causa en la sesión del día 27 de marzo de 2013.

En este capítulo retomo centralmente el testimonio de Miguel Andrés Quiroga para reflexionar en los efectos de las políticas de memoria y luchas por la memoria, la verdad y la justicia, y las modalidades concretas en que triangulan diversos actores e instituciones que impactan en los procesos judiciales por delitos de lesa humanidad.

También, recupero esquemáticamente los testimonios anteriores al de Quiroga, que señalaban a los campos del Tercer Cuerpo como lugar de enterramiento y exhumación para hacer desaparecer cualquier vestigio de materia humana, garantizar la impunidad y la completa desaparición. Además, repaso sintéticamente la labor de búsqueda que el Equipo de Antropología Forense (EAAF) realizó en los terrenos del ejército desde el año 2004 hasta el juicio Menéndez III.

Para ello examiné las versiones taquigráficas y los registros audiovisuales de las declaraciones de los testigos Miguel Andrés Quiroga y José Julián Solanille en este juicio, obrantes en el Tribunal Oral en lo Criminal Federal N° 1, y la sentencia del juicio (2016) disponible en la web. También, en julio de 2023, entrevisté a Miguel Andrés Quiroga, Anahí Ginarte, entonces referente del EAAF en las búsquedas de los restos en los campos del Tercer Cuerpo del Ejército, y a uno de los abogados querellantes, Claudio Orosz. A Quiroga también lo entrevisté el 10 de agosto de 2015, dieciséis días antes de su testimonio en la mega causa. Además, consulté fuentes secundarias, principalmente prensa escrita y material producido por el Archivo Provincial de la Memoria relacionado con este juicio.

En conjunto quiero mostrar que el testimonio de Quiroga no fue el único ni el primero en señalar los hornos como lugar que "había gente muerta", pero fue el testimonio directo que condujo al EAAF al sitio preciso en el que se produjo el hallazgo de los restos de cuatro personas que hasta ese entonces estaban desaparecidas. Además, quiero ilustrar la importancia de las políticas de memoria como condiciones de posibilidad para la emergencia del testimonio, por muchos años silenciado. Sostengo que las políticas de memoria operan como condiciones que habilitaron el paso de una memoria juvenil, si se quiere reducida al ámbito privado-familiar, a una memoria colectiva, con implicancias políticas. El testimonio de Quiroga en sede judicial puede ser leído como un efecto de las históricas luchas por la memoria, la verdad y la justicia.

La Perla, maquinaria de exterminio y sitio de enterramientos clandestinos

La Perla fue el tercer CCDTyE más grande de Argentina durante la última dictadura militar (1976–1983) y desde donde se organizó la actividad represiva ilegal de toda la provincia de Córdoba y de otras nueve provincias del centro, oeste y noroeste del país. Está ubicada a la vera de la autopista que une las ciudades de Córdoba y Villa Carlos Paz, a la altura del puente que lleva a la localidad de Malagueño. Su ubicación era estratégica en la red clandestina de represión porque estaba emplazada en los predios del Tercer Cuerpo del Ejército, un sitio aislado si se lo compara con otros centros clandestinos que operaron en la ciudad de Córdoba. La Perla tuvo contados vecinos que se desempeñaban como peones y arrendatarios que vivían en el predio militar. La población más próxima eran los vecinos de La Ochoa –pequeño poblado constituido alrededor de una molienda de piedra para trabajar las canteras- y los habitantes del barrio homónimo de Malagueño a un kilómetro, mediado por el paso de la vieja ruta n.º 20. En este barrio estaba ubicado el viejo ingreso al campo del ex CCDTyE y alojó otro centro clandestino de menor tamaño conocido posteriormente con el nombre de La Perla Chica, que cumplió un rol fundamental en alojar a los secuestrados durante el Mundial de Fútbol de 1978 y la visita de la Cruz Roja Internacional en 1979. A la vez, a ocho kilómetros del centro clandestino está la Casa de piedra –como la conocen los habitantes de la zona–, también identificada como Estancia La Ochoa. Este casco, donde el ex general Menéndez descansaba y cabalgaba los fines de semana, fue también el lugar de secuestro de los abogados del Partido Comunista González y Gerchunoff durante la dictadura (Sentencia, 2016: 1763).

El funcionamiento de La Perla como CCDTyE se ubica temporalmente entre marzo de 1976 y diciembre de 1978 y se estima que alrededor de 2000 personas estuvieron allí detenidas desaparecidas. Numerosos víctimas-testigos afirmaron que la mayoría de los detenidos-desaparecidos de La Perla fueron "trasladados" y que el destino final fue "el pozo" –eufemismos de la jerga militar–, lo cual significaba que fueron fusilados y enterrados en fosas individuales o comunes en los terrenos colindantes al ex centro clandestino.

Durante su testimonio en el juicio Menéndez III, Gustavo Contepomi -secuestrado el 1 de julio de 1976 junto a su esposa Patricia Astelarra, embarazada de cinco meses- narró que: "Los que permanecíamos allí, fuimos comprobando que era verdad. Porque la gente que decían que trasladaban al pozo, nunca volvió a aparecer con vida. Las personas eran atadas y amordazadas sólidamente. El camión se iba y volvía a la media hora, o sea que el lugar llamado pozo quedaba ahí cerca". Además, agregó que "el personal civil de inteligencia 'Palito' Romero le confesó que la expresión era literal: 'Era un pozo excavado con máquinas, en el que sentaban al borde a los prisioneros que habían elegido ese día y eran ametrallados o fusilados'" (Contepomi cit. por Oliva, 2016: 9). Al igual que él, otros sobrevivientes testificaron que el camión de los "traslados", tardaba en retornar 20 minutos aproximadamente, que no se iba a la ruta, sino que daba una vuelta por los caminos de tierra laterales del territorio militar hacia lugares en los que previamente se habían cavado fosas comunes o individuales.

José Julián Solanille, peón rural con vivienda próxima a La Perla, trabajó inicialmente en marzo de 1976 para la familia Saad, arrendataria de campos que estaban en las inmediaciones del predio. Allí, se dedicó al cuidado de animales y la siembra. Luego, su labor continuó en el campo "Loma del Torito", donde un principal del Ejército de apellido Saldivia arrendaba una parte para la crianza de vacunos y la producción tambera. Por este motivo, transitaba permanente los alrededores, y pudo ver que el 24 de marzo de 1976 en La Perla, se produjo un intenso movimiento de gente, móviles militares, algunos camiones y vehículos particulares, y también escuchó en varias oportunidades muchos gritos (Testimonio de José Julián Solanille, 1985). Además, Solanille testificó ante la CONADEP lo siguiente:

Aproximadamente en mayo del mismo año observó un pozo de aproximadamente 4 metros por 4 y 2 metros de profundidad. Un domingo, observó el ingreso de diez a quince automóviles, entre ellos dos Ford Falcon de color blanco en uno de los cuales identificó como ocupante al comandante del III Cuerpo de Ejército, General Menéndez, a quien reconoció por haberlo visto en numerosas ocasiones anteriores; y dos camiones del Ejército con la caja tapada, con lonas militares, uno con una cruz blanca pintada.

Momentos después, salió al campo arreando sus animales vacunos; y en el trayecto se encontró con un vecino llamado Giuntoli, que explotaba un campo vecino, quien le dijo que quería constatar si eran ciertos los comentarios que había escuchado sobre la existencia de fosas en el lugar, donde se enterraba gente. (...) comienzan a escuchar nutridos disparos de armas de fuego. Hace notar que cuando vieron los autos junto a la fosa a su borde había un numeroso grupo de personas que parecían estar con las manos atadas a la espalda y los ojos vendados o con anteojos con los cristales pintados de negro. Al día siguiente retornó al lugar y observó que el pozo estaba tapado, y sobraba abundante tierra. Estima que el número de personas que habrían sido fusiladas en esa ocasión supera los 50 (cit. en CONADEP, 1984: 225).

De acuerdo a su testimonio, era habitual que, luego de enterrar los cuerpos, las tumbas fueran quemadas. Declaró haber contado "más de doscientos pozos", algunos grandes, otros más chicos, todas tumbas. También recordó que el 3 de mayo de 1976 vio un helicóptero que volaba a baja altura en esa zona y llevaba colgando como "unas bolsas de papas", pero que luego pudo constatar que se trataba de los cuerpos sin vida de "dos chicas muy jóvenes". También, contó que para ese entonces que los animales que tenía a su cargo desenterraron huesos humanos en el sector Lomas del Torito.

En marzo de 1984, la CONADEP requirió judicialmente la excavación del terreno, pero tuvo resultados negativos (CONADEP, 1984). Solanille afirmó que la tierra había sido removida. En su declaración en la mega causa, el 27 de marzo de 2013, reflexionó que la impresión que le quedó de aquel día era que no querían encontrar los restos porque él marcaba un pozo y cavaban en los costados, no directamente en el lugar señalado (Versión taquigráfica, 2013: 66).

En coincidencia con Solanille, el ex conscripto César Pereyra declaró ante la CONADEP y en el Juicio a las Juntas sobre las inhumaciones de cadáveres en el campo del III Cuerpo. Pereyra relató que cerca de La Perla, junto a un compañero, vio tierra removida y, al escarbar con su sable bayoneta, desenterró un suéter del tipo gordo, azul, de trama gruesa:

> "Los dos nos miramos y nos dijimos que allí no había enterrado ningún animal. Buscamos la parte donde debía estar la cabeza y, a diez centímetros, encontramos la mandíbula de una persona. (...) Salimos con mucho miedo de allí porque eso estaba oblicuo al comando del III Cuerpo de Ejército. (...) Tapamos con tierra el pullover y nos dirigimos a un lugar apartado, donde se hacía gimnasia con aparatos. Allí enterramos la mandíbula. Y le pusimos una cruz" (fragmento del testimonio citado en el Diario del Juicio, 2 de julio de 1985, p. 147).

También el ex gendarme Carlos Beltrán, perteneciente a la Gendarmería Nacional desde el año 1971 hasta el año 1980 cuando lo dieron de baja por negarse a ejecutar a personas secuestradas relató cómo fusilaban a los detenidos en los campos de concentración de La Perla. En su testimonio ante la CONADEP y en el Juicio Menéndez I en 2008 en la ciudad de Córdoba, Beltrán contó que una noche presenció el fusilamiento de un joven y a una mujer embarazada, cuyos cuerpos fueron arrojados a una fosa cavada por el hombre, rociados con nafta y prendidos fuego. (Informe CONADEP delegación Córdoba, 1999:126-127).

Los resultados negativos de la inspección ocular, aun si hubiera sido realizada con buena voluntad, puede encontrar explicación en los siguientes testimonios. El entonces teniente primero Ernesto Facundo Urien, quien entre 1978 y 1979 prestó servicios en el Liceo Militar de General Paz y fue dado de baja al rechazar la represión ilegal y relató en el Juicio a la Juntas en 1985 y en la audiencia 187 de la mega causa Menéndez III, que el teniente de Caballería Gustavo Raúl Gelfi le había confiado que, en 1979, previa a la visita de la Comisión Interamericana de Derechos Humanos (CIDH) de la Organización de los Estados Americanos (OEA), había estado presente en la guarnición de Córdoba donde se realizó la exhumación de los cadáveres.

También declaró en la mega causa lo siguiente:

"Por entonces, mi subalterno Gustavo Raúl Gelfi, fue reasignado para cumplir una función especial. Al regresar me contó consternado que había sido llevado a desenterrar los cuerpos en La Perla, con máquinas excavadoras, para trasladarlos a otro lugar

- ¿Qué hacían con esos cuerpos? Le preguntó el abogado querellante Claudio Orosz.
- Eran colocados en tambores, algunos con cal viva." (fragmento del testimonio cit. por Será Justicia, El diario de los juicios de Córdoba, noviembre de 2014, p. 4)

Gelfi le contó a Urien que ellos mismos tuvieron que operar las máquinas viales y "que los cuerpos ya desenterrados (que evidenciaban muestras de no haber sido enterados ni en cajón, ni en bolsa alguna, diseminados por la zona, algunos con sus documentos) eran introducidos en tambores, en algunos colocando cal viva, para luego ser trasladados con destino incierto" (El Diario del Juicio, 2 de julio de 1985; CONADEP Córdoba, 1999: 127-128).

Las confesiones de Gelfi al ex teniente primero Ernesto Facundo Urien, también fueron coincidentes con la autoincriminación del ex teniente coronel Guillermo Bruno Laborda en un reclamo administrativo que presentó el 10 de mayo de 2004 al entonces jefe de personal del Ejército, Roberto Bendini, para pedir que se reconsiderara la decisión de la Junta de Calificación de Oficiales que lo declaró no apto para ascender a coronel.

Laborda relató, con lujo de detalles, los crímenes –desde su perspectiva "méritos militares" que no fueron tenidos en cuenta al evaluar su legajo- que "la oficialidad superior le ordenó hacer cuando era subteniente y teniente", en la Guarnición Militar Córdoba durante los años 1977, 1978 y 1979. En su carta narra el asesinato de "terroristas" a balazos y su enterramiento en "el campo de la Guarnición Militar Córdoba en proximidad a La Mezquita, lugar que con el tiempo se convertiría en el cementerio anónimo de la subversión".

La Mezquita es un área próxima a la "Loma del Torito", dentro del campo de La Perla. Laborada en la misma carta relató que los cuerpos eran arrojados a pozos, quemados, cubiertos con tierra para disimular el lugar. Además, relató que la exhumación de los restos se produjo en la primera mitad del año 1979. La confesión de Laborda fue un hecho importante e inesperado, en tanto se trató del primer militar en actividad que reconoció los crímenes cometidos y quebró el pacto de silencio que Luciano Benjamín Menéndez se ocupó de construir durante la represión.

En la sentencia del Juicio Menéndez III se expresa que existen fuertes indicios que la mayoría de los cuerpos que aún están desaparecidos "habrían sido retirados mecánicamente de las inmediaciones de La Perla y conducidos en tachos de 200 litros con cal a Las Salinas, ubicada en el límite entre La Rioja y Catamarca" (Sentencia, 2006: 1346).

Para fundamentar tal afirmación, los jueces se basaron en: primero, la denuncia presentada por Bruno Laborda en su reclamo administrativo; segundo, la confirmación de esta denuncia a través de las declaraciones de los imputados Barreiros y Vergéz; tercero, la referencia del testigo Solanille a la extracción de restos humanos en campos cercanos a La Perla; y cuarto, las manifestaciones de la antropóloga forense Anahí Ginarte, quien señaló alteraciones en la estructura geológica de La Mezquita. A esto se sumó la constatación, mediante fotografías de la época, de significativas alteraciones topográficas actuales en dichos terrenos, evidenciadas en la eliminación de lomas y el cauce de un arroyo, así como la extracción de abundante vegetación (Sentencia, 2016: 1346-1347).

La búsqueda incansable de los restos de los desaparecidos

En 2002, en el marco de la causa "Averiguación de Enterramientos Clandestinos" que se tramitaba como Juicio de la Verdad Histórica en el Juzgado Federal n.º 3, a cargo de la jueza Cristina Garzón de Lascano y de la fiscal Graciela López de Filoñuk, el EAAF fue convocado para llevar a cabo las exhumaciones en el Cementerio San Vicente desde finales de ese año hasta mediados del siguiente lo que permitió identificar los restos de 15 víctimas del terrorismo de Estado y entregarlos a sus familiares. En 2004, dentro de la misma causa, otro grupo del EAAF comenzó investigaciones en la guarnición militar La Calera, donde se ubicaba el ex CCDTyE La Perla. Esta causa integró el cuerpo de pruebas de la mega causa Menéndez III, y la antropóloga forense y encargada del EAAF en las búsquedas en La Perla, Anahí Ginarte, también declaró en el juicio (Entrevista de la autora, Córdoba, 4 de julio de 2023).

La estrategia inicial implementada por el EAAF en el territorio del Tercer Cuerpo fue examinar todos los testimonios disponibles hasta ese entonces sobre entierros en la zona y clasificarlos en tres tipos: directos (lugareños que vivían en la zona), personal de las fuerzas armadas (soldados de bajo rango y ex colimbas), e indirectos (por ejemplo, de sobrevivientes que no tuvieron acceso a los lugares de entierro, sino que la información que tenían era la que habían escuchado).

A partir de estos testimonios, delimitaron dos posibles lugares de enterramiento: La Loma del Torito y la zona de La Ochoa. La hipótesis inicial del equipo era que existían enterramientos clandestinos en el territorio militar, con fosas multitudinarias de más de 50 personas y fosas pequeñas de 4 o 5 personas, y que podría haber habido una limpieza del lugar en el año 1979 según el testimonio de Urien y Laborda.

La mayor parte de la información testimonial disponible en ese momento señalaba a La Loma del Torito como posible lugar de enterramiento. Esta información coincidía con que esa zona -la zona Este- tenía mayor sedimento para excavar y guardaba relación con la distancia aproximada que, según los testimonios indirectos, habría recorrido el camión con los "traslados". El equipo subdividió Loma del Torito en dos zonas la "Zona A", que abarcaba 250 hectáreas, y la "Zona B", con 75 hectáreas potencialmente excavables.

Posteriormente se realizó un análisis geográfico en el que marcaron los puestos que había señalado Solanille en su testimonio escrito, georreferenciaron ambas zonas, registraron todas las alteraciones del terreno y evaluaron las probabilidades de correspondencia con las fosas que estaban buscando, y excavaron todos los puntos que tenían mayores probabilidades de correspondencia.

Avanzado este trabajo, el equipo del EAAF encontró personalmente a Solanille, quien les descartó la Zona A y señaló una subzona de la Zona B pero el paisaje tenía cambios importantes no solo por el paso del tiempo, las prácticas de combate o artillería que habían generado cráteres o zanjas -que en jerga militar se conocen como pozos de zorro-, sino también por las alteraciones que había provocado la agricultura. Aun así, el equipo decidió excavar todos los señalamientos realizados por Solanille y comprobaron que el suelo tenía alteraciones.

También, en colaboración con geógrafos de San Luis aplicaron el método de prospección geoeléctrica sobre el terreno arado para detectar alteraciones y excavaron en todos los puntos señalados con ese método, pero tampoco arrojó resultados positivos en relación con la búsqueda de restos humanos.

Luego, consiguieron, a través de Embajada de Estados Unidos por gestión de Claudio Orosz de H.I.J.O.S., dos fotografías satelitales de la zona que correspondían a los años 1976 y 1978. Junto a Guillermo Sagripanti, geólogo de Río Cuarto, analizaron las fotografías para registrar alteraciones o modificaciones en el territorio. En 2009, Bruno Laborda, ya procesado por delitos de lesa humanidad, colaboró con el equipo del EAAF, señalando un sitio conocido como El Triángulo, planicie que era utilizada para entrenamiento de paracaidistas conocido como La Mezquita, y volvió a referir a la "limpieza" de los restos en 1979 con la colaboración de un batallón especial de ingenieros de Santiago del Estero y de La Rioja que, en aquel entonces, tenía mapas con las sepulturas registradas.

Por lo tanto, la búsqueda y exhumación de los restos de las víctimas habría sido puntual y precisa. A partir de esto, el equipo señaló la zona referida por Laborda, incluso la ampliaron, y comenzaron a trabajar con georradar y a cavar 176 pozos de sondeo. Nuevamente, el territorio estaba alterado por actividades antrópicas, pero no encontraron restos humanos. Además, el equipo hizo pozos de sondeo alrededor del ex CCDTyE siguiendo los testimonios de los sobrevivientes y de ex conscriptos. Tampoco encontraron los restos de los desaparecidos.

Después de diez años de trabajo y excavación en los numerosos parajes de las 13.000 hectáreas del territorio militar sin encontrar absolutamente nada, el equipo del EAAF decidió comenzar a explorar la zona de La Ochoa. En la causa "Enterramientos Clandestinos", existían varios testimonios indirectos de vecinos del lugar (basados en relatos de otros o rumores) que señalaban enterramientos en los alrededores de los hornos. Se trataba de testimonios solicitados por la justicia durante los años 2000 y a los que el EAAF pudo oportunamente acceder y sistematizar. En este punto, el testimonio directo de Andrés Quiroga de 2014, colaboró puntualizando esta nueva búsqueda del EAAF en los hornos y, con este objetivo, el equipo obtuvo un nuevo financiamiento para poder realizar el trabajo. Era la primera vez que alguien contaba, en primera persona, que había visto restos humanos en la boca del tercer horno de La Ochoa.

El testimonio de Quiroga y el hallazgo de los restos

Bastante avanzado el juicio Menéndez III, Andrés Quiroga fue ofrecido como testigo nuevo por la querella representante de H.I.J.O.S y Familiares de Detenidos y desaparecidos por Razones Políticas en Córdoba. Los abogados Claudio Orosz, Lyllan Luque y María López; a la cual adhirió llevaron adelante esta acción, la fiscalía general y el abogado que llevaba adelante defensor técnico y político de seis imputados. Quiroga, con 51 años, declaró el 27 de agosto de 2015 y con su testimonio el presidente del Tribunal Oral Federal 1, Jaime Díaz Gavier, anunció la conclusión de la etapa de recepción de declaraciones.

La intervención se extendió durante 34 minutos. En la primera parte, el fiscal realizó preguntas cerradas, y Quiroga dio respuestas concisas, buscando establecer con precisión el lugar y el momento de los hechos por los cuales fue convocado a declarar.

Quiroga testificó que vivió desde su nacimiento en 1964 hasta 1979 en La Ochoa, un pequeño poblado ubicado en "campo militar" que se hizo alrededor de una molienda que trabajaba la piedra de las canteras vivió en La Ochoa desde su nacimiento en 1964 hasta 1979. La Ochoa era un pequeño poblado ubicado en 'campo militar', que creció alrededor de una molienda que procesaba la piedra de las canteras. Según sus recuerdos la molienda se fue a la quiebra y dejó de trabajar cuando él era niño, pero la gente siguió viviendo allí hasta 1979, cuando las autoridades militares ordenaron el desalojo. Para las familias significó autogestionar sus traslados y reubicarse en otros sitios. Puntualmente, la familia Quiroga vendió sus animales y se mudó a Malagueño, lugar al que Andrés nunca pudo acostumbrarse (Versión taquigráfica, 2015:27). Coincidentemente, el desalojo de los pobladores de La Ochoa es contemporáneo a la exhumación de los restos de las víctimas, un hecho testimoniado por Laborda y Urien a partir de las confesiones de Gelfi.

El núcleo narrativo del testimonio de Quiroga fue el siguiente:

SR. FISCAL (Trotta).- Bien. ¿Recuerda entre los años '76, '77, '78 haber advertido alguna irregularidad, haber visto algo raro en este lugar, algo que le llamara la atención?

SR. QUIROGA.- Bueno, en ese entonces, se corrió la bulla en el pueblo de que en los hornos de cal había gente muerta. No es que me contaron a mí, porque era un niño, simplemente yo escuchaba lo que hablaban los mayores, sobre todo en mi casa. De lo cual nosotros teníamos penado de hablar de esos temas, porque es como que a nosotros no nos interesaba porque éramos chicos. Y bueno, un día andando el campo con un hermano, bajamos por esa zona, y mi hermano por curiosidad, qué sé yo, porque era mayor que yo, fuimos a los hornos. Yo me quedo arriba, supuestamente donde echaban la piedra a los hornos para quemar, y bueno, él se larga por la descarga, porque el horno ya no era lo mismo arriba de lo que nosotros lo conocíamos, era como que habían roto una parte de lo que era la aureola del horno y había quedado una descarga (...) Y bueno, él con el palo se pone a escarbar ahí, yo me quedo arriba, en cuclillas, y veo que saca algo. Y no sé si por chiste o no, nunca le pregunté por qué lo hizo, tira algo para donde estaba yo, y cuando cae delante de mío era la mano de una persona que estaba en esta posición, era como que –a lo que yo entendía, más o menos- como que se había cortado en la muñeca, cuando él la tiró, parecía que la había enganchado de los dedos. Y el olor que tenía, porque no era que era el hueso solo, sino que estaba la mano que todavía tenía carne, tenía las uñas, aparentemente era como que estaba quemada, a lo que yo veía. Y por el olor y todo eso, me acuerdo que yo la pecho con el pie y le digo a mi hermano: 'dejá eso, dejá eso', porque yo no aguantaba las ganas de vomitar, así que yo me voy y él me alcanza más allá. Y cómo será que yo con mi hermano jamás hablamos del tema más, bueno, y sobre todo contar en mi casa jamás porque nos tenían penados, sobre todo, de andar metiéndonos en cosas así. Y bueno, se dio eso y es lo que vi y lo que yo conté en el museo, por ahí doy gracias a Dios de que le sirvió porque encontraron a personas que tanto buscaban (Versión taquigráfica, 2015: 22–23).

A continuación, tanto el fiscal como le presidente, insistieron en que el testigo pueda situar el año del suceso. Quiroga no pudo recordar la fecha exacta de esa experiencia, pero sí situarla, más o menos, a sus 12 años de edad, y si es así, cuando corría 1976. Para ese entonces los hornos -que estaban ubicados a 4 km aproximadamente de distancia del poblado de La Ochoa- ya no estaban en uso y, según recuerda, los compartimientos de los tres quemadores tenían fragmentos de sus paredes volteadas. Según su percepción, en función de la concentración del olor y el mosquerío sobre las piedras, los cuerpos habrían estado a pocos metros de la superficie, apenas tapados con escombros. Ese olor fue de tal intensidad que su recuerdo no lo abandonaría por más de treinta y siete años.

En su testimonio está presente que los enterramientos clandestinos de cuerpos humanos muertos en las inmediaciones era un secreto a voces y que los vecinos del poblado habrían tenido diferentes experiencias vinculadas con el hallazgo accidental con restos humanos. Por ejemplo, recordó que por comentarios supo que una señora había visto la tierra removida y pensando que le habían carneado un animal, buscó una pala, cavó y encontró cadáveres. También recordó que otra tarde, junto a familiares, caminaron por la zona con la intención de ir a donde se comentaba que habían "sacado unas personas" (Versión taquigráfica, 2015: 34) y vio lo que podría haber sido "la fosa" que habían vaciado pocos días antes. Recordó que los alrededores estaban "contaminados" con un olor "muy feo", intenso, que él asocia con "alto grado de descomposición de los cuerpos" (Versión taquigráfica, 2015:34).

Durante la declaración judicial, recordó haber varias veces tas su constitución en en 2009 el espacio de memoria de La Perla varias veces antes de animarse a contar su historia y que se sintió conmovido por los testimonios de los familiares de desaparecidos que buscaban incansablemente a sus seres queridos. Su propia familia le recomendó que "no se meta en esas cosas" pero el 24 de marzo de 2014, en el Día Nacional de la Memoria por la Verdad y la Justicia, Quiroga se decidió y narró su historia al entonces director del espacio de memoria de La Perla, Emiliano Fessia.

Luego, durante algunos meses contó que no tuvo más novedades, hasta que un compañero de trabajo le mencionó que en la televisión se había comunicado un hallazgo de restos humanos en La Ochoa. A raíz de eso, volvió a tomar contacto con Fessia quien le pidió que se reúna con "los antropólogos" -aludiendo a integrantes del EAAF-, en los hornos de La Ochoa para reconstruir su experiencia en el espacio. Durante su testimonio judicial, Quiroga hace referencia de modo explícito, en varias oportunidades, a los diálogos que mantuvo con Fessia y Ginarte desde el momento que relató su experiencia en el espacio de memoria hasta el día que se reunió con los antropólogos en los hornos. Esta intertextualidad construye su propio relato ante el tribunal.

Diez meses antes de su testimonio en sede judicial, el 21 de octubre de 2014 el EAAF logró rescatar restos óseos humanos y fragmentos sin articular en la tercera chimenea de los hornos. Se trataba de un conjunto óseo conformado por 425 elementos pequeños, que tenían distinta exposición al fuego. Ninguno era un esqueleto óseo completo, sino que encontraron tres escafoides izquierdos, lo cual les dio, desde el comienzo, el indicio de que al menos había tres personas. También, un sacro que correspondía a una persona de sexo masculino, dos semilunares derechos y dos izquierdos, dos huesos del pie, un diente, entre otros huesos pequeños (Entrevista de la autora a Anahí Ginarte, Córdoba, 4 de julio de 2023).

Parte de las conclusiones del EAAF, después de remover alrededor de 300 metros cúbicos en la tercera chimenea, fue que hubo una alteración antrópica de la inhumación primaria durante la cual se extrajeron la mayoría de los huesos, solo habían quedado huesos pequeños y fragmentados, y que la 'limpieza' se realizó cuando los cadáveres estaban en avanzado estado de putrefacción o completamente esqueletizados. Luego, según el equipo forense, se habrían rellenado las chimeneas con sedimentos y con gran cantidad de escombros de algún tipo de edificación diferente a la de los hornos. Una de las conclusiones del EAAF, tras remover alrededor de 300 metros cúbicos en la tercera chimenea, fue que hubo una alteración antrópica de la inhumación primaria. Durante esta alteración, se extrajeron la mayoría de los huesos, y solo quedaron huesos pequeños y fragmentados. La "limpieza", según el equipo, se realizó cuando los cadáveres estaban en avanzado estado de putrefacción o completamente esqueletizados. Luego, las chimeneas se habrían rellenado con sedimentos y gran cantidad de escombros de algún tipo de edificación diferente a la de los hornos (Entrevista de la autora a Anahí Ginarte, Córdoba, 4 de julio de 2023).

El hallazgo del EAAF fue noticia casi inmediata en el Juzgado de instrucción Federal 3 y para las querellas que estaban en la audiencia del mega juicio La Perla (Infojus Noticias, 22 de octubre de 2014). El acontecimiento sacudió el juicio, era después Santa Fe y Arsenales en Tucumán el tercer hallazgo en el país en campo militar (Fessia cit. por Será Justicia, El diario de los juicios de Córdoba, noviembre de 2014, p. 4) y la primera en los campos comandados por Luciano Benjamín Menéndez.

Mientras se estaba llevando a cabo el análisis genético de los restos óseos encontrados, el 10 de diciembre de 2014, día de la conmemoración de la Declaración Universal de los Derechos Humanos, el ex mayor Guillermo Ernesto Barreiro jefe de interrogadores de La Perla (Comisión Provincial de la Memoria, 2012:111) y sus ex subalternos, José Hugo Herrera, Luis Manzanelli y Héctor Romero, ofrecieron al tribunal la voluntad de colaborar con la ubicación de posibles lugares de enterramientos clandestinos de un listado de personas desaparecidas.

A través de su abogado defensor, Barreiro pidió que los periodistas y el público se retiren de la sala para brindar la información y el tribunal dispuso constituirse inmediatamente una inspección ocular guiada por el propio Barreiro, junto con el EAAF, en los campos de La Perla y otra que días después acompañó Herrera en el camino a Villa Ciudad América, en el valle de Paravachasca. Esta operación generó sentimiento de angustia, expectativas e inquietud entre los familiares y tuvo gran repercusión en los medios de comunicación. A través de su abogado defensor, Barreiro solicitó que los periodistas y el público se retiraran de la sala para brindar información. El tribunal accedió y dispuso realizar de inmediato una inspección ocular, guiada por el propio Barreiro y el EAAF, en los campos de La Perla. Días después, se realizó otra inspección, esta vez con Herrera, en el camino a Villa Ciudad América, en el valle de Paravachasca. Esta operación generó angustia, expectativas e inquietud entre los familiares, y tuvo gran repercusión en los medios de comunicación.

Tal como recapitula Oliva (2016), al día siguiente de la declaración de Barreiro, el diario *La Nación* tituló "Reveló un ex militar dónde sepultaron a 25 desaparecidos" (De Vedia, 11 de diciembre de 2014). La nota periodística afirmaba que Barreiro dio los nombres de 20 detenidos que habría sido sepultados en los Hornos de La Ochoa, y de otros cuatro detenidos que fueron ejecutados y llevados a una fosa en otro sector del predio y uno más que se encontraría en Villa Ciudad América, en las inmediaciones del dique Los Molinos (De Vedia, 11 de diciembre de 2014).

Aunque el tribunal había pedido reserva de la información, especialmente del listado de nombres, se trataba de personas desaparecidas en 1975, antes del golpe, hasta tener confirmaciones de las declaraciones para no generar falsas expectativas en los familiares, uno de los defensores de oficio de los imputados, Carlos Casas Nóblega, en diálogo con Radio Universidad, leyó la lista con los nombres de 18 de los 25 desaparecidos que había entregado Barreiro al tribunal. Se trató de una infidencia que puso a varias familias en estado de zozobra (Platia, Página 12, 11 de diciembre de 2014).

Además, la nota periodística de *La Nación* recién mencionada fue replicada por numerosos medios de comunicación digitales. Allí se valoró el testimonio de Barreiro como un "giro histórico en la estrategia judicial de los militares" (De Vedia, 11 de diciembre de 2014). Incluso ese medio consultó a un general retirado que evaluó el impacto como "un quiebre de la línea que se mantuvo constante en los últimos 30 años"; el abogado de Barreiro,

Osvaldo Viola, declaró que los militares "están dispuestos a paliar el dolor de sus deudos, indicar guías para que el tribunal pueda encontrar a las personas" y la esposa de ese represor manifestó que esto "iba a cambiar el ritmo de este juicio" (De Vedia, 11 de diciembre de 2014). Sin embargo, lo que pudo leerse como un "quiebre en el pacto de silencio" no arrojó hallazgo alguno.

Entre marzo y abril de 2015, el EAAF identificó cuatro perfiles genéticos que correspondían a Lila Rosa Gómez Granja, Alfredo Felipe Sinópoli, Ricardo Enrique Saibene y Luis Agustín Santillán Zevi, estudiantes de Ciencias Médicas y militantes de la Juventud Universitaria Peronista (JUP), secuestrados por integrantes del Destacamento de Inteligencia 141 "Gral. Iribarren" frente a la estatua del Dante en el Parque Sarmiento, en momentos en que caminaban hacia ciudad universitaria, el 6 de diciembre de 1975.

En la sentencia de la mega causa, a partir de la prueba colectada, se afirma que luego del secuestro, las víctimas fueron conducidas al ex Centro Clandestino Campo la Ribera, donde fueron sometidos a tormentos físicos y psíquicos, asesinados y enterrados sus cadáveres en unos hornos de cal (Sentencia, 2016:1912–1913 y 4250).

Durante el juicio, las víctimas-testigos Graciela Geuna y Eduardo Pinchevsky corroboraron los secuestros y desapariciones de Gómez Granja, Sinópoli, Saibene y Santillán Zevi. Geuna manifestó que, durante su detención en La Perla, el represor Manzanelli le había dicho: "Que tontos ir a pararse frente al monumento del Dante un grupo de jóvenes", lugar este muy próximo geográficamente a la sede del Batallón 141 (Sentencia, 2016: 1918).

Por su parte, Pinchevsky afirmó que en una oportunidad pudo conversar con represores que actuaban en La Perla entre los que estaban Manzanelli y Romero y les confesaron que ellos habían secuestrado a sus amigos actuando como "Comando Libertadores de América" (Sentencia, 2016: 1916). Un grupo parapolicial y paramilitar que operó hacia fines de 1975 y tras el golpe se insertó en el sistema represivo organizado por las Fuerzas Armadas" (Paiaro, 2012:27).

Los hallazgos e identificación de los restos óseos significaron un golpe al negacionismo, la impunidad y un quiebre en la estrategia de ocultamiento de los cuerpos de las víctimas. Los resultados del EAAF también otorgaron materialidad y veracidad a la narración del vecino de Malagueño, Miguel Andrés Quiroga. (extraído de https://apm.gov.ar/em/conmemoraciones-21-de-octubre-el-eaaf-halla-restos-%C3%B3seos-en-inmediaciones-de-la-perla). Según publicó el portal web de la Comisión Provincial de la Memoria, el 19 de junio de 2015 la justicia federal entregó a los familiares la resolución que oficializa la identificación de sus restos óseos, los parientes recorrieron los hornos y los integrantes del EAAF les explicaron en detalle el trabajo que realizaron. Además, fue la primera vez en que los familiares se encontraron con Andrés Quiroga.

Quiroga, durante su testimonio en el juicio de la mega causa, mencionó esa ceremonia: "Fui y conocí algunos parientes, y les dije 'discúlpenme por tantos años de silencio y gracias a la gente del museo que me escuchó" (Versión taquigráfica, 2015:30 el resaltado es nuestro). Finalmente, la mayoría de las preguntas de la fiscalía, de la querella, del abogado defensor de los acusados y del presidente del tribunal estuvieron focalizadas en solicitarle al testigo precisiones sobre la espacialidad. Se le preguntó por la existencia de otras construcciones, de la vegetación, las distancias en metro y/o kilómetros entre La Ochoa y los hornos, la "Casa o castillo de Piedra", la Estancia Valdéz y la Loma del Torito. Incluso le consultaron por la existencia de otros hornos, cuestión que Quiroga rechazó.

Tal como señalan Pollak y Heinich, en la declaración judicial "el testimonio es restringido a un número limitado de acontecimientos, en respuesta a preguntas precisas. La persona del testigo tiende entonces a desaparecer detrás de ciertos hechos, ya que se trata de restituir la 'verdad'" (2006: 62) [...]. Efectivamente, "Estas declaraciones llevan pues la marca de los principios de la administración de la prueba jurídica: limitación al objeto del proceso, eliminación de todos los elementos considerados como fuera de tema" (2006:62). Aun cuando el testimonio de Quiroga se ajustó a esta caracterización, de modo breve incorporó la referencia a las noches que pasó desvelado, con el recuerdo de la mano y los hornos, y al alivio que sintió después de romper tantos años de silencio; esto, utilizando sus palabras, fue como "sacarse una mochila de encima".

Romper el silencio: la inscripción del recuerdo individual en la trama colectiva

Para reflexionar en las condiciones de posibilidad del testimonio, Pollak y Heinich (2006) señalan que este resulta del encuentro entre la disposición del testigo potencial a hablar y las posibilidades de ser escuchado. Ahí se establece una relación social que traza aquello que es efectivamente posible de decir y, por añadidura, lo que se mantendrá en silencio. También estos autores advierten que "lejos de depender de la sola voluntad o de la capacidad de los testigos potenciales para reconstruir su experiencia, todo testimonio se ancla también y sobre todo en las condiciones sociales que lo vuelven comunicable" (2006:56).

Estas condiciones se modifican a través del tiempo y de las geografías. Entonces la producción del testimonio no solo estará condicionada por coyunturas sociales y políticas sino también que las diferentes formas de testimonios -exposición judicial, autobiografía o el relato solicitado a través de entrevistas para una investigación cualitativa- y relaciones sociales que cada una implica van a condicionar el contenido -conjugando memorias y silencios-, extensión y naturaleza del relato.

En las entrevistas a Quiroga pude indagar en aspectos que quedaron por fuera de la declaración judicial porque no estaban directamente vinculados con la prueba jurídica. Estos otros aspectos resultan útiles para pensar las condiciones de producción de sus testimonios, las motivaciones para hablar y, a la vez, para mantener aquella vivencia 38 años en el ámbito privado, prácticamente en absoluto silencio.

En las entrevistas, Andrés se explayó en sus interpretaciones sobre lo sucedido, los pensamientos recurrentes sobre esa experiencia, las culpas de entonces y el alivio que siente ahora, las conversaciones familiares cuando decidió hablar, las repercusiones que tuvo su testimonio en el ámbito de su localidad y los silbidos de las ánimas o espíritus en pena que se escuchan en el campo.

También, en el ámbito de la entrevista repuso sus ilusiones frustradas con realizar el servicio militar el año posterior a la guerra de Malvinas, al resentimiento que le quedó hacia los militares por el traslado forzado de los habitantes de La Ochoa allá por 1979, a las situaciones de inseguridad cotidianas que se experimentan en la actualidad y que contrastan con su vivencia en el espacio público durante la última dictadura.

De modo sintético y retomando los aspectos directamente relacionados con su silencio y la producción de su testimonio, Quiroga recuerda que durante la dictadura tenía penado hablar de lo que veía o escuchaba. Relata que sus padres no necesitaron darle tantas explicaciones, con pocas palabras el silencio operaba efectivamente.

Vivir en los campos de propiedad del ejército implicaba mayor exposición, la cercanía habilitaba ver o tomar conocimiento a través de rumores de prácticas concretas que en la actualidad las comprendemos como desaparición de personas y que en ese momento eran palpables se manifestaban en cuerpos esparcidos en las inmediaciones de su casa. Durante la última entrevista él recordó que en ese tiempo se sentía el miedo, repitió una y otra vez que "eran épocas difíciles". Esto se tradujo en un principio práctico: "si sabía algo mejor callarse porque te caían los militares encima" -apuntó Quiroga. "No había que meterse, porque en el tiempo de los militares te desaparecían", como decían su padre y mucha gente.

Hablar significaba ponerse en riesgo a sí mismo y a su familia. El silencio funcionaba como protección y autopreservación. Los cuerpos muertos en enterramientos irregulares, a campo abierto, debieron resultar un dispositivo disciplinante. Años más tarde, en 2014, después de haber contado su experiencia públicamente, mantuvo una conversación con el hermano que sacó la mano de los hornos de La Ochoa: "te pusiste a pensar vos, qué nos hubiera pasado a nosotros si cuando vos estabas excavando ahí aparecían los militares, ¿qué nos hubiera pasado? Nosotros ya éramos testigos de lo que había ahí: me parece que éramos tres desaparecidos más" (entrevista de la autora a Andrés Quiroga, 6 de julio de 2023).

En el contexto de la dictadura y viviendo en territorio militar denunciar era casi imposible, aunque hubo excepciones con resultados que confirmaban el aparato desaparecedor y la complicidad por acción y omisión de otras instituciones, cuyos resultados confirmaban el aparato represivo y la complicidad por acción y omisión de otras instituciones.

Ante el tribunal, Quiroga contó sobre la fosa vacía que vio porque al parecer habían sacado los cuerpos poco antes.

En la entrevista comentó que ese hallazgo había sido denunciado ante la policía de Malagueño, pero, la policía se llevó los cuerpos y nunca más se supo de su destino, probablemente engrosan la lista de desaparecidos. Sobre su propia experiencia, en la entrevista contó que el acercamiento y descubrimiento en los hornos fue impulsado por los rumores que sostenían que había gente muerta fuera de los hornos de La Ochoa, él no sabe quién vio semejante escena primero, pero está seguro que se trató de un vecino de la Ochoa que hizo una denuncia en la policía de Malagueño.

Al parecer la policía no pudo acercarse porque fue interceptada por los militares a cargo de la seguridad del predio que marcaron su zona y los echaron. Quiroga cree que a partir de esa denuncia los militares podrían haber quemado parcialmente los cuerpos, que luego arrojaron a los hornos y cubrieron con piedras. Luego, él vio lo que narró públicamente. Desde ese hecho comenzó a escuchar un silbido finito que, según su padre le explicó, corresponde a las ánimas o los espíritus en pena que no descansan en paz. Escuchó ese silbido durante todos los años que duró su silencio.

En la transición democrática y la década del noventa, Quiroga fue creciendo, formó su propia familia y no dejó de preguntarse quiénes fueron las personas muertas que estaban en los hornos y en imaginar la búsqueda desesperada de sus madres. Pero, "¿a dónde iba a ir a contarlo?" Durante la recolección de testimonios que llevó a cabo la CONADEP, él tenía 19 años.

Además, Andrés no es ni fue militante ni integrante de organizaciones sociales o políticas vinculadas o relacionadas con la denuncia de violación a los derechos humanos y no tenía en su marco de posibilidades las instancias efectivas de denuncia. Además, sentía que los militares seguían teniendo poder, a diferencia de ahora, y que podía poner en riesgo a su familia y sufrir amenazas. Ese miedo tenía asidero en una realidad cercana: José Julián Solanille y su familia sufrieron persecución y amenazas luego de las denuncias que hizo el arriero.

Quiroga se enteró años después, a través de un vecino, de esos padecimientos por boca de la hija de Solanille, quien comentó que estaban viviendo en el sur del país por un traslado forzado que organizó su padre en un intento de librarse de las constantes y macabras amenazas. Las amenazas continuaron llegando de modo inexplicable hasta el nuevo lugar de residencia y la situación alcanzó tal nivel de tensión que terminó con el matrimonio.

En marzo de 1998, al cumplirse un nuevo aniversario del golpe de Estado, el Congreso de la Nación votó la derogación de las Leyes de Punto Final y Obediencia Debida.

Esta medida, si bien no habilitaba la reanudación de los procesos penales, constituyó un mensaje político que fue horadando la situación de impunidad de los perpetradores. Ello se potenciaría el 6 de marzo de 2001 cuando el juez federal Gabriel Cavallo las declaró inconstitucionales al considerarlas contradictorias con lo estipulado por el artículo 29 de la Constitución Nacional, e inaplicables porque resultaban contrarias a los principios más elementales del derecho internacional.

En Córdoba, la jueza Cristina Garzón de Lazcano rechazó la solicitud de los organismos de derechos humanos y la fiscalía y ratificó la vigencia de las leyes que mantenían la impunidad de los responsables del terrorismo de Estado.

Sin embargo, dio lugar a la fiscal López de Filoñuk para investigar hechos delictivos excluidos de los beneficios de las leyes de Punto Final y Obediencia Debida, y de la tipificación de "cosa juzgada", por ejemplo, los acontecimientos anteriores al golpe militar y la desaparición o sustracción de menores, delitos que no prescriben.

Hacia finales de 2002, a partir de las exhumaciones realizadas por el EAAF de las fosas comunes en el cementerio del barrio San Vicente de la ciudad de Córdoba y en el marco de la causa "Averiguación de Enterramientos Clandestinos" la hermana mayor de Quiroga y varios vecinos del entonces poblado de La Ochoa fueron citados a tribunales para declarar lo que había visto o sabían de aquel entonces, pero ella no tenía mucho para contar.

El proyecto de anular el Punto Final y la Obediencia Debida se convirtió en ley en el Senado el 21 de agosto de 2003 y la norma fue promulgada por Néstor Kirchner doce días después. A mediados de 2005, la Corte Suprema declaró inconstitucionales ambas leyes y constitucional su nulidad, lo que permitió convalidar la reapertura y el inicio de nuevos juicios.

En Córdoba, la reapertura del proceso de judicialización por delitos de lesa humanidad se concretó recién en 2008 con la causa, denominada originariamente Brandalisis, que investigaba lo sucedido a cuatro militantes del PRT que fueron secuestrados y llevados al CCDTyE La Perla en noviembre de 1977, torturados, asesinados y sus cuerpos aparecieron en la intersección de las calles Av. Colón y Sagrada Familia, en una escena que simulaba un enfrentamiento con el Ejército. Los restos de una de las víctimas, Hilda Flora Palacios, habían sido identificados por el EAAF en las exhumaciones del Cementerio San Vicente.

En esta coyuntura social y política, y ya en el trigésimo aniversario del golpe militar, el Estado nacional y ciertos gobiernos provinciales convergieron en el desarrollo de una política de la memoria que legitimó las luchas de los organismos de derechos humanos (Da Silva Catela, 2014) y promovió la construcción de una memoria pública sobre la dictadura. En Córdoba, en marzo de 2006, los legisladores provinciales aprobaron por unanimidad la "Ley de la Memoria" -N° 9286- que definió la creación de la Comisión y el Archivo Provincial de la Memoria, su emplazamiento en el edificio del ex D2 y la preservación de los espacios que funcionaron como centros clandestinos de detención, especialmente de aquellos que se destacaron por la magnitud de la represión y su centralidad en la red clandestina de detención y desaparición de militantes políticos.

Así, en 2007 la Comisión Provincial recibió del Estado nacional el predio de La Perla, que en el 2009 reabrió sus puertas como Espacio para Memoria y Promoción de los Derechos Humanos (Garbero, 2020a). En 2008, luego de dos años de investigación y recopilación de testimonios, inauguraron el "Museo de Sitio" del ex D2, y Campo de la Ribera, luego de un proceso comunitario de reconocimiento de la historia del lugar y de luchas entre diferentes actores por los usos posibles de los espacios, en 2010 reabrió sus puertas como Espacio para la Memoria, Promoción y Defensa de los Derechos Humanos (Garbero, 2019).

En este punto, vuelvo sobre las condiciones de producción del testimonio de Quiroga porque considero que su la posibilidad de enunciar esa vivencia de la niñez está relacionada con la existencia de un conjunto de políticas de la memoria vigentes y, de modo particular, con las potencialidades del sitio de memoria para evocar la memoria. Quiroga, en la primera entrevista, días antes de su declaración en el juicio, me contaba de la siguiente manera aquello que lo impulsó a hacer pública su experiencia:

Yo vine [a La Perla] cuando se hizo museo [sic], empecé a recorrer, leí muchos testimonios y sobre todo hay una manta ahí, hay un saco de un señor que tiene agujeros donde le pegaron algunos balazos, un anillo que la señora lo donó porque no se lo pudieron sacar porque tenía la mano golpeada y tenía los dedos hinchados. Y bueno, esa señora está viva y ella dejó el anillo ahí con un testimonio de lo que había pasado. Y en base de eso ahí entendí muchas cosas más yo porque la gente busca sus parientes. Cada cosa que yo leía cuando empecé a ir ahí me impulsaba más todavía a decir lo que sabía (…) (Entrevista de la autora a Andrés Quiroga, 10 de agosto de 2015).

Su relato permite pensar en la potencia del espacio de memoria para habilitar recuerdos silenciados al punto de transformarlas en testimonios que en sede judicial amplían el conocimiento de lo ocurrido en el pasado y aportan a la búsqueda incansable de los desaparecidos por el accionar del terrorismo de Estado (Garbero, 2020). A la vez, la narrativa que ofrece el sitio de memoria a los visitantes se alimenta de su propia capacidad de promover evocaciones o habilitar la enunciación del testimonio.

Quiroga señala la emblemática conmemoración del 24 de marzo, como fecha que activaba el recuerdo de su vivencia en la niñez y como el día en que, al ser feriado, año a año le permitía visitar el espacio de memoria situado en La Perla.

Entiendo que la red de sentidos, las garantías de no repetición y la reparación que construyen el conjunto de políticas que se desarrollaron a partir de los dos mil resultaron fundamentales para que este vecino de Malagueño pueda adjudicar un sentido a la vivencia que tuvo junto a su hermano que Esta experiencia se vincula, a su vez, con la lucha incansable de los desaparecidos, impulsada históricamente por Madres y Abuelas.

Durante la entrevista me contaba que se sintió conmovido por los relatos de los familiares que estaban buscando a sus seres queridos, relatos con los que tuvo contacto y que pudo leer en el sitio de memoria. Esos mensajes de desesperación por encontrar a los desaparecidos eran similares a los que él imaginaba o recreaba en su imaginación. En este nuevo contexto, su silencio lo hacía sentir culpable.

También, de sus palabras se desprende la conciencia de la falta de poder de los militares, muy diferente a la época anterior, y que su familia no sufriría las consecuencias represivas a raíz de conocimiento se hiciera público. A la vez, había un lugar cercano, como era La Perla, para narrar su experiencia a alguien que podía hacer algo productivo con eso, incluso sabía que podía aportar un testimonio con valor para los familiares.

Las condiciones de escucha eran diametralmente diferentes a las de las décadas anteriores. En conjunto, aquella experiencia individual y vivida en soledad pudo inscribirse en una trama colectiva que resonaba en luchas sociales legitimadas. También, se puede pensar que fueron las luchas y conquistas impulsadas principalmente por el movimiento de derechos humanos el sustrato necesario para que Quiroga pueda formular públicamente su testimonio.

La declaración de Quiroga se cuela en el intersticio de las recomendaciones o aprendizajes sociales de la década del setenta de "no meterse", del silencio y del miedo administrado por el accionar clandestino del terrorismo de Estado. Los testimonios en los juicios de estas personas que fueron testigos desde espacios liminares -entre situados en los márgenes de los ex CCDTyE, en una línea porosa entre el afuera y el adentro- aportan pruebas que hasta hace poco dependían casi exclusivamente del testimonio de los sobrevivientes y sus familiares (Garbero, 2020b).

Además, testimonios como los de este vecino evidencian una participación más amplia en los procesos de construcción de memoria y en el establecimiento de justicia.

Bibliografía citada

CONADEP. (1984). *Nunca más. Informe de la Comisión Nacional sobre la Desaparición de Personas* (5ta. ed.). Buenos Aires: Eudeba.

CONADEP. (1999). Informe de la Comisión Nacional sobre la Desaparición de Personas, delegación Córdoba. Córdoba: Familiares de desaparecidos y detenidos por razones políticas de Córdoba.

Da Silva Catela, Ludmila. (2014). "Lo que merece ser recordado..." Conflictos y tensiones en torno a los proyectos públicos sobre usos del pasado en los sitios de memoria. Clepsidra, (2), 28–47.

Garbero, Vanesa (2019). Políticas públicas de memoria en torno a los ex Centros Clandestinos de Detención Tortura y Extermino de Argentina: aproximaciones a partir de un estudio de caso. *Revista Tempo e Argumento*, 11, 27, 43–77. DOI: http://dx.doi.org/10.5965/2175180311272019043

Garbero, Vanesa (2020a). La institucionalización de la memoria en el ex Centro Clandestino de Detención La Perla (1983–2007). Clepsidra. *Revista Interdisciplinaria de Estudios sobre Memoria*, 7, 13, 96–113. https://ojs.ides.org.ar/index.php/Clepsidra/article/view/310

Garbero, Vanesa. (2020b). "Exhumar el horror: las memorias subterráneas en diálogo con las políticas de memoria de hallazgo e identificación de los desaparecidos". En Pino, Mirian; Garbero, Vanesa; Corral, María Manuela (Eds.) (2020). *Lenguajes de la memoria y los Derechos Humanos III. Asedios al archivo, la literatura, los territorios, las pedagogías y la creación* (pp. 289–304). Córdoba: Universidad Nacional de Córdoba. Facultad de Artes. Centro de Producción e Investigación en Artes; Unquillo: Narvaja Editor.

Mariani, Ana y Gómez Jacobo, Alejo. (2012). *La Perla. Historia y testimonios de un campo de concentración*. Buenos Aires: Aguilar.

Olmo, Darío (2005) (Comp.) *Cementerio de San Vicente: informe 2003*. Córdoba: Ferreyra Editor.

Paiaro, Melisa. (2012). *Acción conjunta. Las actuaciones del Tercer Cuerpo y del D2 antes del golpe de 1976 en Córdoba*. Diario de la Memoria, V (6), 26–27.

Pollak, Michael y Heinich, Natalie. (2006). El testimonio. En M. Pollak, *Memoria, olvido, silencio. La producción social de identidades frente a situaciones límite* (págs. 53–112). La Plata: Ediciones Al Margen.

Fuentes

Documentación parlamentaria

Sentencia (2016). Menendez Luciano Benjamín y otros p.ss.aa. Privación ilegal de la libertad, privación ilegal de la libertad agravada, imposición de tortura, imposición de tortura agravada, Homicidio agravado y Sustracción de menores de 10 años, Expte. FCB 93000136/2009/TO1. Tribunal Oral en lo Criminal Federal n.º 1 de Córdoba 24 de octubre de 2016.

Versión taquigráfica (2013). Audiencia 27 de marzo de 2013. Córdoba: Tribunal Oral Federal N° 1.

Versión taquigráfica (2015). Audiencia 27 de agosto de 2015. Córdoba: Tribunal Oral Federal N° 1.

Prensa

Archivo Provincial de la Memoria de Córdoba. (2016). *Mega causa Menéndez III (La Perla - Campo de la Ribera - D2)*. Obtenido de *Archivo Provincial de la Memoria de Córdoba*: https://apm.gov.ar/em/mega-causa-men%C3%A9ndez-iii-la-perla-campo-de-la-ribera-d2

Cebrero, Waldo (29 de marzo de 2015). *La historia de Lila Gómez Granja, uno de los cuerpos identificados de La Perla. Infojus Noticias*. Disponible en http://infojusnoticias.gov.ar/nacionales/la-historia-de-lila-gomez-granja-uno-de-los-cuerpos-identificados-de-la-perla-7989.html

De Vedia, Mariano (11 de diciembre de 2014). *Reveló un ex militar dónde sepultaron a 25 desaparecidos. La Nación*. Disponible en https://www.lanacion.com.ar/politica/revelo-un-ex-militar-donde-sepultaron-a-25-desaparecidos-nid1751310/

El diario del juicio, año I, n.º 6, 2 de julio de 1985. Editorial Perfil S.A.

Oliva, Alexis (2016). *Crónica del juicio al terrorismo de Estado en Córdoba. Un halo de luz y justicia sobre la dictadura cívico-militar*. Córdoba:
Versión on line disponible en http://www.apm.gov.ar/sites/default/files/CronicaMegacausaMenendezIII_0.pdf?mkt_hm=20&utm_source=email_marketing&utm_admin=6699&utm_medium=email&utm_campaign=Boletn_Esp.

Platía, Marta (11 de diciembre de 2014). *Todo un experto en torturas*. Página 12. Disponible en https://www.pagina12.com.ar/diario/elpais/subnotas/261723-70759-2014-12-11.html

Reportaje al teniente primero Ernesto Facundo Urien "Espero que mi testimonio sea para bien de la institución". (25 de junio de 1985). *Diario del Juicio*, 1(5), 94–95. 1985, Buenos Aires: Editorial Perfil SA.

Será Justicia, El diario de los juicios de Córdoba, año VI, n.º 43, noviembre de 2014. *Publicación independiente, de distribución gratuita*. Disponible en https://issuu.com/serajusticia/docs/sj043web

Testimonio de José Julián Solanille. (20 de agosto de 1985). *Diario del Juicio* (13), 286–292. Buenos Aires: Editorial Perfil S.A.

Verbitsky, H. (9 de junio de 2004). *Mancha venenosa*. Página 12, págs. https://www.pagina12.com.ar/diario/elpais/1-36495-2004-06-09.html

ROSSANA NOFAL

Las tensiones entre la palabra del testigo colaborador y el devenir textual de la sentencia. La edición del testimonio de Juan Martín Martín en la sentencia de la Megacausa "Operativo Independencia"

CONICET-INVELEC-UNT

"Los sobrevivientes somos una minoría anómala además de exigua: somos aquellos que, por sus prevaricaciones, o su habilidad, o su suerte, no han tocado fondo".
Primo Levi, *Los hundidos y los salvados* (1989: 73)

ESTE CAPÍTULO SE ESCRIBE desde las preguntas sobre la palabra del testigo y las múltiples flexiones del testimonio en su compleja modulación subjetiva sobre el espesor de los hechos. El dispositivo represivo identificado como "Operativo Independencia" fue una campaña militar desarrollada en la provincia de Tucumán donde se ensayó, por primera vez, de manera masiva, la desaparición forzada de personas, desde el 9 de febrero de 1975. Leer la sentencia de la causa judicial dictada el 15 de octubre de 2017 como una secuencia narrativa sobre los acontecimientos implica al menos dos movimientos en tensión: por un lado, inventariar las evidencias materiales de la comisión de delitos de lesa humanidad que dan cuenta de la multiplicidad de una política sistemática de exterminio; y por el otro, habilitar una escucha para la rememoración de la palabra testimonial en una temporalidad distante de los hechos. El contrapunto y las tensiones de relato en primera persona se inscriben, en este caso, en la contraposición de la declaración testimonial de Juan Martín Martín cuando su figura muda de voz: de testigo colaborador a la voz de su hermano, víctima de la desaparición.

Julio Antonio Martín fue secuestrado el 27 de diciembre de 1975 cuando iba de camino a su trabajo en una maderera de la localidad de Bella Vista, en el interior de la provincia de Tucumán. Su caso está identificado con el número 213 en el desarrollo de la sentencia de la megacausa sobre el Operativo Independencia. Luego de su detención clandestina, continúa desaparecido al día de la fecha. En cuanto al itinerario posterior a la desaparición, "fue llevado al Centro Clandestino de Detención conocido como 'La Escuelita' emplazado en la Escuela Diego de Rojas de la localidad de Famaillá, según le fuera informado al Vicecónsul Español de apellido Ibáñez. Luego fue trasladado al Centro Clandestino de Detención de Jefatura de Policía de la provincia, según pudo averiguar su hermano Juan Martín" (Sentencia "Operativo Independencia", 2017: 818).

Julio Antonio Martín es el hermano de Juan Martín Martín, convocado como víctima en la causa. Juan Martín Martín fue secuestrado en la ciudad de San Miguel de Tucumán el 14 de agosto de 1976 y liberado el 12 de septiembre de 1978, y con posterioridad, durante el transcurso de ese mismo mes, salió del país con una carta de ciudadanía española. "Al respecto dijo que 'como nunca estuvo legalmente detenido', dijo que fue liberado cuando pudo salir del país. Mientras tanto, desde fines del 77, hasta septiembre del 78, en realidad estuvo en una situación de libertad vigilada"(Sentencia: "Arsenal Miguel de Azcuénaga y Jefatura de Policía de Tucumán s/ secuestros y desapariciones 2013: 308).

La paradoja que instala este caso en la lectura de la trayectoria vivida del testigo Juan Martín Martín es la de un mismo sujeto atravesado por dos posiciones diferentes en el estrado. En la sentencia sobre la causa de "Jefatura de Policía de Tucumán s/secuestros y desapariciones" dictada el 23 de agosto de 2010 y en la sentencia sobre la causa "Arsenal Miguel de Azcuénaga y Jefatura de Policía de Tucumán s/ secuestros y desapariciones" dictada el 13 de diciembre de 2013, Juan Martín Martín brinda el testimonio como un testigo "colaborador" sobre múltiples casos de torturas, detenciones y desapariciones forzadas. Y en la sentencia de la megacausa "Operativo Independencia" interviene como testigo víctima de la desaparición de su hermano. Las posiciones de la enunciación son diferentes. Mientras que en las situaciones de dar cuenta de la lógica del aparato represivo los tonos son de distancia y precisión, en la instancia testimonial en la que se compromete subjetivamente con su testimonio, aparecen detalles discursivos vinculados a la incertidumbre y la vergüenza. Se explicitan los vínculos familiares, se articulan cuestiones vinculadas a la sospecha sobre las razones de por qué un hermano sobrevive y el otro hermano continúa desaparecido. La sentencia inscribe las percepciones de quienes lo escuchan desde una misma comunidad de lazos familiares y el texto de la sentencia se abre a las múltiples contradicciones de cómo lo familiar se vuelve ajeno. Cuando en su testimonio, la esposa de Julio Antonio Martín, Marta Inés Gómez, se refiere a las intervenciones de su cuñado vinculadas de visitar la casa familiar o a la sospecha de las acciones vinculadas a marcar víctimas, la percepción es contundente: "a la dicente le dio la impresión de que Juan estaba avergonzado con lo que hacía" (Sentencia "Operativo Independencia", 2017: 824).

Julio Antonio Martín no estaba comprometido con la militancia política ni participaba en ningún activismo de contrainsurgencia; por el contrario, Juan Martín Martín era un militante de Montoneros, agrupación vinculada a la lucha armada. "*Juan Martín Martín pertenecían a la organización Montoneros, que Juan Martín Martín era conocido como el 'Teniente Martín'*" (Sentencia "Jefatura de Policía de Tucumán s/secuestros y desapariciones" 2010: 53). Entre uno y otro testimonio del testigo sobre hechos semejantes, es decir, que corresponden a desapariciones de víctimas del terrorismo de Estado, hay más que una zona gris. Se suman piezas de un relato mayor como fragmentos de distintas causas y, además se vuelve sobre la repetición de un relato inicial vinculado a la detención del hermano cuando iba a su lugar de trabajo. La construcción testimonial de Juan Martín Martín se inicia en 1981, en Madrid, con el testimonio brindado en la Comisión Argentina de Derechos Humanos (CADHU). Se trata de un primer documento escrito que se puede consultar en el archivo de Memoria Abierta (ítem 21487) con el relato de los secuestros, planos del centro de detención radicado en Nueva Baviera y una lista con los secuestrados en la Jefatura de Policía.

Los tiempos son remotos y los afectos contrariados por el dolor. Una subjetividad indudablemente diferente donde se pone en juego más de un centro autoral: el juez, el fiscal y la defensa. Estas figuras escuchan desde sus propios marcos de sentido los enunciados del testigo víctima y sobreviviente que se confrontan con la figura del imputado. Y esa es la gran decisión: ¿testigo o imputado? Uno de los conflictos centrales de la sentencia de la causa sobre Operativo Independencia es la posición de los "colaboradores" y los innumerables cruces de la lengua que relata una experiencia insondable vinculada a la desaparición de los cuerpos, las historias y las identidades. La defensa considera que Juan Martín Martín es un colaborador y, en esta causa puntual, la abogada que representa a la querella suma enunciados en esa misma lógica de sentido. La emergencia de "las listas" de los detenidos-desaparecidos implica volver a narrar una temporalidad con las marcas de una experiencia que es diferente en sus múltiples escuchas: hay otras historias similares, marcos de interpretación que han cambiado y un libreto diferente para construir sentidos. Los detalles en cada rememoración suman marcas en la matriz inicial del testimonio y alteran la repetición ritualizada de los hechos. La búsqueda de los nombres y de pruebas tuvo un giro sustancial con la lista de víctimas. Martín proporciona información pormenorizada de los perpetradores (nombres, fuerzas de seguridad, unidad militar de pertenencia, lugar y lapso de desempeño). La metodología de organización de la información tiene una lógica militar en importante simetría. Por otro lado, el testigo Juan Carlos Clemente entrega documentos escritos a la justicia en el momento de declarar como colaborador en la causa "Jefatura de Policía de Tucumán". Se trata de dos biblioratos con un listado mecanografiado con 293 nombres de detenidos ordenados alfabéticamente, 195 de los cuales aparecen con la sigla "DF" (destino final). Indudablemente, la materialidad de la prueba cambia la lógica del testimonio: la prueba testimonial se valida con la prueba documental. El valor de verdad no radica solo en la oralidad de la enunciación testimonial, sino también en los legajos de los imputados, en las actuaciones policiales y en los archivos judiciales que registran los habeas corpus de los familiares. La figura del testigo incomoda a los distintos actores porque es difícil ubicar a los colaboradores en la lógica binaria de héroes o demonios, son los que describen los itinerarios y sobre ellos se construyen los rumores de la traición.

> Relató que el señor Clemente y Juan Martín, más conocido como teniente Martín, eran inseparables de González Naya, manifestó "ahí está la clave de estos personajes", dijo que el dueño de la vida y de la muerte eran Clemente y Juan Martín, porque ellos marcaban y que si se hiciese un estudio exhaustivo de las listas aportadas por el testigo Clemente, "los DF que venían ordenados desde la reunión de la comunidad, se van a dar cuenta que tanto Clemente como Martín no figuran, porque eran esos los que tenían que desaparecer para evitar ser identificados" (Testimonio de Roberto Heriberto Albornoz. Sentencia "Jefatura de Policía de Tucumán s/secuestros y desapariciones" 2010: 53).

La declaración del perpetrador en la cita literal de la sentencia inscribe una explícita voluntad de giro desde el valor probatorio a una centralidad narrativa. Los imputados no "dan" testimonio, sino que enuncian discurso sobre el pasado sin el juramento de decir la verdad. El perpetrador tiene una participación criminal en lo injusto; el texto jurídico inaugura un nuevo clivaje cuando cita, literalmente, sus palabras e instala el enunciado "ahí está la clave de estos personajes": los dueños de la vida y la muerte. El escándalo cifrado por el testigo "perpetuador" instala una clave narrativa en la trama judicial y las personas devienen en personajes de relatos que polemizan con sus opuestos y que pelean la legitimidad frente al estrado: el poder de los jurados y la verdad de los ciudadanos.

Hablar sobre el testimonio como un género literario con marcas particulares habilita, en su lógica performativa frente al lenguaje, una confrontación con la literatura y sus oficios: la escena judicial trae como materia de prueba los asedios a una verdad unívoca. La guardarropía de las personas, en su devenir personajes, entran en una teatralidad de sala y estrado (por momentos imposible, por momentos real) en la que la palabra y su vocalidad inicial se validan como prueba de una sinrazón y habilitan una sentencia en la que los protagonistas son víctimas o victimarios, inocentes o culpables.

La palabra testimonial en sede judicial

Pensar la construcción del testimonio sobre la evidencia implica sumar sentidos y gestualidades públicas a los marcos institucionales de las políticas estatales sobre las memorias. En esta lógica, Argentina marca un gesto radicalmente diferente en el Cono Sur al habilitar juicios en tribunales ordinarios en los cuales jueces penales federales argentinos tuvieron que resolver, en materia de aplicación del derecho penal internacional, actos que implican extrema crueldad. Después de los procesos y las decisiones políticas del juicio a las Juntas Militares se habilitó la visibilidad a los crímenes de la dictadura. Como resultado de los ejercicios y luchas por la memoria de los organismos de derechos humanos, el sistema jurídico superó los obstáculos legales para juzgar a un mayor número de responsables. Como lo señala Emilio Crenzel: "la Argentina creó y restableció mecanismos claves, de alcance internacional, para procesar violaciones masivas a los derechos humanos" (2018: 10).

Más allá de las lógicas judiciales, instalar una política estatal para desarrollar los juicios a los culpables por delitos de lesa humanidad significó posicionar la figura de un Estado en condiciones de ejercer su jurisdicción sobre crímenes atroces cometidos en su territorio. Una nueva flexión en la lectura de los documentos judiciales implica inscribir las sentencias en las modulaciones de la ciudad escrituraria latinoamericana. Una larga tradición del campo letrado operó la construcción de un territorio propio a partir de la lectura de los documentos legales de las colonias americanas como formaciones discursivas, reemplazando la lógica clásica de las figuraciones literaria en el diseño de una imaginación historiográfica (Mignolo, 1982: 57). La posibilidad de leer las sentencias como una narrativa desde un particular legado cultural implica entender el derecho como un campo de disputas y tensiones que asedian verdades múltiples. La sentencia inscribe en su anatomía los cuentos de las víctimas, de los testigos y de los imputados. Las causas contra los responsables en Argentina avanzaron y se desarrollaron sin apelar a legislaciones extraordinarias con estricta aplicación de la ley vigente al momento de los hechos y con la intervención de los jueves naturales. Se respetó el principio de presunción de inocencia consagrada en la Constitución Nacional y se aseguró a los imputados el derecho a la legítima defensa. Derechos y garantías fueron posibles porque hubo una política de Estado.

Dar testimonio y habilitar una escucha para la palabra en primera persona supone habitar la memoria entre el recuerdo y el olvido. La contención de las víctimas y la empatía frente al recuerdo del horror de los vivido organizan una y otra vez las vueltas fragmentarias de la memoria pasada al presente continuo de la rememoración. En este arco de modulaciones heroicas de los sobrevivientes, se inscriben otras voces, espectro desencantado de un mismo relato que se articula sobre la figura del testigo. Entre la verdad y la ficción, la escena del testimonio convoca a un narrador, pero también figura un escenario jurídico de prueba. ¿Cuál es el cuento que cuenta un testigo cuando el tiempo compromete restos de un pasado, fantasmas, olvidos y una puesta en el presente del relato de los hechos?

Los fantasmas buscan las palabras para inscribir lo traumático en una experiencia comunicable a una generación que no es la del testigo. ¿Cómo contar la desaparición de los cuerpos? ¿Cuál es el cuento *para la tumba sin nombre*? Los "parecidos de familia" son la clave política del género testimonial. La figura del testigo se complejiza cuando da cuenta de una experiencia personal y su testimonio valida la condición de víctima de otro. Si bien en el protocolo inicial del género testimonial la configuración de la primera persona marcaba la veracidad del relato, el desplazamiento de la figura hegemónica del yo a una tercera persona en una temporalidad diferente habilita nuevas preguntas vinculadas a la migración de la legitimidad de la palabra del testigo. Hay nuevos cruces generacionales y la categoría de víctima se desplaza a otro que cuenta. El testimonio "se toma" y se pone a prueba en el estrado justamente en las marcas del espacio y del tiempo. La voz singular sitúa lo social en un interrogatorio público que espera respuestas precisas. El juez juzga las violencias ejercidas por los perpetradores.

Los estudios sobre memoria y sobre testimonios han renovado debates clásicos que nos confrontan con concepciones consagradas en trabajos y abordajes sobre las violencias del siglo XX. Tal como lo señala Susana Kaufman: "las cuestiones sobre los efectos subjetivos y sociales de la violencia no cesan, se amplifican con el correr del tiempo y el campo de los derechos humanos las mantiene vigente" (2020: 53). Si en el relato la búsqueda de sentido es lo que caracteriza al narrador, en el testimonio el lugar de las víctimas de la violencia y su palabra se configuran en experiencia.

La discusión del campo se ha centrado, fundamentalmente, en la relación entre historia y memoria. Sin embargo, esta controversia atravesó fronteras disciplinares en donde las formas de la literatura instalaron sus metáforas sobre las temporalidades diversas para contar la dictadura. Un inevitable recorte surge en la mudanza del testimonio desde la sede literaria a la sede judicial. El tono de voz vacilante de los primeros testimonios deviene en retórica de prueba. Hay una materialidad de las palabras de la sala en la sentencia y hay otras zonas del relato del testigo que se descartan en la construcción argumentativa sobre la culpabilidad de los acusados. En este sentido, la palabra del testigo afronta una nueva paradoja porque se expone a dos posiciones en la decisión del juez: el testigo colaborador puede ser considerado una víctima de los hechos o puede quedar imputado en la casa.

La figura de los colaboradores organiza una zona conflictiva en las memorias judiciales que se resuelve casi de manera pragmática en el enigma de la prueba del delito. Ante la violencia clandestina del Estado, la búsqueda empírica de los indicios instala debates nuevos en el campo testimonial que se prefiguró como género literario entre dos necesidades políticas: una narrativa urgente y el activismo político del letrado solidario (Nofal, 2002: 45). La escena judicial interpela una nueva búsqueda de huellas de las víctimas a contrapelo de las declaraciones de los imputados. La decisión del juez en una causa por delitos de lesa humanidad habilita un debate de fronteras borrosas que confronta con los enunciados de la militancia. En los testimonios de la zona gris se documentan las pruebas materiales del delito donde los enunciados nunca son transparentes, aunque figuren veracidad absoluta. "Debe quedar claro que la culpa máxima recae sobre el Estado totalitario; la participación en la culpa de los colaboradores individuales, grandes o pequeños (...) es siempre difícil de determinar" (Levi, 1989: 38). En la descripción del *sistema concentracionario*, Levi delimitó la categoría de la *zona gris* (1989: 32), "de contornos mal definidos, que separa y une al mismo tiempo a los dos bandos de patrones y de siervos" (37). Suma dos categorías complejas: la *culpa* y la *colaboración* "cada uno por separado combinados entre ellos, han sido en parte el origen de esa franja gris" (38).

Sobre una memoria primitiva de los hechos se agregan las marcas subjetivas que comprometen la rememoración: cruce de temporalidades y escenas de un lugar pasado al que se regresa para recordar. En este movimiento es inevitable la necesidad de más detalles, de recomponer olvidos y de reponer personas ausentes. Al momento de sistematizar un archivo narrativo para el género testimonial, delimité la categoría de los *cuentos de guerra* como un modo de leer la palabra del testigo (Nofal, 2022: 24). Los cuentos son legados entre generaciones, procesos complejos de transmisiones de experiencias que necesitan recursos narrativos ficcionales para decir una verdad inédita en sus silencios. Las figuraciones de los cuentos de guerra no confrontan con el mandato de veracidad.

El cuento del testigo

El testigo cuenta su cuento y esa narrativa habilita dos situaciones: la credibilidad como atributo de su figura en primera persona y la veracidad testimonial sobre la materialidad de la que valida la oralidad de la enunciación en el estrado. Cartografiar los testimonios como cuentos implica habilitar zonas de colores múltiples y tensiones diversas, se alarga la mirada y se vuelve crisis la escucha monocorde sobre modos hegemónicos de narrar las memorias en conflicto. La legitimidad de los cuentos, en tanto experiencia de un testigo, y la escucha ajena sobre esos relatos permite identificar rugosidades, conflictos y contradicciones inciertas que pasan desapercibidas tanto en las visiones romantizadas del pasado, como en las lógicas binarias en donde inocencia o culpabilidad son categorías sin matices.

La relación tensa entre historia y memoria (Jelin, 2002: 63) se centró en la oposición entre lo objetivo y lo subjetivo. Las luchas políticas de los actores y la nueva configuración de los archivos promueven la emergencia de las sentencias de los juicios civiles por delitos de lesa humanidad en tanto textos nuevos.

Los jueces naturales "tuvieron que diferenciar los delitos comunes de genocidio o de lesa humanidad, este fue el encuadre normativo internacional típico por el que optó la mayoría de la jurisprudencia nacional" (Casas, 2018: 23). A la luz de los nuevos contextos judiciales, es probable que se organicen otra vez las controversias iniciales entre la lógica del enfrentamiento entre objetividad y subjetividad, pero, en el recuerdo de un pasado político, los actores del campo narran sus experiencias y articulan las disputas por el sentido desde sus propias narrativas. En el dispositivo se organiza con tres espacios. El lado A se constituye como un relato sobre el pasado a partir de la pregunta del fiscal, de las querellas y de las defensas. El testigo recompone un relato sobre la percepción subjetiva del pasado en el que testimonio judicial es sometido al control de todas las partes. El lado B articula una linealidad insondable, dispersa y por momentos inverificable en el testimonio percibido con la cadencia de una rememoración. El tercer lado es el de la *zona gris* (Levi, 1989: 37), solo que, si pensamos en la rugosidad de la sentencia y la condena, esa modulación es un acto realizativo e implica la agencia del testimonio en tanto dato empírico que atestigua la materialidad del cuento. No es solo un relato, es un hecho que recupera lo imposible de la enunciación de la barbarie, repone la lista de los nombres en el cruce de lo visto y lo escuchado. Es un espacio que se construye bajo sospecha en la percepción de familiares y militantes, pero recupera el activismo de la justicia que valida la prueba por lo que no se dice o por lo que se olvida y, una vez más, imprime un rasgo subjetivo en el modo narrativo del cuento sobre el pasado que elige el testigo o su simulacro. El resto será lo que queda fuera del intercambio entre la palabra del testigo colaborador y de la justicia.

Las sentencias jurídicas se leen como un libro imposible por su dimensión y por su incomodidad. En el fragmento se inscribe el lenguaje de aquel otro universo: la vergüenza al contar el cuento del testigo cifrado en el testimonio del sobreviviente. Más allá de los protocolos del discurso judicial y de las lógicas subjetivas que se construyen en las causas por delitos de lesa humanidad, en este escenario, la palabra oral es prueba y deviene en materialidad de documento probatorio en el transcurrir de los procedimientos de la justicia penal. Si bien la anatomía de la sentencia pareciera estar distanciada de los discursos que identificamos como relatos, a partir de la causa "Operativo Independencia" la sentencia no implica la transcripción literal del testimonio. La decisión de recogerlos en la versión del tribunal surge de las prácticas al momento de construir una sentencia. Se trata de un discurso referido en tercera persona que recupera las declaraciones en audiencia. Las declaraciones testimoniales se incorporan como incrustaciones en el relato editado de cada caso. Las decisiones vinculadas a "ordenar" las declaraciones cambian, si bien no los sentidos de la naturaleza jurídica de los hechos, las percepciones del relato.

El testimonio de Juan Martín Martín construye la narratividad de la causa. Se registra por primera vez en 1981 en España (Calveiro, 2005: 59). En la sentencia de la causa "Operativo Independencia", Exptes. 401015/04 y 401016/04 y conexas (Sentencia dictada el 15/09/17), la novedad radica en la naturaleza subjetiva del testimonio ya que Juan Martín Martín interviene como víctima de la desaparición de su hermano Julio. El testimonio de Juan es el pliegue que permite leer tanto al represor como a la máquina de matar del poder desaparecedor del Estado. En la cita del recorte, en la edición del fragmento literal, un corpus imposible sobre las preguntas sin respuestas y las certezas de los crímenes aberrantes.

"Una vez Juan Martín le dijo a su hermana Marta que Arrechea le dijo a él, cuando ya estaba detenido, 'algunos pagan por otros y con tu hermano se nos fue la mano con la picana'" (Sentencia "Operativo Independencia", 2017: 824). Se trata de un indudable recorte frente a la fragmentación para religar las prácticas donde autor y productor de la materialidad textual del testimonio no están divididos. "Lo repito, no somos nosotros, los sobrevivientes, los verdaderos testigos" (Levi, 1989: 72). Los límites narrativos de la ficción implican leer el testimonio en su contradicción, más allá de las zonas perimetradas entre el discurso jurídico y las lógicas de la militancia. Leer la sentencia como texto abre el gesto de exhumar el archivo en sus rincones y escuchar desde la posición de lector extraño la lógica del juez que ordena, sentencia y condena sobre "cuentos" que tienen que ver con una épica: héroes o traidores que no pueden escapar de la zona gris del testimonio como género. La composición de la sentencia como artefacto literario edita lo imposible del exterminio y la vivencia de la crueldad cuando hace eje en las personas derivadas en personajes. La categoría de cuento de guerra es un constructo productivo por dos razones: por un lado, porque evita la sospecha sobre la verdad en los testimonios; por el otro, permite alejarse de las configuraciones autobiográficas de los relatos en primera persona y exponer desarticulaciones, contradicciones y conflictos con respecto a las razones de la violencia a la que aluden.

A partir de estas lecturas en diálogo entre las declaraciones de los testigos y la edición del testimonio es posible explorar la literalidad del relato testimonial oral y sus modulaciones más complejas de la militancia, referidas como recortes en la sentencia. Hay dos figuras que instalan de manera particular la experiencia de la prueba documental (lo hablado, lo escuchado y las acusaciones). Juan Carlos Clemente y Juan Martín Martín comparten la condición de testigos. Sin embargo, entre ambas posiciones de colaboración al aportar pruebas materiales del delito en la sentencia de la causa "Arsenal Miguel de Azcuénaga y Jefatura de Policía de Tucumán s/ secuestros y desapariciones" del año 2014 se instala una afectividad diferente cuando Juan Martín Martín en la causa de Operativo Independencia de 2017 declara desde la condición de víctima en relación con el Caso 213 sobre la desaparición de Julio Antonio Martín.

Juan habla desde su lazo de filiación y no solo como testigo que da cuenta de la lógica del aparato desaparecedor desde el dispositivo "SIC" (Servicio de Información Confidencial). Al "revisitar" la versión audiovisual de la declaración, frente a la pregunta del fiscal federal Pablo Camuña sobre si "recuerda la declaración" que se concretó en la Embajada de España el 22 de agosto 2010 en el marco de la declaración en la causa Jefatura I, responde, incluso con un tono de voz extremadamente asertivo: "recuerdo el testimonio". El testigo se desplaza desde una categoría institucional de relato a la inscripción subjetiva trayectoria. Las preguntas de la sala (en la versión audiovisual es muy fuerte la lógica de la voz más que de la imagen) parecen salir de distintos lugares, e incluso, intentan mover el testimonio desde la condición de víctima a la condición de informante: se habla incluso de una "carga temporal". La información registrada en ese capítulo sobre el SIC fue se transmitiendo de manera desarticulada; el fiscal explicita la intervención del testigo frente a los datos que se generaban desde distintos escenarios como información dispersa "y usted la sistematizó", asegura de manera afirmativa.

"Expresó el testigo que no sabe por qué lo secuestraron a su hermano Julio; que sus padres recorrieron todas las instancias posibles para tratar de averiguar algo de él, que sus padres le dijeron que una vez hablando con Arrechea este les dijo que 'el día que aparezca Juan Martín, a lo mejor aparece Julio Martín vivo' (Sentencia "Jefatura de Policía de Tucumán s/secuestros y desapariciones" 2010: 95); esta misma afirmación se reitera en la sentencia de Arsenales del 2013, en la página 308. La declaración de Juan Martín Martín se enuncia como repetición en los distintos documentos de las sentencias, sin embargo, las incrustaciones marcan otras modulaciones en los puntos más difíciles de comprender: un hermano que sobrevive y un hermano que permanece desaparecido. "El día que aparezca Juan Martín, a lo mejor aparece

Julio Martín vivo" es la incrustación del cuento de guerra en todas las causas. Es siempre un fragmento que refiere a un testimonio completo. Hay un devenir del teniente Juan Martín Martín, oficial de la agrupación Montoneros, en hermano, cuñado, hijo, y una búsqueda incesante. Leer a contrapelo abre una controversia sobre el lugar del otro, ese lugar que siempre está validado por las listas editadas de las víctimas. Hay una diferencia sustancial entre el debate oral y la sentencia editada: la pregunta. La gestualidad de la escucha se desplaza desde la sala hacia la posición de la lectura. Esto compromete al menos dos posiciones del sujeto: entre la defensa de su "agencia" como víctima y la voluntad de alejar la sospecha en su condición de sobreviviente. En la Megacausa de "Arsenales" es el testigo que informa sobre una totalidad del accionar represivo; en la Megacausa "Operativo Independencia" es una víctima que solo tiene la lectura de un fragmento del total, ya no es el oficial de inteligencia clandestina que puede aportar sobre la configuración total del aparato represivo.

A su vez el testigo Juan Martín Martín, hermano de la víctima, dijo en cuanto al secuestro de su hermano que a través de sus padres se entera de que su hermano Julio había sido secuestrado mientras trabajaba en la maderera Lules, en donde era jefe de supervisión; que de ahí mismo lo secuestraron. (…) Dijo que estando en jefatura de policía, cuando se cierra el Servicio Confidencial y se hicieron los traslados de cajas de papeles desde Santa Fe hasta la zona de inteligencia que quedaba sobre Avenida Sarmiento, entre tantos papeles, vio una lista típica de copias hechas en máquina, en papel verde más finito que una hoja normal en la que había un listado de gente y ahí estaban los nombres de Carmen y Hugo Gargiulo. Manifestó que vio más de una lista y que no se anima asegurar de que en esa que describió estaban impresas las siglas acerca de cada persona del listado, pero que está seguro de que Carmen y Hugo figuraban en una de las listas; esas cajas fueron a parar al D2, Departamento de Inteligencia de Jefatura. Dijo que su hermano vivía con Marta Gómez y su bebé de un año. Contó que al único que conocía era a Albornoz, que era la figura emblemática del SIC ya desde el año 72 (Sentencia "Operativo Independencia", 2017: 822).

En la versión audiovisual, Juan Martín Martín define a Albornoz como una "figura legendaria" de los años 70 y también el sentido de un testimonio vinculado a la voluntad de sostener el recuerdo de los compañeros secuestrados y que no aparecieron más. El testimonio de Juan permite reconstruir la relación entre la opresión y el ejercicio de la crueldad. Es un discurso poroso que permite leer lo ilegible del relato de sobreviviente: la vergüenza que refieren los otros testigos. En la narrativa de la sentencia se delimita una zona de borde cuando, en relación con las listas, sus palabras se cruzan con las de Juan Carlos Clemente para abrir la anatomía del testimonio a la complejidad de la palabra de los "colaboradores" y, en este punto, la subjetividad de la lectura entra en otro devenir que implica problematizar el lenguaje, "penetrar" en una relación compleja y complicada.

En la lectura de la sentencia del "Operativo Independencia", los nombres de Juan Carlos Clemente y Juan Martín Martín exponen esta incómoda posición del testimonio del testigo "colaborador": la importante materialidad de las pruebas en relación con las listas, las cajas con documentación y el cuidadoso registro de datos, y la mirada en relación con una lógica de circulación de la vida misma. Ambos testigos tienen las claves del aparato represivo dentro de un "nosotros" donde se pierden los límites. El testimonio rechaza la ambigüedad y reproduce con exactitud el riesgo y la voluntad de decirlo todo. Las conexiones no están a simple vista, se dan en conexiones misceláneas como restos dispersos que el texto de la sentencia ordena con el sentido de prueba conducente a una condena. Sostener los interrogantes implica no clausurar la escucha de ambas voces, aunque las posiciones de enunciación y, en un punto, de clase son absolutamente divergentes. El testimonio de ambos testigos desborda las prefiguraciones de los relatos hegemónicos sobre las memorias. Son inquietantes y complejos. Aunque Juan Martín Martín participa de los lazos familiares de los testigos vinculados a los organismos de derechos humanos y, en este sentido, las modulaciones de clase imprimen un modo diferente de atisbar estados, modos y composiciones de lugar.

Tanto Juan Martín Martín como Juan Carlos Clemente, en sus declaraciones testimoniales señalaron que los imputados Ocaranza y D'Ursi fueron sucesivamente supervisores militares del Servicio de Informaciones Confidenciales o Departamento de Inteligencia de la Policía de Tucumán a partir de que cesara en sus funciones Arturo Félix González Naya, quien habría cumplido ese rol desde el 24 de marzo de 1976. Ello sin perjuicio de que los máximos jefes de la policía también eran militares. Según la versión de Martín Martín –quien reconoció que pudo obtener el pasaporte porque para ello lo ayudó D'Ursi–, D'Ursi tenía malas relaciones con Roberto Heriberto Albornoz. Clemente sostuvo que Ocaranza había llegado con la misión de desmantelar el SIC haciendo quemar o llevando documentación que se había generado en ese ámbito. Es de esa documentación, según dijo Clemente, que él extrajo y llevó a su domicilio los escritos que entregó a este Tribunal en oportunidad de declarar en la causa Jefatura de Policía (...). A su vez, en su defensa D'Ursi consideró que los dichos de Clemente no son creíbles porque simplemente busca expiar sus culpas graves. Independientemente de los roles cumplidos por Martín Martín y Clemente, quienes revistieron el carácter de víctimas que colaboraron con sus captores –conducta que resulta comprensible a partir de las torturas que se aplicaban a los detenidos–, son testigos directos de los sucesos ocurridos en el centro clandestino de detención del SIC en la Policía. Al respecto, Primo Levi sostiene en su obra Trilogía de Auschwitz que, para no incurrir en alguna conducta inmoral en tales condiciones de cautiverio, hay que ser héroe o santo. Ha quedado acreditado que Ocaranza y D'Urzi fueron supervisores militares del SIC al final del funcionamiento como tal y sin perjuicio de la continuidad del Departamento de Inteligencia de la Policía. (Sentencia "Arsenal Miguel de Azcuénaga y Jefatura de Policía de Tucumán s/ secuestros y desapariciones", 2013: 1787-1788).

En la sentencia "Operativo Independencia" de 2017 la afirmación es mucho más contundente en relación con el valor del testimonio del testigo colaborador frente a los cuestionamientos de la defensa. El tribunal "fija posición respecto a los denominados detenidos 'colaboradores' y el valor de esos testimonios brindados en la audiencia, como observadores de la totalidad de lo sucedido, sumado a otras pruebas coincidentes" (Sentencia "Operativo Independencia, 2017: 175). Se incorporan los testimonios y la documentación como elementos contundentes al momento de emitir el veredicto.

Si bien el canon literario del testimonio articula sus divergencias, el eje del género es la tensión entre la palabra oral en el momento inicial de la entrevista y la convicción de una traducción literal a la lógica escrituraria. La gestualidad de dar y tomar testimonio constituye una escena fundacional y un marco de sentido. La voluntad testimonial con sus particulares modulaciones en el corpus de la literatura argentina desafía los dos lados de los ríos diversos entre las memorias subterráneas y sus tonos más complejos vinculados a la derrota y a la traición. De ambas rugosidades se desprenden las zonas grises de las voces de los sobrevivientes. Vuelven, entonces, los nombres que se escapan a los libretos del Estado y son claves al momento de reconstruir la prueba testimonial: Silvia Tolchinsky, en Campo de Mayo, y Juan Carlos Clemente, Juan Martín Martín, en la causa Jefatura de Policía. Al itinerario de la desaparición lo completan los sobrevivientes de una sinrazón. El canon multiplica las lecturas en el asedio de una escucha ajena capaz de cruzar las lógicas tanto del familismo como de la traición, sin embargo, estas voces se vuelven insoportables en la moral militante de las memorias heroicas. En un punto, hay una lógica de mayor empatía con el testimonio de lo familiar que implica Martín Martín frente a la extrañeza absoluta que genera la figura de Clemente. Son las voces disonantes las que consolidan la prueba que deviene en sentencia. La metodología de la clandestinidad como modo de accionar principal implicó la reiteración impune de los secuestros, la tortura y la desaparición de los cuerpos de las víctimas. Las listas de nombres de los testigos devienen en textos vitales del archivo, se convierten en la dimensión física de la prueba más allá de la intención escrituraria. El testimonio opera un cambio en lógica clandestina de la represión: muestran referencias de presente y de destino con las huellas de los restos.

El testimonio continúa explorando su verdad en una narración en primera persona desde una enunciación llena de tensiones y ambivalencias donde los sentimientos y las temporalidades de la experiencia están involucrados. Una de las primeras marcas del testimonio de víctimas de violencia se refería a la vulnerabilidad de la verosimilitud de lo vivido. En ese sentido, era clave la voz del intelectual solidario que actuaba como un abogado de la querella para validar una escucha que muchas veces se sostenía desde la militancia. La distancia convertía la palabra de la víctima en una materia débil y, por momentos, dudosa frente a la lógica desaparecedora del Estado.

Rememorar el trauma, como lo señala Kaufman (2020: 54), se vuelve un ejercicio complejo. La experiencia del horror genera una sensación de ajenidad vivencial, una disociación profunda, al mismo tiempo que convoca la fuerza yoica de la sobrevivencia. Sin embargo, la naturaleza jurídica del testimonio compromete una instancia diferente en la constitución del género. La palabra oral, validada como prueba material del delito en las sentencias de los juicios por crímenes de lesa humanidad, altera su materialidad y expone la vulnerabilidad del discurso de los victimarios. Juan Martín Martín organiza la narrativa de su testimonio, trabaja en el diseño de un croquis con dos estructuras diferentes. Cuando su testimonio se enuncia desde la posición de un colaborador, interviene como un testigo distante e incluso disociado de una percepción subjetiva. Es un narrador en tercera persona que expone las situaciones con deliberada precisión. La sentencia se transcribe en testimonio con citas literales.

Al respecto dijo que "como nunca estuvo legalmente detenido, dijo que fue liberado cuando pudo salir del país. Mientras tanto, desde fines del 77, hasta septiembre del 78, en realidad estuvo en una situación de libertad vigilada" (...) Cuando asume la posición de un testigo víctima su testimonio deriva en otra subjetividad, "Expresó el testigo ser hermano de Julio Antonio Martín Martín, quien se encuentra desaparecido desde que fue secuestrado en diciembre de 1975 en su trabajo..." ("Arsenal Miguel de Azcuénaga y Jefatura de Policía de Tucumán s/ secuestros y desapariciones", 2013: 308).

Incluso en los procesos de edición y síntesis de la sentencia, cuando la enunciación del testimonio compromete lazos familiares, se estructuran relaciones complejas con lo que no se sabe: las razones de la desaparición o la sinrazón del aparato desaparecedor del Estado.

La paradoja del colaborador

Frente a los protocolos de la declaración, el testimonio está más próximo a la subjetividad y anclado en una temporalidad en fuga. En la voz certera de Juan Martín Martín, el tiempo transcurrido desde la primera declaración en la embajada de España en 1981 hasta el año 2017, expone las marcas de un devenir fundamental: su relato es la prueba que permite armar la causa desde la anatomía del testimonio del testigo. El Fiscal habla de la "carga temporal" lo cual determina un dispositivo diferente para enunciar el pasado. Por otro lado, el documento de la sentencia es radicalmente diferente en tanto no expone las preguntas literales y los ejercicios de respuesta sobre demandas puntuales lo cual aleja aún más la figuración del mandato de veracidad del juramento inicial. Lo que no recuerda no es lo que no sabe: el jaque a la verdad es la clave para anclar el sentido del documento: entre la declaración y el testimonio se ubica un sujeto atravesado por las pérdidas y los modos insondables de narrar el horror.

"Nosotros hablamos por ellos, por delegación" (Levi, 1989: 73). Vuelvo a Primo Levi para repensar la figura de Juan Martín Martín como la del relato imposible en la narrativa testimonial pautada por los cánones románticos de una revolución aún pendiente. "No hay proporción entre la piedad que experimentamos y la amplitud del dolor que suscita la piedad: una sola Anna Frank despierta más emoción que los millares que como ella sufrieron, pero cuya imagen ha quedado en la sombra" (49). La zona gris es mucho más compleja y se resiste a una lógica monológica de pensar sólo en la militancia como la agencia posible de las víctimas. El centro de la disputa por los sentidos de las memorias en conflicto se instala en los organismos de derechos humanos y las diversas temporalidades de las luchas por instalar legitimidades a las palabras. El testimonio de Juan Martín Martín, editado en la sentencia de Operativo Independencia, está mucho más próximo al colectivo de los familiares que al mundo policial de Juan Carlos Clemente. El cuento que cuenta el testigo tensiona al máximo la metáfora del cuento de guerra organizado desde la mirada de los represores. Ambos testigos dan cuenta de las listas materiales, de los nombres, de los circuitos y de los destinos. Cumplen con el mandato inscripto en el testimonio de Primo Levi: sobreviven para contar, pero ambos pertenecen a clases diferentes y sostienen agencias diferentes. Las disputas se habilitan en el centro mismo de las políticas de las memorias con subjetividades encontradas. Clemente declara en la sala del juicio; Martín Martín está en España y se conecta de manera distante. Hay una geografía estratégica diferente con relación a la voz de los testigos.

Frente a la figura del colaborador no hay posiciones heroicas en una narrativa hegemónica sobre el pasado organizada en catálogos de héroes, victimas inmoladas y traidores. Incluso se podría pensar que el paradigma de Primo Levi, si bien identifica una zona media y gris, no logra resolver la paradoja de lo imposible en el binarismo de lo hundido y lo que se salva. Inaugura una pastoral que cristaliza figuras que restauran modulaciones de una ética más allá de lo humano. Sin embargo, la memoria jurídica instala una nueva pregunta en el campo: sin esas voces no hay causa judicial, no es posible el proceso de instrucción ni materialidad de la prueba en delitos clandestinos. El análisis de estos relatos en clave de prueba material de los delitos de desaparición forzada de personas demanda nuevos marcos interpretativos que nos permitan pensar estos testimonios por fuera de las narrativas de los organismos de derechos humanos.

Las sentencias son textos con marcas de pasados legados y proyección de futuro: integran narrativas y los trabajos de la memoria en el armado de un campo de jurisprudencia y una política procedimental para tramitar el pasado. Los archivos judiciales cuentan las historias entre la acusación, la querella, la fiscalía y la defensa. Legado y herencia que implica reafirmar una deuda del estado y una cuenta sin saldar. El testigo colaborador ocupa el lugar del cronista: vio y contó, en ese paradigma radica su escándalo y su originalidad. Sabe lo que ve y ordena su memoria en una narrativa, sin embargo, los tonos de las voces son diferentes por la proximidad de los lazos. Juan Martín Martín se integra a los familiares de las víctimas por su condición de hermano; Clemente ocupa el lugar de la extrañeza radical. Los históricos pedidos de una lucha por la memoria, la verdad y la justicia como demanda de reparación es también un ejercicio que restaura y repone voces legitimadas por el juez que dicta una sentencia. "Los sobrevivientes son una minoría anómala" (Levi, 1989: 73). La causa que se cierra con un veredicto es una reafirmación crítica de la escucha ajena al familismo capaz de volver audibles la voz de las personas y los cuentos de los personajes que no escuchamos. Se trata de articular una crítica secular en clave de ciudadanía y democratización de los procesos de justicia; hablamos de un modo de leer la lengua propia y los fantasmas de horror. Frente al delito clandestino del Estado desaparecedor, los colaboradores reconstruyen las listas y los destinos. Es una paradoja anclada en una suerte de poder. Tienen las claves y al comienzo de una secuencia de recuerdos pueden validar las listas con los detalles de los nombres desaparecidos. Son restos de una contingencia, una reparación aún pendiente en la imposibilidad del testimonio si no hay una escucha capaz de completar sentidos y reafirmar una veracidad siempre esquiva, para que algo quede, para que algo se encuentre, para escribir los nombres que no tenemos.

Sentencias Juicios por delitos de lesa humanidad en Tucumán

"Jefatura de Policía de Tucumán s/secuestros y desapariciones", Expte. J - 29/09. (Sentencia dictada el 23/08/2010)

"Arsenal Miguel de Azcuénaga y Jefatura de Policía de Tucumán s/ secuestros y desapariciones" (Acumulación Exptes. A - 36/12 y J - 18/12), Expte.: A-81/12 (Sentencia dictada el 13/12/13)

"Operativo Independencia", Exptes. 401015/04 y 401016/04 y conexas (Sentencia dictada el 15/09/17)

(La transcripción de las sentencias es literal. Se respeta la ortografía y la gramática del documento consolidado para uso oficial)

Bibliografía

Arfuch, Leonor. (2018). *La vida narrada. Memoria, subjetividad y política*, Villa María: EDUVIM.

Calveiro, Pilar. (2005). *Política y/o violencia. Una aproximación a la guerrilla de los años 70*, Buenos Aires: Norma.

Casas, Gabriel. (2018). *Tucumán: será justicia*, Tucumán: EDUNT.

Crenzel, Emilio. (2018). "Los desafíos de juzgar y castigar violaciones masivas y sistemáticas a los derechos humanos", en Casas, G. *Tucumán: será justicia*, Tucumán: EDUNT, pp. 9-17

Jelin, Elizabeth. (2002). *Los trabajos de la memoria*, Buenos Aires, Siglo XXI Editores.

Kaufman, Susana. (2020). "Perspectivas subjetivas sobre el testimonio. Experiencias límites, lenguajes y formas de representación", en T. Basile & M. Chiani (Coords.), *Avatares del testimonio en el Cono Sur. Cartografías. Voces. Experiencias*, La Plata: EDULP, pp.53-64.

Levi, Primo. (1989). *Los hundidos y los salvados*, Barcelona: Muchnik.

Mignolo, Walter. (1982). "Cartas, crónicas y relaciones del descubrimiento y la conquista", en Íñigo Madrigal, *Historia de la literatura hispanoamericana*, Madrid: Cátedra, pp. 57-116.

Nofal, Rossana. (2022). *Cuentos de guerra*, Santa Fe: Vera Cartonera.

Nofal, Rossana. (2002). *La escritura testimonial en América Latina. Imaginarios revolucionarios del sur*, Tucumán: IIELA, UNT.

Testimonios desobedientes: paradojas y desgarros. Familiares de genocidas por la memoria, la verdad y la justicia

LAS PRIMERAS VOCES COMENZARON a escucharse en Argentina. Fue en 2017, cuando amplios sectores de la población salieron a las calles para expresar su repudio ante el fallo de la Corte Suprema relativo a la ley conocida como el 2x1, que tendría como consecuencia la reducción de pena para responsables de crímenes de lesa humanidad cometidos durante la dictadura. En medio de las masivas protestas, alguien dijo: "yo marché contra mi padre genocida". (Mannarino, 2017). Otras voces se alzaron para decir "yo también". Cuatro, cinco, seis mujeres. Nadie se lo esperaba. Ellas mismas se sorprendieron al descubrirse mutuamente.

Hoy en día, el relato es bien conocido: así fue como surgió Historias desobedientes. Familiares de genocidas por la memoria, la verdad y la justicia. En el marco de los grandes crímenes en masa, no era la primera vez que algún descendiente de genocida condenaba públicamente los crímenes cometidos por él: por ejemplo, en 1987 Niklas Frank –hijo del jerarca nazi Hans Frank– lo había hecho a través de un libro que lleva por título *Mi Padre: un ajuste de cuentas* (Frank, 1987), y en 2016 Alexandra Senfft publicaría *La larga sombra de los genocidas* (Senfft, 2016), denunciando por su parte el pasado nazi de su abuelo. Sin embargo, la novedad de Historias desobedientes radica en su carácter colectivo: nunca antes un grupo se había constituido como actor político en torno a una filiación marcada por el crimen.

En 2019, el movimiento se extendió a Chile, y más tarde a Brasil, Uruguay, Paraguay, El Salvador y España. Si bien el contexto y los procesos de elaboración de la memoria en cada país son muy distintos, como lo son también las experiencias de vida de cada desobediente, la universalidad misma de los principios que rigen al colectivo, así como el proceso personal y sin embargo compartido que conduce del silencio y la vergüenza a la palabra que dignifica, determinan su carácter internacional. (Estay Stange, 2023)

Partiendo de esa premisa, y siendo yo misma integrante de Historias desobedientes-Chile en tanto sobrina de un responsable de crímenes de lesa humanidad, en el presente artículo trataré de poner en evidencia los dilemas y desgarros a los que se ven (o nos vemos) confrontados los desobedientes al dar testimonio, ya sea en el ámbito jurídico, como ha ocurrido en Argentina, o, más frecuentemente –dado que son pocos los que poseen informaciones potencialmente útiles para los juicios–, en el marco de intervenciones destinadas al público en general. Para ello, me centraré tanto en documentos jurídicos inéditos como en las declaraciones de los desobedientes de alcance mediático y en las obras producidas por ellos mismos, proponiendo un análisis centrado en los mecanismos semióticos que los caracterizan.

Según mi hipótesis, el fenómeno de la desobediencia ilustra de modo ejemplar lo que en otros trabajos he llamado las "zonas paradójicas". A partir de la reformulación del concepto de "zona gris" introducido por Primo Levi, con este término he propuesto designar el espacio donde se ponen de manifiesto los "dobles vínculos" o "dobles constreñimientos" (double binds) impuestos por los sistemas totalitarios a los sujetos sometidos a ellos, así como a sus descendientes. Sin profundizar en estas consideraciones relativas a las zonas paradójicas en cuanto tales, me propongo mostrar que el testimonio de los desobedientes está atravesado por paradojas situadas en distintos niveles que, recurriendo a la teoría semiótica, describiré a lo largo de este artículo. Tales paradojas no solo me parecen determinar el discurso desobediente como relato íntimo, sino también el debate jurídico que se ha producido en Argentina en torno a las implicaciones y al estatuto legal de ese tipo de testimonios.

1. El discurso íntimo: paradojas actanciales y desgarros modales

En semiótica, el concepto de "actante" se refiere a toda entidad que, dentro de una secuencia narrativa, efectúa o padece una acción: por ejemplo, un actante-sujeto parte en busca de un actante-objeto que posee a sus ojos un cierto valor. A largo de su recorrido, el actante puede adquirir distintos "roles actanciales" y, más concretamente, "roles temáticos" que definen su modo de inscripción en la colectividad. Los ejemplos más claros son las diversas profesiones: maestro, obrero, bombero, ingeniero; pero también padre o madre de familia, hijo o hija...

Desde esta perspectiva, podemos considerar que el desobediente se ve confrontado al imperativo de asumir dos roles temáticos contradictorios, que lo inscriben en dos colectividades diferentes: el rol de "hijo" (o de nieto o sobrino), y el rol de "ciudadano". Hijo que, según los mandatos que estructuran el imaginario colectivo en torno a la filiación, debe amar y "honrar a su padre y madre", y ciudadano que, regido por las leyes de la sociedad (en particular los derechos humanos), se ve compelido a condenar los crímenes, sobre todo cuando estos son de lesa humanidad.

Es sin duda a esa contradicción que se refiere Analía Kalinec, hija de Eduardo Kalinec, conocido como el "Doctor K" –ex comisario de la Policía Federal condenado a cadena perpetua por secuestros, desapariciones y asesinatos–, cuando afirma que "no deja de ser una paradoja tener un padre genocida" ; (Bullentini, 2023) "son dos palabras que no podrían estar nunca juntas" (Kalinec, 2022). ¿Por qué? Porque según la representación de la filiación en nuestra cultura, el rol de padre y el rol de genocida se excluyen mutuamente: paradoja actancial originaria que, en el paso de las generaciones, engendra la contradicción entre el hijo que ama y el ciudadano que condena.

A través del análisis de los textos escritos por los desobedientes mismos, es posible determinar las implicaciones discursivas de esa paradoja actancial.

En 2018, me vi confrontada al desafío de escribir un posfacio para el primer libro publicado por el colectivo: Escritos desobedientes (Bartalini y Estay Stange, 2017). Habiendo participado en el proceso de edición, me propuse elucidar los rasgos comunes a los distintos textos (alrededor de cuarenta) que componían el volumen. Esa labor representaba efectivamente un desafío para mí, ya que cada escrito remitía a una historia única e irreductible a cualquier otra. Sin embargo, al cabo de varias relecturas, me pareció encontrar una de las claves para entender la especificidad del discurso desobediente: el desgarro modal.

En lingüística, el concepto de "modalidad" se refiere a la manifestación de la actitud de un locutor respecto al contenido de su enunciado. Por ejemplo, la frase "está lloviendo" puede ser modalizada por los predicados modales "me parece que", "tengo la impresión de que" o "supongo que", cuya función es poner en evidencia la posición del enunciador en relación con el fenómeno que designa. Sobre esta base, la teoría semiótica postula que esos predicados modales, potencialmente infinitos, se reducen finalmente a una serie limitada de verbos que pueden ser expresados de muy distintas maneras: en el ejemplo citado, las tres locuciones remiten al verbo "creer" ("creo que está lloviendo"). Los llamados verbos modales son pues los siguientes: creer, saber, deber, querer, poder y hacer. Esos verbos tienen la particularidad de poder determinar a otros, a diferencia de todos los demás: podemos decir "creo escuchar" o "quiero cantar", pero no "escucho creer" o "canto querer", ya que "escuchar" y "cantar" no son verbos modales.

Al analizar desde esta perspectiva los Escritos desobedientes, es posible observar que casi todos ellos están atravesados por contradicciones modales ostensibles: "Debo admitir que en esos primeros años [...] seguía sin poder indagar en lo que había pasado en Mendoza, queriendo creer en lo que me habían respondido mis padres alguna vez que pregunté [...]", afirmaba por ejemplo Liliana Furió (2017: 90). En este caso, el no-poder-saber ("sin poder indagar") se acompaña de un querer-creer, encontrándose ambos en oposición con un saber implícito, ya que el hecho mismo de querer-creer contiene, al menos en germen, la duda que abre el horizonte de un "saber" distinto del "creer". En el mismo sentido, Analía Kalinec sostiene: "Me gustaría no saber de la falta de arrepentimiento de este represor progenitor [...]. Me gustaría no saber que con su silencio cómplice reivindica su crimen"(Kalinec, 2017: 42). De nuevo, querer-no-saber que se confronta con el saber e incluso con el saber-saber (ya que, en el fondo, el sujeto sabe que sabe).

En los Escritos desobedientes, las contradicciones modales se refieren sistemáticamente al saber y al creer que se combinan entre sí, y también, de todas las formas posibles, con el querer, el poder y el deber: saber pero no poder-creer, creer pero no-poder-saber, querer-saber pero no-poder o no-deber, etc. Asimismo, esas contradicciones son relativas al decir: querer-decir pero deber o no poder, deber-decir pero no querer, poder-decir pero no deber, etc. Más aún, las contradicciones modales se refieren al "querer" tanto en su sentido volitivo como afectivo: deber-querer —al padre o al familiar— pero no querer-quererlo, querer-quererlo pero no poder, no querer pero deber-quererlo, etc.

En este último caso, las paradojas remiten a un profundo desgarro afectivo que podría considerarse como el punto álgido de la desobediencia. Al respecto, podemos pensar en las películas El pacto de Adriana (2017), de Lissette Orozco, sobrina de una mujer responsable de secuestros y torturas durante la dictadura de Pinochet, y Bastardo. La herencia de un genocida (2023), de Pepe Rovano, hijo ilegítimo de un criminal de lesa humanidad.

Ambos desobedientes chilenos lidian de modos distintos con las contradicciones modales en torno al querer: la película de Lissette comienza con el querer llano y simple de una sobrina por su tía; querer que se modaliza progresivamente, pasando del querer-querer a pesar de todo, al no-deber-querer y al no-poder-querer. Lejos de resolverse, esos dilemas se mantienen hasta el final. Por su parte, la película de Pepe empieza por el no-querer-querer cuando el cineasta se entera de que el padre que lo abandonó es un genocida, transitando luego hacia el querer sin deber (motivo de críticas dirigidas contra la película por parte de ciertos espectadores) y al querer sin querer. Aquí también, el dilema se mantiene, siendo propiamente irresoluble.

Volviendo al problema actancial, podemos considerar que la contradicción entre el rol temático de "hijo" (o "familiar") y el de "ciudadano" se manifiesta precisamente a través del conflicto modal: mientras que el hijo quiere-no-saber, el ciudadano debe-saber o no-puede-no-saber; mientras que el hijo quiere-no-decir, el ciudadano debe-decir; mientras que el hijo debe-querer (al padre o familiar) según ciertos mandatos, el ciudadano, compelido por otros sectores de la doxa, debe no-querer-querer ("no se debe querer a un monstruo", dicta la norma social).

Así, uno de los primeros obstáculos a los que se ven confrontados los desobedientes al entregar su testimonio íntimo radica en las paradojas actanciales y modales propias de su condición.

2. El discurso jurídico: paradojas mereológicas

Pasando ahora al ámbito jurídico, la misma paradoja actancial estaría presente en la prohibición establecida por el Código Procesal Penal en Argentina, artículos 178 y 242, que les impide a los familiares de un criminal denunciarlo, a menos que hayan sido víctimas directas del crimen en cuestión. Ante la contradicción entre dos roles temáticos distintos, la ley argentina estipula la primacía del rol de "hijo" (o de "pariente") sobre el rol de "ciudadano". En el plano modal, el ciudadano que "sabe" (en tanto testigo de un crimen) debe-decir, mientras que el familiar, que también "sabe", debe-no-decir. Si el Código Procesal pretende resolver esta contradicción, en el fondo no hace sino intensificar el estatuto paradójico de un "familiar" que no por callarse deja de ser "ciudadano".

El fundamento de la paradoja actancial que acompaña esta prohibición me parece residir en lo que llamaré una paradoja mereológica, entendiendo por "mereología" lo relativo a la relación entre las partes de un todo, y de esas partes con el todo. En efecto, el Código Procesal Penal postula en última instancia la primacía del grupo familiar sobre la colectividad social, esto es la primacía de las partes (la familia) sobre el todo (la sociedad).

Al respecto, resulta significativo recordar que los argumentos esgrimidos por Historias desobedientes-Argentina, en colaboración con el abogado Pablo Llonto, para modificar el Código Penal específicamente cuando se trata de crímenes de lesa humanidad, inclinan la balanza hacia el rol temático de "ciudadano" y, más aún, de "ser humano", corrigiendo así la "aberración" (en términos de Llonto) que estipulaba la primacía de las partes sobre el todo:

[...] las compañeras y compañeros de este Colectivo impulsaron un proyecto de ley para modificar una aberración que tiene, o que tienen (porque son varios), los códigos procesales penales en gran parte del mundo y que consiste en prohibir que una persona denuncie o testifique contra una línea de familiares ascendiente o descendente en torno a delitos cometidos por estos últimos. Este proyecto de ley, cuyos distintos puntos fueron discutidos en varias reuniones, está en trámite en la Comisión de Derechos Humanos de la Cámara de Diputados del Congreso Nacional desde el 21 de noviembre del año pasado.

En los fundamentos de dicho proyecto se encuentra un argumento que, para mí, es la piedra clave y al mismo tiempo lo que más conmueve. Ellas y ellos dicen: "nosotros y nosotras somos la humanidad, somos parte de la humanidad. Nosotros somos parte de la humanidad y estos delitos que cometieron nuestros padres, abuelos, tíos, son de lesa humanidad. Por lo tanto, nosotros somos afectados por esos delitos; por lo tanto, nosotros tenemos derecho a hablar, a testificar y a denunciar como parte de la humanidad. No nos saquen de la humanidad por ser hijas e hijos de genocidas" (Llonto, 2020: 64).

A la espera de que las leyes sean modificadas, el colectivo Historias desobedientes, acompañado por el abogado Pablo Verna, desobediente también, logró en 2020 acceder a la figura de amicus curiae, gracias a la cual terceras personas, ajenas al litigio, pueden ser escuchadas como "amigas de la Corte" y emitir una opinión que eventualmente orientará la decisión final.

Es esta figura la que le permitió a Analía Kalinec intervenir el 19 de febrero de 2020 en la audiencia frente al tribunal de la sala IV de la Cámara Federal de Casación Penal, tribunal encargado de decidir si se le concederían o no las "salidas transitorias" al Doctor K. Por cierto, el discurso entonces pronunciado por Analía –quien se oponía desde luego al otorgamiento de beneficios penitenciarios a su padre– subrayaba de entrada la paradoja actancial: "no es algo justo tener un padre genocida [...] un padre nunca debería ser genocida" (Kalinec, 2023: 19).

Si la figura de amicus curiae constituye en este caso una vía intermedia entre la prohibición y la autorización de testificar, preserva sin embargo la paradoja tanto actancial como mereológica: en tanto ciudadana que forma parte de la sociedad, Analía pudo expresar su opinión y ser escuchada por el tribunal pero, en tanto hija perteneciente a un grupo familiar, fue considerada "ajena al litigio", teniendo un estatuto distinto del de los demás testigos.

3. El discurso litigante: paradojas ideológicas

De modo más general, la aberración mereológica (primacía de la parte sobre el todo) que determina la prohibición de declarar contra los propios familiares remite a una concepción religiosa según la cual la cohesión y la armonía de la familia deben ser preservadas por sobre todas las cosas –incluso por sobre el tejido social en su conjunto, que por definición se ve dañado por el crimen de lesa humanidad–.

A principios de 2019, el Doctor K, junto con las dos hermanas policías de Analía, interpuso una demanda contra ella por "indignidad", figura jurídica que castiga a las personas que han cometido un "delito doloso" contra el causante o sus familiares, o que hayan "ofendido gravemente" su memoria. El objetivo era privarla de la herencia de su madre, fallecida años atrás.

Ahora bien, el alegato presentado por la abogada del Doctor K y sus dos hijas para declarar "indigna" a Analía y desheredarla, culmina justamente con una referencia bíblica que consolida la aberración mereológica, otorgándole al grupo familiar un carácter absoluto: "dice el Cuarto Mandamiento dado por Dios al pueblo judío a través de Moisés: 'Honrarás a tu padre y a tu madre'" (Palomas Alarcón, 2018). Esa consideración religiosa, que por cierto omite el quinto mandamiento ("no matarás"), conduce a la misma abogada a afirmar que "los lazos de familia deberían ser lazos de amor, de solidaridad, de afecto, de respeto, lazos de sangre que se transmiten de padres a hijos a nietos, anécdotas de familia, recuerdos compartidos, vacaciones, añoranzas." Una vez planteado ese "deber" como un imperativo metafísico, la demanda es contundente: "Solicito en nombre de mis conferentes que se excluya a la Sra Analía Verónica KALINEC de la herencia de su madre Angela Fava por causa de indignidad." (Palomas Alarcón, 2018).

De este modo, Analía se ve compelida a ejercer su rol de "hija", ignorando el hecho de que ese rol se inscribe en una condición más amplia, más abarcadora, más universal: la de ser humano.

El sustrato ideológico de esta querella es explicitado por la abogada cuando se refiere a la "ideología hueca" que habría conducido a la imputada a utilizar el término de "genocidio". De modo implícito, esta reflexión opone la "ideología hueca" del humanismo laico a la ideología religiosa enarbolada por los querellantes:

Genocidio es una calificación publicitaria que utilizan los grupos autodenominados "defensores" de Derechos Humanos. No es la verdad lo que la demandada empuña contra su familia sino una ideología hueca que le ha dado pingues beneficios pues ha recorrido todo el país con su prédica y fundó una asociación para hijos de personas acusadas por delitos de "lesa humanidad" (Palomas Alarcón, 2018).

El mismo argumento relativo a la familia como núcleo sagrado que es preciso preservar aun en detrimento de la sociedad, explica la audiencia de "conciliación obligatoria" a la que las partes fueron convocadas. El término en sí mismo resulta paradójico, en la medida en que hace converger la voluntad (definitoria de la conciliación) y la imposición. En términos de Analía, "obviamente ninguna conciliación puede ser posible... y mucho menos obligatoria..." (Kalinec, 2023: 18). El fundamento de esa conciliación impuesta es, una vez más, de orden ideológico y, en última instancia, religioso. Afirma Analía: "la jueza nos dijo que éramos padre e hija y nos debíamos reconciliar." (Kalinec, 2022).

Por su parte, la respuesta de Analía Kalinec al alegato de los querellantes restablece el equilibrio mereológico y actancial, ya que postula la primacía del todo sobre las partes, recurriendo a una concepción laica del derecho y la justicia. Lejos de la "verdad divina", ese discurso se remite a la "verdad histórica" para abrir el horizonte hacia el conjunto englobante: "La sociedad argentina ha sido clara: NO OLVIDAMOS, NO PERDONAMOS, NO NOS RECONCILIAMOS con quienes niegan sus crímenes, con quienes no dicen donde están lxs 30.000 compañerxs detenidxs desaparecidxs y lxs bebés nacidos en cautiverio. (Kalinec, 2018)"

La utilización del plural de la primera persona ("nosotros") inscribe pues al sujeto de la enunciación en la colectividad. Sobre esta base, se opera sin solución de continuidad el paso de la parte al todo –de la familia a la sociedad–:

Quien ofende la memoria de la familia, ofende un apellido, ofende a mis hijos (sus nietos), quien le ha hecho pasar momentos de angustia a mi madre fue el aquí coactor y condenado con un proceso judicial que nos provocó estupor, vergüenza y dolor, no solo por sus crímenes, sino por su silencio ante una sociedad que exige que diga donde están lxs desaparecidxs, que reprueba su falta de arrepentimiento y repudia la negación de los crímenes cometidos (Kalinec, 2018).

En el alegato de los querellantes, la acusación remitía a una lógica adversativa: la imputada habría dañado a su familia denunciando a su padre, aunque este sea un criminal de lesa humanidad que afectó a toda la sociedad. En la respuesta de Analía, la lógica es de orden concesivo: el padre habría dañado a la familia porque le causó un daño a la sociedad entera. Más allá de las precisiones puntuales, esta lógica de fondo acompaña el desarrollo de la argumentación:

Resulta que EDUARDO EMILIO KALINEC secuestraba, torturaba y asesinaba en centros clandestino de detención y tortura a ciudadanos inocentes y la que ofende la memoria de mi madre soy yo.

Enseguida, el discurso se orienta hacia la reivindicación de la comunidad de las víctimas del Doctor K, que una a una y en su conjunto, habían sido ocultadas por la aberración mereológica e ideológica anterior:

Ante el negacionismo de mi padre y mis hermanas, quiero expresamente reivindicar y enumerar en este alegato cada uno de los casos, a cada una de las víctimas por su nombre y apellido, por las que mi padre fue condenado por homicidio agravado, por secuestro calificado y por torturas en 153 hechos [...]. (Kalinec, 2018)

El texto concluye con un homenaje a todas las víctimas de la dictadura argentina, metonimia de esa humanidad de la que Analía se reclama y que, subsumiendo a la familia, recupera su primacía: "¡30.000 compañeros y compañeras detenidxs desaparecidxs, presentes! ¡Ahora y siempre!".

En el mismo sentido, Pablo Verna, hijo de un anestesista de los vuelos de la muerte, afirma: "La familia es importante, pero los crímenes de lesa humanidad son algo inadmisible, no hay justificación ni ninguna concesión que se pueda tener con un genocida". Nuevamente, el todo recupera su preeminencia sobre las partes (Verna, 2022).

En cuanto al mencionado proceso por "indignidad", el fallo del fiscal, favorable a la imputada, recurre a estrategias semejantes a las de Analía, remitiéndose a la verdad histórica para objetar el carácter "doloso" de las declaraciones pronunciadas por la hija contra el padre:

> Respecto de la causal prevista en el inc. a) es necesario precisar que se debe tratar de delitos "dolosos", excluyendo aquellos casos de comisión culposa. Al analizar esta causal, encuentro que las expresiones que la accionada ha volcado en los distintos medios (gráficos y audiovisuales), se han referido casi en exclusividad respecto de la participación de su padre en los hechos que fueran analizados y merituados en la causa penal "Miara Samuel y otros s/ inf. Art. 144 bis y 1673 CP" (Fiscalía n° 2, 2018).

Desde el punto de vista mereológico, esta misma verdad histórica le permite al fiscal abrir el horizonte hacia otros "grupos sociales" que trascienden el "seno familiar" (Fiscalía n° 2, 2018) y priman sobre él:

> De las expresiones volcadas en el escrito de inicio y en la respuesta efectuada por la demandada, más los elementos de prueba reunidos en los obrados, nos muestran una relación familiar que se ha visto afectada por la actitud asumida por Analía Kalinec, a partir de su crecimiento intelectual, el contacto con diversos grupos sociales y descubrimiento de hechos de considerable gravedad que involucraban a su padre, el actor Eduardo Emilio Kalinec. Su sentimiento de justicia la ha conducido a narrar sus vivencias y a volcar su opinión al respecto, a pesar de las consecuencias que ello provocaría en el seno familiar.

Más aún, inscribiéndose plenamente en el humanismo laico, el fiscal utiliza, de modo sorprendente, el plural de la primera persona para afirmar su propia pertenencia al conjunto englobante por excelencia: la humanidad "como fuera dicho en el párrafo anterior, las manifestaciones que la demandada ha hecho públicas, se relacionan con una parte triste, cruel y sangrienta de nuestra historia reciente y de la cual todos resultamos afectados. Es decir, todos somos víctimas de los delitos de 'lesa humanidad'" (Fiscalía n° 2, 2018).

Este fallo, pronunciado a fines de 2022, me parece abrir el camino, a través del humanismo laico, hacia la posible resolución de la aberración mereológica que subyace en los artículos del Código Penal argentino relativos a la imposibilidad de denunciar a un miembro de la propia familia.

A partir del recorrido hasta aquí efectuado, hemos podido constatar la estrecha relación que existe entre las paradojas actanciales y modales que subyacen en el discurso íntimo de los desobedientes, las paradojas mereológicas que obstaculizan su testimonio jurídico, y las paradojas ideológicas que determinan el imaginario cultural relativo a la filiación. Como hemos visto, esas paradojas entendidas, literalmente, como "dichos o hechos contrarios a la lógica", tienden a resolverse una vez que esa lógica es restablecida, es decir, una vez que el rol de "ciudadano" recupera su primacía respecto al rol de "hijo" o "familiar", una vez que se postula la primacía del todo sobre las partes, y una vez que el humanismo laico –que por definición permite la coexistencia armoniosa de distintas creencias– subsume a la ideología religiosa.

Sin embargo, hay una paradoja que persiste, cuyo carácter irresoluble nos conduce finalmente a la aporía. Me refiero a la contradicción modal y afectiva desplegada en torno al "querer"; contradicción que el no-deber-querer o el no-querer-querer están lejos de resolver, dado que es imposible decidir a quién se ha o no se ha de querer. La persistencia de esa contradicción que pertenece al ámbito más íntimo me hace pensar, una vez más, que la desobediencia se sitúa por definición en el marco de lo que serían las "zonas paradójicas" y, más aún, las "zonas aporéticas" de la historia: ahí donde los dobles vínculos son tales que el juicio ético queda suspendido – ¿acaso es posible juzgar a alguien por querer a otra persona?–. La conmoción que el colectivo provoca con frecuencia en las víctimas y los sobrevivientes cuando sale a marchar con su bandera, está probablemente relacionada con ese núcleo aporético.

Para concluir, citaré un texto sumamente esclarecedor, donde Bibiana Reibaldi pone en evidencia la fuerza y la fragilidad que ese núcleo aporético le confiere a Historias desobedientes, y a sus miembros. Fuerza colectiva que, más allá o más acá de las contradicciones jurídicas e ideológicas, resulta de la suma de fragilidades y paradojas individuales, determinando el horizonte ético del movimiento:

> Somos, nada más y nada menos, la voz de quienes, afrontando una paradoja profundamente dolorosa –la que nos vincula filialmente con los autores del HORROR–, rompemos con nuestras más inenarrables vergüenzas y complejas contradicciones, sin odios, pero con fuerte firmeza ética.
>
> En ella nos sostenemos, al repudiar las acciones de nuestros padres y familiares. Más paradojal es esta posición cuando hablamos de afecto. Insisto, es este último punto el que le da fuerza y un sentido contundente

al repudio. Le da un marco de mayor compromiso, más genuino. Y en el medio... el costo de heridas, abiertas unas veces, algo cicatrizadas otras (Reibaldi, 2017: 51).

Bibliografía

Bartalini, Carolina y Estay Stange, Verónica (eds.), Kalinec, Analía (comp.), *Escritos desobedientes. Relatos de hijas, hijos y familiares de genocidas por la Memoria, la Verdad y la Justicia*, Buenos Aires, Marea, 2017.

Bullentini, Ailín, reportaje sobre Analía Kalinec: "La hija de un genocida se opone a que le den salidas transitorias", *Página 12*, 3 de octubre de 2023. https://www.pagina12.com.ar/248641-analia-kalinec-si-mi-padre-hoy-tuviese-una-picana-no-dudaria

Estay Stange, Verónica, "'No fue tan así': memoria transgeneracional y zonas paradójicas", en Carolina Añón Suárez y Ana Forcinito (eds.), *Hispanic Issues*, n° 30, "Generación Hijes: memoria, posdictadura y posconflicto en América Latina", 2023, pp. 50-67.

Fiscalía n° 2, CIV - 46902/2018. Autos: Kalinec, Eduardo Emilio y otros c/ Kalinec, Analia Verónica s/exclusión de heredero, tribunal: juzgado civil 67/ *Secretaría* N° 97, 23 de noviembre de 2022.

Frank, Niklas, Der Vater. Eine Abrechnung, Goldmann Wilhelm GmbH, Munich, 1987.

Furió, Liliana, "Nuestro encuentro", en Carolina Bartalini y Verónica Estay Stange (eds.), Analía Kalinec (comp.), Escritos desobedientes, Analía (comp.), *Escritos desobedientes. Relatos de hijas, hijos y familiares de genocidas por la Memoria, la Verdad y la Justicia*, Buenos Aires, Marea, 2017, pp. 85-92.

Kalinec, Analía, "Y otra vez esta historia, esta angustia", Analía (comp.), *Escritos desobedientes. Relatos de hijas, hijos y familiares de genocidas por la Memoria, la Verdad y la Justicia*, Buenos Aires, Marea, 2017, pp. 41-42.

Kalinec, Analía, Alega de bien probado, documento inédito, 2018.

Kalinec, Analía, en Ministerio de Educación de la Ciudad de Buenos Aires, *Programa Educación y Memoria*, 2022. https://buenosaires.gob.ar/sites/default/files/media/document/2022/02/10/2ab2e6fa6d8962e58f53d889f458f26a7e787855.pdf

Kalinec, Analía, "Hija desobediente", en Carolina Añón Suárez y Ana Forcinito (eds.), *Hispanic Issues*, n° 30, "Generación Hijes: memoria, posdictadura y posconflicto en América Latina", 2023, pp. 13-26.

Levi, Primo, *Los hundidos y los salvados, Personalia de Muchnik Editores*, Barcelona, 1986/2000, capítulo II, "La zona gris".

Llonto, Pablo, "Las leyes que faltan", en *Carolina Bartalini y Verónica Estay Stange, Nosotrxs, Historias desobedientes, AMP*, 2020, pp. 61-66.

Mannarino, Juan Manuel, "Mariana, la hija de Etchecolatz", *Anfibia*, 12 de mayo de 2017, https://www.revistaanfibia.com/marche-contra-mi-padre-genocida/.

Palomas Alarcón, Cecilia Andrea. Civil 67 46902/2018 Kalinec, Eduardo Emilio y otros c/Kalinec, Analía Verónica s/exclusión de heredero. Documento inédito.

Reibaldi, Bibiana, "Somos una voz nueva y extaña", en Carolina Bartalini y Verónica Estay Stange (eds.), Analía Kalinec (comp.), Escritos desobedientes, Carolina Bartalini y Verónica Estay Stange (eds.), Analía Kalinec (comp.), Escritos desobedientes, Analía (comp.), *Escritos desobedientes. Relatos de hijas, hijos y familiares de genocidas por la Memoria, la Verdad y la Justicia*, Buenos Aires, Marea, 2017, pp. 51-52.

Senfft, Alexandra, *Der Langen Schatten der Täter*, Piper, Munich, 2016.

Verna, Pablo, entrevista realizada por Lola Sánchez, "Verna: mi padre fue anestesista de los vuelos de la muerte; no se puede justificar a un genocida", *El extremo sur de la Patagonia*, 27 de julio de 2022. https://www.elextremosur.com/nota/38760-verna-mi-padre-fue-anestesista-de-los-vuelos-de-la-muerte-no-se-puede-justificar-a-un-genocida/

Filmografía

Orozco, Lissette, El pacto de Adriana, Salmón Producciones, 2017.
Pepe Rovano, Bastardo. La herencia de un genocida, Totoral films, 2023.

CLAUDIA BACCI

Reverberaciones testimoniales en la escena judicial

En el centro de la escena judicial: una introducción

UN ESCENARIO TEATRAL NOS muestra la representación austera de un juicio. No hay telón ni escenografía de fondo, solo una pantalla donde se proyectan fotografías y fragmentos de películas y documentos, y un reflector que inunda de luz una mesa con tres sillas señoriales en el centro. En un momento, dos "guías" se acercan al proscenio e invitan al público a sumarse a la lectura de un fragmento de la Audiencia del 6 de marzo de 2015 del juicio conocido como Megacausa Escuela de Mecánica de la Armada (ESMA) III. Siete espectadores encarnarán los roles de los tres jueces del Tribunal, el abogado querellante, el Fiscal, el Defensor y un testigo. Uno de los "guías" invita al "testigo" a iniciar su testimonio ante un "juez" comprensivo, atento a las dificultades emocionales y los datos que se escapan a la memoria.

En la pantalla de fondo las imágenes figuran futuros distópicos en los edificios abandonados de Comodoro Py (sede judicial de los procesos por delitos de lesa humanidad), invadidos por la vegetación y poblaciones de animales, basura y pilas de expedientes sin resolución. La obra se titula "Cuarto intermedio: Guía para audiencias de lesa humanidad", fue escrita por Félix Bruzzone y Mónica Zwaig con dirección de Juan Schnitman, y estrenada en 2018 (Casa de Victoria Ocampo). Bruzzone y Zwaig nos introducen en un espacio imaginario en el que la mediación del lenguaje teatral-performático hace converger documentos y testimonios con su representación. A la manera de "Virgilios" en el Inframundo de los expedientes judiciales, jugando con la escena testimonial desde el proscenio, se preguntan cómo serán leídos estos procesos en el futuro, qué comprenderán quienes encuentren los miles de fojas y carpetas arrumbados desde 1985 en las sedes judiciales.

Desde las butacas, otras preguntas quedan para las/los espectadores. ¿De qué manera condicionan los contextos y marcos sociales a las narrativas testimoniales sobre el terrorismo de Estado? ¿Cómo responden a estas configuraciones quienes testimonian? ¿Qué implicancias subjetivas ha supuesto testimoniar en juicios por delitos de lesa humanidad en la Argentina?

En las próximas páginas propongo recorrer algunos aspectos subjetivos en los procesos de justicia y su imbricación con las luchas por las memorias, a partir de tres ejes: el eje de los silencios en los testimonios sobre la violencia sexual; el de los afectos en las evocaciones de la militancia revolucionaria; y el eje de los archivos materializados por medio de la narración y su registro audiovisual. Me baso en un trabajo de mayor alcance en el que analicé la relación entre subjetividad, memoria y verdad en tres escenas testimoniales del proceso de justicia y de memorias en torno a las violaciones de los derechos humanos cometidas bajo el terrorismo de Estado en la Argentina entre 1985 y 2006, a partir de un corpus testimonial relevado en archivos audiovisuales públicos estatales (Tribunales Federales) y de organizaciones no gubernamentales de Derechos Humanos (Memoria Abierta y Asociación Anahí) (Bacci, 2022a). Aquí me enfoco en testimonios de los fondos audiovisuales del Juicio a las Juntas (1985) y del Juicio por la Verdad de La Plata (1998–2006), ambos filmados por iniciativa de los propios Tribunales y resguardados como documentos de archivos públicos.

A distancia de las perspectivas que anuncian el peligro de saturación de las memorias, Pilar Calveiro (2008) señala que las narraciones testimoniales pueden "transmitir experiencias vitales únicas" acerca de procesos históricos que desde el pasado rasgan el presente. En este proceso emergen "capas de memoria y subjetividad" que permiten resignificar las experiencias a través de narraciones, sentimientos, procesos de transmisión intergeneracional, y reflexiones en torno a las responsabilidades en relación al pasado (Jelin, 2017: 249–261). Para Alessandro Portelli el uso de testimonios "no deben pensarse en términos sustantivos y de cosas, sino de verbos y de procesos; no la memoria y el relato, sino recordar, contar" (2004: 24), es decir, como temporalidades conjugadas por sujetos singulares-colectivos.

El testimonio se constituye así en una forma política de lidiar con las demandas justicia y la elaboración de memorias, cuya cualidad polifónica se arraiga en marcos narrativos y lingüísticos compartidos cultural e históricamente que definen "lo in-decible", una institución social que hace imposible el trabajo del olvido (Jelin, 2021 [2002]: 47–53; Ricoeur, 2004: 208–215).

Por su parte, quienes testimonian emprenden un trabajo de rememoración reflexivo, con su expresividad afectiva y corporal, desde comunidades discursivas que definen ciertos hechos como memorables, como parte de colectivos sociales con perspectivas políticas específicas, mientras conciben proyectos personales y familiares según el curso de la vida cotidiana. Testimonian desde/en "su tiempo" que es, paradójicamente, también "nuestro".

Es desde esta consideración que me interesa indagar en la forma en que los/las testigos construyen, en distintos momentos y escenarios, su propio lugar de enunciación como sujetos del proceso de justicia y de la elaboración de memorias colectivas. Sostengo que, pese a las limitaciones del ritual jurídico y de los marcos sociales de escucha, el testigo no obedece necesariamente al orden que se le impone, sin dejar por ello de responder en cada oportunidad en que su testimonio es solicitado.

Los testimonios que citaré son de acceso público, sin embargo, a fin de proteger datos sensibles, en algunas ocasiones nombraré a las/los testigos con la inicial del nombre de pila real y una letra inicial de apellido pseudónimo, manteniendo la especificación de género y algunos datos biográficos relevantes para el análisis. Para la contrastabilidad de las fuentes menciono las audiencias judiciales correspondientes. En otros casos, cuando las personas son reconocidas por públicamente—y siempre que no se trate de datos comprometidos—, consigno sus nombres reales. Considero que, además de los resguardos que cada institución/archivo dispone, el contexto social y político de su exposición y los temas que abordo merecen cuidados específicos por mi parte.

Una última distinción necesaria tiene que ver con la cuestión de la "verdad" que estas escenas traen, diversa de la "verdad jurídica" producida por el propio proceso y ritual jurídico, que (re)produce el "lazo social" como palabra de orden a través de la sentencia (Foucault, 2010).

Mientras en el Juicio a las Juntas el foco estaba puesto en determinar el carácter sistemático de las desapariciones y asesinatos, dejando las experiencias de sobrevivientes y familiares o allegadas en un segundo plano, el Juicio por la Verdad de La Plata, iniciado en 1998 por impulso de la Asamblea Permanente por los Derechos Humanos de esa ciudad, que sesionó al menos hasta 2010, se proponía "buscar la verdad sobre el destino de las personas desaparecidas" a partir del entrecruzamiento de documentos existentes en el ámbito judicial (causas judiciales previas, presentaciones ante la CONADEP, documentos de la Dirección de Inteligencia de la Policía de la provincia de

Buenos Aires (DIPPBA) y otros hallados en comisarías y hospitales), con documentos personales y testimonios (Cámara Federal de La Plata, Res. N° 18/1998, La Plata, 21 de abril 1998).

La verdad del testimonio, entendida como efecto de la fidelidad ética del testigo, se puso en juego de diversas formas en estas escenas públicas que visibilizaban hechos negados, silenciados u olvidados, produciendo una tensión en el orden de los discursos y las instituciones, una disputa siempre latente acerca de su interpretación. En las escenas de justicia que recorro aquí se desplegaron memorias, reflexiones y emociones que expresan complejas articulaciones de jerarquías sociales y políticas persistentes.

Cada escena configura además diálogos en el tiempo que permiten reconsiderar el sentido de estas experiencias, impugnando la mera exposición del daño y excediendo los marcos sociales que las encuadran, para "hacer justicia" de formas inesperadas. Como veremos, la verdad de los/las testigos en sus testimonios no fue nunca una verdad tranquilizadora o conciliadora, sino por el contrario, una intervención perturbadora que desacomodaba con su emergencia cada presente.

Lo que dicen los silencios sobre la violencia sexual: temporalidad y vida cotidiana

En este apartado propongo una reflexión sobre aquellos testimonios que tocan uno de los temas que se han considerado "silenciados" o "no escuchados" hasta años recientes, como es la violencia sexual contra las mujeres durante su cautiverio en centros clandestinos y cárceles. Me interesa problematizar las interpretaciones que se centran en los silencios o dificultades de enunciación de las/los testigos, en los puntos ciegos del testimonio y en las restricciones procesuales propias del marco judicial. Para ello, indago en la historicidad de estos "silencios" así como en sus transformaciones y articulaciones con la vida cotidiana.

Diferentes trabajos señalaron el carácter coactivo del marco judicial sobre los testimonios sobre la violencia sexual en general (Osborne, 2009), así como las dificultades que el formato del testimonio de prueba judicial suponen para la visibilización social e histórica de experiencias de la violencia extrema y su relación con la sexualidad y los géneros (Balardini, Oberlin y Sobredo, 2011: 167–226; Memoria Abierta, 2012; Jelin, 2017: 217–240). En el contexto de cautiverio en centros clandestinos incluyó violaciones, desnudez forzada y humillación corporal, amenazas e insultos obscenos, embarazos y abortos forzados, partos en condiciones inhumanas, apropiación de los recién nacidos, hasta el sometimiento a formas de esclavitud sexual.

Por otra parte, también se ha criticado la producción de trabajos que resaltan el carácter de "víctima" de las mujeres, pues reducen sus experiencias a la instancia del daño y desconocen los márgenes de agencia posibles incluso en contextos de extrema violencia (Memoria Abierta, 2012: 49-85; Macón, 2015; Sutton, 2018: 132-179). La culpabilización por las elecciones de vida/militancia de las mujeres durante los años 60-70 fue una forma de silenciamiento y deslegitimación, incluso entre ex compañeros/as de cautiverio y organizaciones de derechos humanos (Memoria Abierta, ob. cit.: 70-80).

A estos prejuicios sociales que estigmatizaban las experiencias previas de las mujeres en la militancia política y en la lucha armada (Oberti, 2015: 187-239; Sutton, ob. cit.: 183-212; Peller, 2023: 79-109), se suman perspectivas condescendientes que requieren ser discutidas a la luz de las transformaciones de la propia noción de "víctima" (Balardini, Oberlin y Sobredo, ob. cit.; Jelin, ob. cit.: 194-216; Álvarez, 2020).

Luisa Passerini precisa que el silencio, la evasión y otras formas de autoprotección que atraviesan las memorias sobre la violencia sexual y de género no surgen solo como efecto de imposiciones sociales o como dificultades personales para narrar ciertos aspectos de la experiencia, sino también como parte de estrategias de afirmación del sujeto que complejizan lo que puede ser considerado como un asunto privado o una cuestión pública en diferentes momentos (2006: 56). Para la autora, recomponer esta intrincada lógica de silencios y testimonios abre un camino para comprender historias "reprimidas –por el trauma, por el contraste con el presente, por conflictos entre lo individual y lo colectivo–, o porque las condiciones para su expresión ya no/aún no existen" (Ibíd.: 25-26).

La carencia de espacios protegidos de acción y de refugio se vuelve acuciante cuando se trata de testimoniar sobre la violencia sexual, en particular por la insistencia en las formas testimoniales ligadas a la exposición pública. La complejidad de estas articulaciones entre lo privado y lo público, implica una temporalidad propia en la que lo subjetivo, lo político y la historicidad no siempre convergen. Por ejemplo, en contextos de violaciones sistemáticas de los derechos humanos, uno de los objetivos de la expansión represiva es atravesar y difuminar las barreras entre lo público y lo privado (Memoria Abierta, 2012).

La dictadura profundizó la retórica familiarista conservadora y sus patrones de género dicotómicos con metáforas organicistas del conflicto social, naturalizando los roles familiares y su vínculo con la Nación (Filc, 1997: 33–60), incluso en el dispositivo concentracionario (Álvarez, 2019: 29–42; Álvarez y Sanchis, 2020).

En este contexto, la violencia también responsabilizaba a las mujeres militantes políticas, familiares o parejas de militantes, por su potencial transgresión de estereotipos hegemónicos femeninos, estigmatizándolas en sus comunidades y redes de solidaridad social o familiar (Vasallo, 2008; Sutton, ob. cit.: 83–92; Álvarez, 2019: 43–117). La moral vergonzante en torno a la violencia sexual, cristalizó representaciones del cuerpo femenino/feminizado como "siempre ya objeto potencial de violencia", legitimando un "guion social" que atraviesa todas las instituciones sociales, incluida la justicia (Marcus, 1994: 84). En este sentido, la disponibilidad para relatar estas experiencias requiere formas de escucha y acompañamiento solidarias que consideren las posibilidades de agencia individual, intersubjetiva y colectiva, a diferencia de lo que socialmente entendemos como "resistencia", para apreciar formas de perseverancia obstinadas y vitales.

Si consideramos la escena del Juicio a las Juntas, la denuncia de las/los testigos sobre la sistematicidad de la violencia sexual fue invisibilizada por discursos sociales estructurados en torno al par honor-vergüenza, que se tradujeron durante muchos años como "el silencio de las víctimas". Hasta muy recientemente existía una especie de consenso acerca de que "no se habló de violaciones" en ese Juicio, quizás fundado en la ausencia de menciones en la Sentencia.

Si bien las denuncias por la violencia sexual sufrida podrían haber sido derivadas a causas penales específicas, como ocurrió con la apropiación de recién nacidos o los delitos económicos, el peso del estigma y la tolerancia social con este tipo de violencia durante esos primeros años de la democracia permite plantear una relectura de los marcos sociales de esta escena para considerar el modo en que la vergüenza activa/desactiva su enunciación y escucha. El sentido de la circulación de la vergüenza en el Juicio a las Juntas muestra que la oposición entre la vergüenza (de las testigos) y la "coartada del honor" (de los acusados) eclipsa las denuncias recurrentes de las y los testigos (Bacci, 2022b; Forcinito, 2017: 187–199; Álvarez, ob.cit.: 169–173), de acuerdo a la gramática del género que atraviesa la escena judicial.

En diferentes audiencias de dicho Juicio, sobrevivientes varones relataron situaciones de violencia sexual padecidas, como ocurrió en las Audiencias del 17 de junio donde se presentaron testimonios sobre el centro clandestino "Mansión Seré" (Morón), y el 15 de julio con los testimonios referidos a "La Escuelita" (Bahía Blanca). Además de abusos y violaciones hacia mujeres, también se denunciaron embarazos y abortos forzados, como relataron Jorge Watts sobre "El Vesubio", Víctor Basterra sobre la Escuela de Mecánica de la Armada (ESMA), sobrevivientes del Circuito de Centros Clandestinos de Detención "Club Atlético", "El Banco" y "El Olimpo" (Buenos Aires), presentados durante diferentes audiencias del mes de mayo, y otros sobre diferentes centros de la Jefatura de Policía de Rosario (Santa Fe).

A. C., docente y militante sindical, fue secuestrada en Rosario en 1978 y llevada, primero al centro clandestino de la Fábrica Militar de Armas Portátiles "Domingo Matheu", y luego al Batallón de Comunicaciones 121 (Santa Fe), hasta su legalización y detención en la cárcel de Villa Devoto. Fue liberada en 1983 tras lo cual se exilió hasta su regreso en 2004. En la Audiencia del 27 de junio del Juicio a las Juntas narró descarnadamente el aborto que sufrió a raíz de la tortura y las condiciones de detención. En su caso, un "médico" realizó el aborto en el centro clandestino. "En la Fábrica Militar de Armas, sobre una mesa de cocina, hirviendo en una olla los elementos que usaron, en esas condiciones", como ella misma detalló ante la pregunta atónita del Presidente del Tribunal de la fecha, el Juez Gil Lavedra. La referencia a esta situación reaparecía cada vez que le pedían precisiones sobre su cautiverio y el de otras/os detenidos-desaparecidos, como cuando le preguntaron si había podido leer una declaración que debió firmar bajo amenaza, a lo que respondió con brusquedad y lógica: "Había dos opciones, o firmar sin leer, o no firmar y volver a la "parrilla". Imagínese en el estado en que estaba yo, con un aborto sin anestesia, que me paraba y formaba un lago de sangre en los pies... La única alternativa que tenía era la de firmar, Señor."

¿Podían imaginar los jueces y defensores, los fiscales y el público, a qué se refería con "el estado en que estaba"? Pese a que estaba vigente su prohibición en el Código Penal desde 1921, y a la supuesta defensa de la dictadura de los "valores de la familia", la cuestión de los abortos forzados por las sesiones de tortura no fue incluida en la sentencia del Juicio.

Durante los años siguientes, los testimonios sobre violaciones y otros abusos sexuales cometidos bajo la dictadura permanecieron silenciados hasta que algunas sobrevivientes comenzaron a demandar justicia también por estas formas específicas de violencia. Las sobrevivientes denunciaban los abusos padecidos y los efectos persistentes en sus vidas, frente a la preeminencia de regímenes discursivos que naturalizaban y privatizaban la violencia sexual, reclamando políticas de reparación integral a las que el estado argentino estaba comprometido por normas de carácter internacional y rango constitucional.

Desde fines de los 90, en el Juicio por la Verdad de La Plata numerosos/as sobrevivientes y familiares o personas allegadas de las/los desaparecidos, testimoniaron por primera vez en una instancia judicial pública. Muchas de ellas no solo nunca habían podido presentar una denuncia por el secuestro y desaparición de sus seres queridos ante autoridades policiales o judiciales –por miedo o porque se les negaba ese derecho-, sino que tampoco habían podido denunciar los abusos e injusticias que ellas mismas habían sufrido durante los operativos de secuestro. En el caso de las compañeras de militancia o de trabajo, parejas o parientes de quienes eran secuestradxs, la carga de la violencia sexual en esos momentos, emergió numerosas veces en varias audiencias del periodo que estudié (1998–2006).

Durante la Audiencia del 10 de septiembre de 2003, C. Z. relató el operativo en su casa en 1977, cuando un grupo de tareas permaneció unas tres horas en la casa esperando el regreso del trabajo de su esposo, delegado sindical y militante de la Juventud Peronista. Durante esas horas ella fue torturada y violada delante de sus hijos pequeños. Luego de que la patota secuestrara a su esposo, ella intentó denunciar a la Policía tanto el secuestro como los abusos que había sufrido, pero nunca se inició una causa judicial ni la convocaron a declarar, hasta esa Audiencia del Juicio por la Verdad. Su esposo fue asesinado ese mismo año y permaneció desaparecido hasta la identificación de sus restos en 2012 por el Equipo Argentino de Antropología Forense (EAAF) en el Cementerio Municipal de Lomas de Zamora (Buenos Aires).

En su testimonio evocó con aflicción la indiferencia que la rodeó: "Yo estuve siempre sola, fui a todos lados sola, nunca me acompañó nadie". Estar "siempre sola" era su manera de nombrar tanto la reacción familiar, pues quedó a cargo de hijos pequeños y sin recursos, como el terror social que circulaba en el barrio.

Elizabeth Jelin ha planteado la idea de un "derecho al silencio" (ob. cit.: 240), emergente de la tensión entre la necesidad y el temor a narrar y exponer la vulnerabilidad –corporal, emocional, social– del sujeto. Se refiere a silencios subjetivos e institucionales significativos en la comprensión y transmisión de memorias, y distingue entre dos lógicas a problematizar, tanto en relación a lo privado/público como a lo subjetivo/social. Por un lado, considera silencios "evasivos", "activos" en tanto dicen por lo "no dicho", relacionados a emociones como la vergüenza y el miedo, al deseo de proteger a otros del dolor, a la resistencia a identificarse como "víctima", a la negativa a reconocer la propia responsabilidad, o a "razones de Estado".

Por el otro, señala silencios que son efecto de una "ausencia de capacidad de escucha", una incapacidad colectiva que obtura la emergencia de memorias divergentes en el espacio público, ya sea porque las confinan a lo privado, como en el caso de la violencia sexual, o porque no encuentran los canales o las formas narrativas para expresarse, como en el caso de la militancia armada o la tortura.

Esta dimensión de la escucha resulta central en los trabajos sobre memorias traumáticas, donde la temporalidad del testimonio y sus políticas divergen de las urgencias de la denuncia o el registro de la experiencia, y se vinculan con los climas sociales y políticos, las políticas institucionales y los públicos, así como al tipo de encuadres testimoniales (Wieviorka, 2006; Rousso, 2016).

Esta temporalidad enredada resulta acuciante en el caso de la violencia sexual que, como indica Ana Forcinito (2018), "reclama un nuevo paradigma en la construcción de saberes" donde "las vacilaciones, los silencios, las modulaciones y las poéticas" integren la vulnerabilidad (del testimonio y del cuerpo) y las fantasías de (in)vulnerabilidad (del lenguaje y de la masculinidad) que eclipsan las marcas del género.

La amenaza de violencia contra embarazadas, parturientas y madres, así como la incertidumbre acerca del destino de sus hijas/os nacidos en cárceles y centros clandestinos, cristalizó las dimensiones políticas y sociales del daño en políticas de apropiación y desaparición (Regueiro y Villalta, 2015; D'Antonio, 2016: 147–220). El tratamiento dado a las madres y sus hijas e hijos en las prisiones fue abordado durante varias audiencias del Juicio por la Verdad de La Plata del año 2004, donde testimoniaron ex detenidas convocadas por Abuelas de Plaza de Mayo en el marco de las investigaciones sobre el destino de embarazadas desaparecidas y de niñas y niños apropiados en hospitales ligados al centro clandestino "La Cacha" y la maternidad clandestina de la Unidad Penitenciaria N° 8 ("Cárcel de Olmos").

En la audiencia del 20 de octubre, N. R. y P. Z., relataron su detención en centros clandestinos en 1974 y 1975 respectivamente, y el traslado hacia la cárcel de Olmos, donde permanecieron a disposición del Poder Ejecutivo Nacional (PEN) en condiciones de hacinamiento e insalubridad, con sus hijxs pequeños junto a otras embarazadas y parturientas. También se refirieron al traslado colectivo a la cárcel de Devoto en 1976, donde las separaron de sus hijos y las amenazaron con darlos en adopción si no aceptaban enviarlos con sus familiares.

La separación forzada de lxs hijxs podía galvanizar tensiones familiares en torno a los roles femeninos y al ideal de subordinación de las mujeres a la autoridad masculina en las relaciones de pareja, o el mandato de maternidad, en un momento en el que su autonomía era limitada legalmente. Pese al despliegue de una "discreta" revolución sexual que modificó los roles femeninos familiares desde los años 50 (Cosse, 2010), y al incremento en la participación femenina en las organizaciones políticas y en la lucha armada (Oberti, ob. cit.), persistían fuertes prejuicios sociales contra la autonomía de las mujeres. Las dificultades para establecer arreglos igualitarios sobre el cuidado de las/los hijos, y la discriminación hacia las mujeres por sus actividades laborales y políticas no eran nada excepcionales para la época.

Aun en el caso en que los roles domésticos y la militancia no reforzaran esa desigualdad, el efecto de la represión podía ser muy cruel hacia las militantes, afectando la relación con sus hijas/hijos. Durante la Audiencia del 13 de septiembre de 2006, Alberto Derman, sobreviviente del Pozo de Quilmes, se refirió a sus dos secuestros, el segundo en 1977 junto a su segunda esposa, Cristina Gioglio, con quien tenía un hijo de pocos meses. También relató la desaparición ese mismo año de su primera esposa, Alicia Corda, militante del Partido Comunista Marxista-Leninista (PCML), con quien tenía un hijo de cinco años. Derman era delegado gremial del Astillero Río Santiago, y junto a Gioglio también militaban en el PCML. Derman permaneció en cautiverio en el Pozo de Quilmes hasta su legalización en marzo de 1978 en diferentes cárceles hasta ser liberado en 1983, fue testigo ante la CONADEP y en diferentes juicios desde 1985.

Tras el secuestro de la pareja Derman-Gioglio, el hijo menor quedó bajo el cuidado de un familiar materno que lo crió como propio, mientras que el hijo mayor (5 años) fue dejado en un orfanato tras el secuestro de su madre, Alicia. El desmembramiento familiar que relata Derman incluye las difíciles condiciones de revinculación de la pareja con sus hijos a lo largo de los años de cárcel. Derman evoca además las "requisas vejatorias" contra las visitas femeninas.

Su segunda esposa, Cristina Gioglio, también fue llevada al Pozo de Quilmes y al Destacamento de Arana hasta su legalización en 1978, y luego a la cárcel de Devoto hasta su liberación en 1981, pero testimonió sobre esta experiencia después de muchos años, cuando sus hijos ya eran adultos, tras integrar la Casa de la Mujer Azucena Villaflor, un espacio de concientización sobre la violencia contra las mujeres.

La atribución de sentimientos de culpa y vergüenza como tácticas de silenciamiento de las militantes o familiares y allegadas a militantes políticas/os, obstaculizaron durante décadas una escucha solidaria. La crueldad y la sexualización de las prácticas represivas contra las mujeres buscaban reencauzar procesos de autonomía y politización, restando legitimidad a sus proyectos de vida e implicación política, tanto en sus entornos familiares como en otros grupos de pertenencia. Los testimonios de las/los sobrevivientes sobre la violencia sexual y contra las mujeres buscan romper ese silencio obligado y señalar la ausencia de escucha social, en sus propios tiempos y condiciones.

Los afectos surcan la escena judicial: la militancia armada

Los testimonios sobre la militancia armada en los procesos de construcción de memorias y de justicia han sido objeto de intensos debates sobre la "fetichización" de la experiencia y las emociones propios del "giro subjetivo", el uso de estrategias retóricas que reforzarían un anacronismo ingenuo y efectos de identificación de los/las lectoras, con el riesgo de "la privatización y la sectarización de la memoria" que ponía en crisis el marco político democrático (Sarlo, 2005: 14–15; Vezzetti, 2008: 32–33; entre otros).

La desconfianza académica hacia los testimonios no es privativa del caso argentino. En América Latina, el debate sobre la validez del testimonio se centró en su representatividad, reforzando formas de violencia epistémica que subalternizan las voces de sectores politizados (Beverley 1999), desautorizan la experiencia y jerarquizan las voces del "intérprete" (académico) por sobre el "informante nativo" (testigo) (Spivak, 2010: 13–118).

Pilar Calveiro (2006), quien cuestionó la disociación entre memoria e historia planteada en aquellos debates, señaló la asunción de prerrogativas del saber académico por sobre los saberes fragmentarios y discordantes de los testimonios. Por otro lado, en relación al marco judicial, Jelin se preguntaba "en qué medida la judicialización de un conflicto [...] implica necesariamente su despolitización" (2021 [2002]: 92). Esta es una pregunta que persiste en los análisis de las formas de omisión de las militancias político-revolucionarias previas a la dictadura en los procesos de justicia desde 1985 (Feld, 2002; Messina, 2014; Crenzel, 2010; Galante, 2019: 77–84, 125–150, entre otros).

Los testimonios de las/los sobrevivientes y familiares de personas desaparecidas dieron prioridad a la comprobación de la sistematicidad del terrorismo de Estado, encuadrándose en el paradigma jurídico de los derechos humanos (Crenzel, 2017), omitiendo los testimonios sobre la militancia revolucionaria en general, y la lucha armada en particular. En el Juicio a las Juntas primaron las figuras de la "subversión" y el "terrorismo" (Franco, 2012), o bien se encapsuló la perspectiva de las/os sobrevivientes como "colaboradores/as" o "quebrados/as", desconociendo las dinámicas del cautiverio y la tortura (Longoni, 2007; Calveiro, 1998).

Sin embargo, es allí también que sobrevivientes y ex presos y presas políticas aportaron un saber sobre las vidas cotidianas de quienes habían sido desaparecidas/os que refería necesariamente a las luchas políticas y sociales previas al golpe (Feld y Franco, 2015; Da Silva Catela, 2014[2001]; Oberti, 2009). Estas referencias evitaban toda vinculación con acciones armadas identificables o con integrantes de las organizaciones declaradas ilegales, reivindicando la militancia en otros partidos u organizaciones.

En este apartado me dentendré en el papel de los afectos o emociones en las tramas narrativas sobre la militancia revolucionaria. Como han señalado diferentes estudios, una mirada sobre los afectos en la escena testimonial ofrece un ángulo crítico para considerar el modo en que se reorientan los sentidos subjetivos de la experiencia en la evocación del pasado de la militancia revolucionaria (Amado, 2003; Jelin, 2010 [1998]: 25–27; Calveiro, 2013; Oberti, 2015: 127–186; Saporosi, 2018; Peller, 2023: 139–150).

Passerini refirió la larga historia del "giro afectivo" y su importancia para los estudios sobre memorias políticas (2008: 121), así como las implicancias de su articulación con dimensiones de género y raza. Más reciente, Sara Ahmed analizó la circulación social de "economías afectivas" en la elaboración de memorias, desde una crítica a la oposición entre emociones (variables, contextuales, opacas) y razón (estable, universal, transparente), destacando la compleja relación entre violencia, poder y afectos en los discursos de la justicia (2015: 22–38 y 294–304).

Por ejemplo, en las audiencias del Juicio a las Juntas se pueden apreciar tanto la emergencia indisciplinada de los afectos, como las estrategias de legitimación de la actividad política por parte de sobrevivientes de centros clandestinos, ex presos políticos y familiares. Este reconocimiento, enunciado con muchos cuidados y elisiones, no obturaba afectos como el orgullo y el amor cuando el Tribunal indagaba en el carácter político de la persecución a la que habían sido sometidas/os las/los testigos y sus seres queridos.

Durante el testimonio de Marta García de Candeloro en la Audiencia del 11 de junio, el Defensor José María Orgeira (Roberto Viola) le preguntó sobre la militancia de su esposo Jorge, abogado laboralista marplatense asesinado en 1977, gremialista y militante del Partido Comunista Revolucionario (PCR), que originó una disputa entre Orgeira y el Presidente del Tribunal en ese momento, el Juez Guillermo Ledesma, sobre la intencionalidad del Defensor de acusar a los testigos y personas desaparecidas por sus militancias políticas al referirse al "marxismo erpiano" –en referencia al PRT-ERP-, inventivas que fueron rechazadas por el Juez "por inconducentes".

Este intercambio ofrece al menos tres cuestiones en relación a la consideración de las militancias en este Juicio. Por un lado, el reconocimiento de la actividad partidaria –aun en partidos de izquierda o revolucionarios– no era denegado per se ni por el Tribunal ni por testigos, en base a la "probidad moral de las víctimas" y su inocencia (Galante, ob. cit.: 125–133; Crenzel, 2008, entre otros). De allí la respuesta ofuscada de Candeloro, "No sé qué más quiere preguntar".

Además, debido a las intimidaciones de las Defensas, el Tribunal limitaba las repreguntas por la ausencia de "motivos concretos en el terreno de los hechos", que si bien pretendía proteger a las/los testigos, dejaba flotando la sospecha de su responsabilidad.

La tercera cuestión tiene que ver con la procedencia de la "información" ya que las Defensas recurrían a expresiones comunes ("movimiento peronista", "rama femenina", "marxismo") con otras específicas sobre las organizaciones declaradas ilegales usadas por las fuerzas represivas ("subversivos", "erpianos" y "montoneros"), quizás con el interés de confundir a las/los testigos o al menos de provocar escándalo en las noticias sobre el Juicio. En numerosas ocasiones, interpelaron a sobrevivientes como "detenidos", retrotrayendo la escena judicial a los interrogatorios bajo tortura, como se escuchó en las Audiencias del 13 de junio y del 1 de julio. Como sabemos, desde la reapertura de los juicios de lesa humanidad en 2006, diferentes iniciativas intentaron enjuiciar las acciones de los grupos armados ya prescriptas.

Por otro lado, la militancia política o en la lucha armada no podían ser diferenciadas desde la perspectiva de los/las propias militantes. La clandestinidad de las actividades políticas desde 1975 se colaba durante el Juicio como un estigma inculpatorio, ya que suponía el secreto sobre las mismas, así como estrategias de autocuidado que determinaban la vida cotidiana y la sociabilidad, limitando lo que los/las propias militantes podían saber y dar a conocer sobre sus entornos personales y familiares, para no involucrarlos, para evitar ser identificados o reconocidos, o porque no contaban con el consentimiento o la conformidad familiar (Peller, 2023: 89-109; Oberti, 2022 y 2015: 133-214).

Hasta mediados de los años 1990 este "silencio estratégico" era una forma de minimizar los riesgos y ampliar el alcance de las denuncias (Oberti y Pittaluga 2006: 67-68), pero también se ligaba con "la capacidad del sistema de desaparición de escindir el saber y el poder de quienes los confrontaron, y también la incredulidad" (Crenzel, 2008: 43-44) ante los relatos de quienes "reaparecían" como sobrevivientes. En 1985, desbrozar la madeja de la clandestinidad de la militancia respecto de la crueldad de la política de desaprición del terrorismo de Estado, era todavía una tarea pendiente, tanto en la escena de la justicia como en la incipiente elaboración de memorias.

Casi veinte años después, tras el interregno de impunidad de los 90, la emergencia de historias de militancia en el Juicio por la Verdad de La Plata continuaba mostrando la presencia ominosa de las denominaciones y perspectivas del aparato represivo de la dictadura a través de la información producida desde la DIPPBA. Ludmila Da Silva Catela destacó la importancia de este Juicio para comprender la coordinación entre burocracias provinciales y nacionales en la represión, así como el entramado social y político en los procesos de politización de los años '60 y '70, ligados a comunidades obreras y sindicatos de sectores industriales (2014 [2001]: 25-34, 252-261).

Los testimonios de hijas e hijos de desaparecidos y sobrevivientes incorporaron en sus memorias la militancia y las historias de vida familiar y social de las/los desaparecidos, de quienes solo se conocía un apodo o una referencia vaga. En ocasiones el recuerdo de la militancia también traía la memoria de las desavenencias familiares, los conflictos por diferencias ideológicas, las discusiones sobre opciones divergentes en las parejas, y los esfuerzos por evitar la discordia familiar, relatos cuya elisión no resulta rara.

Por esa razón, aquí las preguntas por la militancia política, impulsadas por organismos querellantes como la Asociación de Ex Detenidos Desaparecidos (AEDD), eran significativas. Entre el público en la Sala surgían testimonios espontáneos que aportaban datos sobre personas desaparecidas con las cuales habían compartido espacios de militancia, que las familias desconocían. Sin embargo, estas preguntas se encontraban con la aprensión o la desconfianza, como sucedió en la Audiencia del 20 de noviembre de 2002, durante el testimonio de V. L., sobreviviente que testimonió sobre los centros clandestinos del Circuito Camps, quien en esa oportunidad asimiló las preguntas del Fiscal a la escena del interrogatorio bajo tortura al que había sido sometido.

Los testimonios de Estela Barnes de Carlotto ofrecen un indicio de la importancia del trabajo de reconstrucción de la vida cotidiana de las/los desaparecidos. Si bien su palabra tiene una gran circulación por su rol como Presidenta de la Asociación Abuelas de Plaza de Mayo, lo que me interesa recuperar es el modo en que la búsqueda de su nieto, sobre cuyo nacimiento supo por testimonios de sobrevivientes y ex militantes, le permitió enhebrar los pocos datos conocidos sobre la vida de su hija Laura antes de su secuestro y asesinato. Allí emergen relaciones afectivas, amistades y compromisos desconocidos durante décadas.

Su testimonio en la Audiencia del 16 de mayo del Juicio a las Juntas fue muy similar al que daría casi veinte años después en el Juicio por la Verdad, refriéndose a la persecución política contra su familia política, el secuestro de su esposo Guido en agosto de 1977, y el secuestro de Laura en noviembre de 1977 en "La Cacha", embarazada de tres meses, donde permaneció cautiva hasta su asesinato el 24 de agosto de 1978. Allí también relató lo poco que entonces sabía sobre el nacimiento del niño en junio de 1978 en el Hospital Militar de Buenos Aires, y aportó documentos que probaban tanto el parto como el asesinato de Laura.

A diferencia del Juicio a las Juntas, donde respondía de manera concisa las preguntas del Tribunal, su testimonio en la Audiencia del 17 de marzo de 2004 en el Juicio por la Verdad recorrió con mayor detalle la trama familiar de persecución y, a pedido de la querella de Abuelas de Plaza de Mayo, se detuvo en la biografía de Laura, aportando datos que pudieran orientar la búsqueda del hijo nacido cuyo destino todavía era desconocido:

> "Ella sabía los riesgos que corría, ella sabía que podían perder la vida y yo se lo pregunté,"

"¿Por qué...?" [...] Ella se fue con este compañero [Walmir Montoya] a Buenos Aires. Yo no lo conocí, mi esposo sí lo vio, pero con esas reservas militantes de no decir los nombres ni apellidos, ni el origen ni el lugar de nacimiento, ni ciudad, etc., ni mostrar su casa... Eh... se nos pierde la identidad del compañero de Laura. Sé que le decía "Chiquito", que era un muchacho –según mi marido- bajito, con cara risueña, más vale campechano. Él dijo que podría ser quizás sindicalista... son suposiciones. Estamos buscando la identidad del papá de mi nieto, del compañero de Laura, hasta ahora sin éxito porque... ya no quedan militantes que lo puedan reconocer, porque están todos desaparecidos."

Walmir Montoya, también había sido secuestrado en noviembre de 1977, pero su nombre todavía era desconocido para la familia Carlotto en 2004. Hasta entonces, solo sabían que habían formado pareja luego del golpe de Estado, en la clandestinidad. Los restos de Montoya fueron recuperados en mayo de 2009 por el EAAF, pero hasta 2014 no pudo establecerse el vínculo con Laura. Ese año, el Banco Nacional de Datos Genéticos (BNDG) confirmó que Ignacio "Guido" Montoya Carlotto era el hijo de Laura y Walmir.

La politización de la vida cotidiana provocaba intersecciones difíciles entre los ciclos vitales, la domesticidad y la familia, con los espacios y las prácticas de la militancia clandestina, que sumía a las y los militantes en círculos cada vez más reducidos, alejándolxs de los vínculos familiares extensos y de las redes sociales cercanas (vecinales, laborales, amistosas) ante el avance de la represión. El escamoteo de información que suponía la vida en clandestinidad significó una dura coraza en las búsquedas, que se superpuso al ocultamiento sistemático de la represión clandestina. No obstante, surgían relaciones afectivas y se formaban parejas que proyectaban familias. La emergencia de la historia de estos afectos nos muestra otra vida, de familias ensambladas, recompuestas a través de las pérdidas en la militancia y los sentimientos de deuda con sus pares.

Archivos: la materialidad inaudita del trabajo testimonial

Arlette Farge revisa los archivos judiciales franceses del siglo XVIII y encuentra destellos de las vidas del pueblo (1991). Una carta escrita en un pañuelo por un preso de la Bastilla hacia su esposa, o un saco con granos de trigo que prueba un hecho extraordinario, mensajes interceptados por las autoridades del caso que emergen al azar bajo el polvo del archivo. Farge se pregunta qué hacer con esos espejismos de lo real que la distraen de sus objetivos de investigación, cómo leer esos materiales que incluyen lo extemporáneo y lo inaudito.

Algo similar ocurre con los testimonios audiovisuales en los que basé mi investigación. ¿De qué modo atender a lo que estos archivos nos dejan ver? ¿Qué hacer con los fragmentos materiales de archivos amasados en la cotidianidad de las búsquedas familiares? A través de la emergencia de materiales inesperados en las escenas del Juicio a las Juntas y del Juicio por la Verdad de La Plata, reflexiono sobre la articulación entre subjetividad, memoria y verdad que atraviesa a los testimonios en el proceso de justicia.

Durante buena parte de las casi 80 audiencias públicas del Juicio a las Juntas, los/las testigos acudían con documentos de las búsquedas de sus seres queridos desaparecidos. Carpetas desbordantes de denuncias policiales, cartas personales e institucionales, hábeas corpus, solicitadas, amenazas recibidas bajo puerta, presentaciones judiciales previas, actas de defunción apócrifas firmadas por forenses policiales, noticias periodísticas, un archivo construido y resguardado en la vida cotidiana para contrarrestar la negativa de información desde el Estado, la Iglesia católica, embajadas extranjeras y medios de comunicación. Entre estos papeles, algunos testigos aportaron algunos objetos que lograron sustraer de su cautiverio en centros clandestinos, como las fotos robadas de los sótanos de la ESMA por Víctor Basterra (Feld, 2014, entre otros).

En la Audiencia del 15 de mayo, Lucas Orfanó relató el secuestro consecutivo en 1976 de su hijo Daniel (en julio), su propio secuestro junto a su esposa, Lilia Jones de Orfanó (en agosto), y de su hijo menor, Guillermo (diciembre). Ambos hijos de Orfanó, militantes de Montoneros, continúan desaparecidos.

Militante del Partido Peronista Auténtico en los 70, Orfanó y su esposa formaron parte del grupo fundador de Familiares de Desaparecidos y Detenidos por Razones Políticas en 1976. Mientras describía la violencia del operativo y su cautiverio en la ex Coordinación de la Policía Federal durante unos diez días, presentó al Tribunal una barreta de hierro y una bolsa de plástico. La barreta, contó, había sido usada por la patota policial para forzar la puerta de su casa y quedó "abandonada" sobre su cama. Al ser liberado la guardó para aportar "como testimonio" de la brutalidad de esa irrupción.

A continuación, extrajo un trozo de tela raída de la bolsa con el que, según explicó, le habían vendado los ojos al secuestrarlo, esperando que quizás pudiera cotejarse con otros provenientes del mismo paño usados en el mismo centro clandestino por otros sobrevivientes. Mientras el Tribunal deliberaba y decidía qué hacer con estas "evidencias", la bolsa con las vendas permaneció ignorada sobre la mesa de los Defensores, que observaron con alguna curiosidad la barreta.

Otros dos testigos evocaron vendas similares que conservaron al ser liberados. En la Audiencia del 10 de julio, Francisco Rafael Díaz, un herrero de

San Miguel de Tucumán militante del Partido Comunista, narró su secuestro junto a su hijo (del mismo nombre) en marzo de 1976, en dependencias de la Universidad Nacional de Tucumán, donde permanecieron algunos días hasta ser liberados. Su hijo fue nuevamente secuestrado en 1978 en la Jefatura de Policía provincial y desde entonces permanece desaparecido. Don Díaz lamentó haber olvidado la gasa con que lo habían vendado, que guardó para corroborar la veracidad de su testimonio.

En la Audiencia del 24 de julio, N. Z. relató su secuestro junto a su esposo y el cautiverio en la ESMA en agosto de 1979. En un momento, mostró al Tribunal un trozo de tela negra que sacó de su bolsillo izquierdo, explicando: "Me hacen sentar, lo que recuerdo de ese momento... porque me ponen esto. Esto es el "tabique", que yo lo conservo todavía, y arriba de esto una capucha". El Juez Ledesma preguntó con estupor si se trataba del mismo "tabique" y cómo lo había conservado: "Porque después, cuando pasamos a otro régimen [de detención en ESMA] y salíamos de "franco", teníamos que ir con el tabique a nuestra casa y al entrar ponerlo acá sobre la frente, o acá sobre los ojos, y posiblemente entre mis ropas, cuando me voy, sin darme cuenta, me lo llevo".

Los restos de aquello que se testimonia haber vivido toman por asalto la escena judicial trastocando sus estrategias y rituales, "distracciones" (propias y de los guardias) que sólo permanecen en los archivos judiciales porque disponemos del registro audiovisual. De manera inaudita, quienes contemplamos las imágenes del Juicio a las Juntas nos convertimos en testigos de esos vestigios, de los gestos que relacionan las palabras, los cuerpos y los trozos de tela raída, así como la voluntad de memoria y de justicia de quienes los "archivaron" a la espera de una escena propicia.

El archivo y las memorias, en tanto construcciones sociales, históricas y políticas, son puestos en cuestión o rescatados, desplazados o abiertos según transformaciones en la apreciación social de su importancia y su sentido. Como lugar de almacenamiento y conservación donde se realiza el pase de lo "privado" de la experiencia a lo público de los documentos (Ricoeur, ob. cit.), como estructura técnica que produce, registra y conserva el acontecimiento pasado como tal, constituye también una oportunidad a su recepción "desde el porvenir", como apuntaba Derrida (1997: 75). Como señalaba Feld (2002: 87-91) sobre el destino incierto del registro de este Juicio, a razones de orden práctico o tecnológico se sumaba una continuada práctica de destrucción o negligencia fundada en razones políticas. Sin embargo, la persistencia indolente del trabajo burocrático (Sarrabayrouse Oliveira, 2011) contribuyó con su "descuido" a preservar del expurgo el gran potencial cognoscitivo y reflexivo de los testimonios. En este sentido, los archivos son siempre "actuales".

La destrucción y ocultamiento de documentos bajo el terrorismo de Estado, los impedimentos para la investigación oficial, o la franca negación de los hechos por sus responsables, constituyen el trasfondo sobre el cual se enhebraron los testimonios de denuncia sobre el funcionamiento de los centros clandestinos, y los primeros indicios sobre la "desaparición" de las personas secuestradas. La palabra de los/las sobrevivientes cargaba la incomodidad y el dolor de un saber que –sin "pruebas materiales"– era resistido socialmente (Schmucler, 2019[1980]).

Mientras tanto, familiares y allegados denunciaban y reclamaban en los más diversos foros e instituciones, locales y extranjeras, colectiva o individualmente, y en ese transcurso fueron construyendo un archivo invaluable, amenazado siempre, por las políticas de destrucción de la dictadura, o por la falta de medios de resguardado apropiados, apilados en muebles familiares, en organizaciones de derechos humanos y, solo en las últimas décadas, en archivos específicos, como la Asociación Civil Memoria Abierta, el Archivo Nacional de la Memoria, las diferentes Comisiones provinciales o la Biblioteca Nacional. En la narración sobre la construcción de estos archivos precarios permanecen las huellas corporales, sensoriales y afectivas de experiencias que en ocasiones no es posible reconstruir de otro modo porque escapan a lo que consideramos historizable.

En la Audiencia del 16 de julio de 2003 del Juicio por la Verdad de La Plata, la búsqueda obstinada por parte de Nadia Vicentini, fundadora e integrante de Madres de Plaza de Mayo de La Plata, es "activada" en el marco del testimonio de su nieto, N. Y., hijo de Guillermo y Graciela, secuestrados en julio de 1977 y desaparecidos desde entonces. El joven, que tenía 4 años en aquel momento, fue convocado por el Tribunal a raíz de testimonios sobre la desaparición de Rodolfo Macek, un conocido de su padre, y se refiere a un "sueño recurrente":

> Hay algo, única sola cosa que a mí, podría decir que es como un sueño recurrente es que... yo estaba el día de la desaparición de ellos, en la casa donde fueron desaparecidos, y yo recuerdo, recuerdo el ingreso de gente. O sea, yo estaba hasta en la pieza donde yo, porque yo vivo en esa misma casa, en la pieza en la que hoy duerme mi hijo... y yo recuerdo el ingreso de alguien armado. Pero es como... nada, digamos, es esa sensación violenta, digamos, que eso es algo imborrable que me quedó, pero... que digamos, no... más allá de ese hecho.

La decisión del Juez Leopoldo Schiffrin de iniciar un expediente específico por el caso activa el archivo de denuncias y hábeas corpus presentados por Nadia, que el hijo/nieto trae consigo en una carpeta blanca. Mientras relata el derrotero de este "archivo", N. Y. cuenta cómo supo sobre esa noche en la que una patota secuestró primero a su abuela, a cuyo cuidado lo habían dejado esa noche, y luego a sus padres. Al año siguiente, Nadia testimonió también para reclamar la demora e indiferencia de la Justicia y las dificultades vividas en la búsqueda de su hijo y su nuera.

Entre los objetos insólitos y las carpetas repletas de diligencias frustradas, sueños infantiles recurrentes y tácticas distraídas se hacen cuerpo en los testimonios, desafiando la negación y al silencio cómplices que el Juez Schiffrin, en una de las audiencias, denominó como "un muro de palabras que no dicen nada".

Reverberaciones testimoniales en la escena judicial

Debido a la destrucción de documentos de las acciones de la dictadura, los testimonios de familiares y sobrevivientes de los centros clandestinos de detención y cárceles devienen palabra impostergable. Las/los testigos asumen la mayor carga social y afectiva de la tarea de reconstruir la violencia padecida, las memorias de resistencia y la búsqueda de sus seres queridos, cuyos efectos en el cuerpo y en la política, se extienden hasta el presente.

La centralidad de los testimonios reforzó la relación entre justicia y memorias, alterando las "normas del decir" o "encuadres institucionales" de las escenas ritualizadas, urdiendo temporalidades y tramas narrativas complejas, vasos comunicantes potencialmente activos en el presente. Las escenas del Juicio a las Juntas y del Juicio por la Verdad constituyen instancias en las que la solicitud de testimonios de "las víctimas" legitimó sus voces en el espacio público, a la vez que ellas/ellos mismos cuestionaban la subordinación que esa convocatoria suponía.

En este trabajo considero el modo en que el espacio público da preferencia, circunscribe y autoriza ciertas voces en diferentes momentos, y procuro recuperar el carácter contingente e histórico de esas legitimaciones y voces.

Ya eximidas de la persecución judicial tras los Indultos de 1989 y 1990, pero todavía sujetas al estigma social contra la militancia revolucionaria de "los setentistas", las voces de las/los sobrevivientes permanecen desconfiadas. Los prejuicios también obstaculizaron el reconocimiento de las identidades políticas previas de las personas desaparecidas, la identificación de las tramas de relaciones en las cuales participaban, y aún su propia identidad, desconocida en muchos casos para sus propias/os compañeras/os de militancia.

Aún resta recomponer esta red de relaciones políticas y personales, afectivas y familiares, una tarea en la que el movimiento de derechos humanos es central: desde acciones de rememoración, hasta estrategias jurídicas y políticas, acciones de reparación (económica y simbólica), creación y recuperación de archivos y registros institucionales, entre muchas otras. En ese pase del testigo que implica el propio acto de testimoniar, tiempo histórico y tiempo subjetivo reverberan entre sí, y al hacerlo actualizan la relación entre memorias, justicia y verdad de maneras siempre singulares.

Fuentes citadas

Memoria Abierta. Fondo Registro fílmico del Juicio a las Juntas Militares (Argentina, 1985).
Testimonio de Lucas Orfanó, Audiencia del 15 de mayo de 1985.
Testimonio de Estela Barnes de Carlotto, Audiencia del 16 de mayo de 1985.
Testimonio de Marta García de Candeloro, Audiencia del 11 de junio de 1985.
Testimonio de A. R., Audiencia del 27 de junio de 1985.
Testimonio de Francisco Díaz, Audiencia del 10 de julio de 1985.
Testimonio de N. Z., Audiencia del 24 de julio de 1985.
Memoria Abierta. Fondo Audiovisual del Juicio por la Verdad - La Plata (1999–2011).
Testimonio de V. L., Audiencia del 20 de noviembre de 2002.
Testimonio de N. Y., Audiencia del 16 de julio de 2003.
Testimonio de C. Z., Audiencia del 10 de septiembre de 2003.
Testimonio de Estela Barnes de Carlotto, Audiencia del 17 de marzo del 2004.
Testimonio de Nadia Vicentini, Audiencia del 9 de junio de 2004.
Testimonio de P. Z, Audiencia del 20 de octubre de 2004.
Testimonio de N. R., Audiencia del 20 de octubre de 2004.

Bibliografía citada

Ahmed, Sara (2015). *La política cultural de las emociones*. México: UNAM.
Álvarez, Victoria (2019). *¿No te habrás caído? Terrorismo de Estado, violencia sexual, testimonios y justicia en Argentina*. Málaga: UMA Editorial.

Álvarez, Victoria (2020). "Abordajes de la violencia sexual en los juicios por delitos de lesa humanidad en Argentina", *Estudos Feministas*, 28(3), 1–13. https://doi.org/10.1590/1806-9584-2020v28n60950

Álvarez, Victoria y Laino Sanchis, Fabricio (2020). "Maternidades en cautiverio. Experiencias de maternidad, embarazo y parto en centros clandestinos de detención durante la última dictadura militar argentina", *Mora*, (26), 7–28. https://doi.org/10.34096/mora.n26.10082

Amado, Ana (2003). "Herencias. Generaciones y duelo en las políticas de la memoria", *Iberoamericana, LXIX(202)*, 137–153. https://doi.org/10.5195/reviberoamer.2003.5690

Bacci, Claudia (2022a). *Subjetividad, memoria y verdad. Narrativas testimoniales en los procesos de justicia y de memoria en la Argentina de la posdictadura (1985–2006)*, Tesis de Doctorado, Facultad de Ciencias Sociales, Universidad de Buenos Aires [Inédita].

Bacci, Claudia (2022b). "Afectos justos: escenas del género y la justicia (Argentina, Perú, Guatemala)". *En: Testimonio, género y afectos: América Latina desde los territorios y las memorias al presente*, A. Oberti y C. Bacci (Comps.). Villa María: EDUVIM (pp. 187–218).

Balardini, Lorena, Ana Oberlin y Laura Sobredo (2011). "Violencia de género y abusos sexuales en los centros clandestinos de detención". *En Hacer Justicia: Nuevos debates sobre el juzgamiento de crímenes de lesa humanidad en Argentina*, CELS y CIJT (Ed.). Buenos Aires: Siglo Veintiuno (pp. 167–226).

Beverley, John (1999). "¿Nuestra Rigoberta? Autoridad cultural y poder de gestión subalterno". *En Subalternidad y representación. Debates en teoría cultural*. Madrid: Iberoamericana (pp. 103–126).

Calveiro, Pilar (1998). *Poder y desaparición. Los campos de concentración en Argentina*. Buenos Aires: Colihue.

Calveiro, Pilar (2006). "Testimonio y memoria en el relato histórico", *Acta Poética*, 27(2), 65–86.

Calveiro, Pilar (2008). "El testigo narrador", *Puentes*, (24), 50–56.

Calveiro, Pilar (2013). *Política y/o violencia. Una aproximación a la guerrilla de los años setenta*. Buenos Aires: Siglo XXI.

Cosse, Isabella (2010). *Pareja, sexualidad y familia en los años sesenta. Una revolución discreta en Buenos Aires*. Buenos Aires: Siglo XXI.

Crenzel, Emilio (2008). *La historia política del Nunca más: la memoria de las desapariciones en la Argentina*. Buenos Aires: Siglo XXI.

Crenzel, Emilio (2010). "Historia y memoria. Reflexiones desde la investigación", *Aletheia*, 1(1).

Crenzel, Emilio (2017). "La verdad en debate. La primacía del paradigma jurídico en el examen de las violaciones a los derechos humanos en la Argentina", *Política y Sociedad*, 54(1), 229–248. https://doi.org/10.5209/POSO.50367

D'Antonio, Débora (2016). *La prisión política en los años 70. Historia género y política.* Buenos Aires: Biblos.

Da Silva Catela, Ludmila (2014 [2001]). *No habrá flores en la tumba del pasado. La experiencia de reconstrucción del mundo de los familiares de desaparecidos.* La Plata: Al Margen.

Derrida, Jacques (1997). *Mal de Archivo. Una impresión freudiana.* Madrid: Trotta.

Farge, Arlette (1991). *La atracción del archivo.* Valencia: Edicions Alfons el Magnànim.

Feld, Claudia (2002). *Del estrado a la pantalla: Las imágenes del juicio a los ex comandantes en Argentina.* Madrid: Siglo XXI.

Feld, Claudia (2014). "¿Hacer visible la desaparición? Las fotografías de detenidos-desaparecidos de la ESMA en el testimonio de Víctor Basterra", *Clepsidra*, 1(1), 28–51.

Feld, Claudia y Marina Franco (2015). "Democracia y derechos humanos en 1984, ¿hora cero?". En *Democracia hora cero. Actores, políticas y debates en los inicios de la posdictadura*, Feld, C. y Franco, M. (dirs.). Buenos Aires: FCE (pp. 359–400).

Filc, Judith (1997). *Entre el parentesco y la política: familia y dictadura. 1976–1983.* Buenos Aires: Biblos.

Forcinito, Ana (2017). "El nudo de consentimiento: violencia sexual y nuevos paradigmas de interpretación en Argentina". *En Poner el cuerpo: rescatar y visibilizar las marcas sexuales y de género de los archivos dictatoriales del Cono Sur*, Ksenija, B., Forcinito, A. y Llanos, B. (eds.). Santiago de Chile: Cuarto Propio (pp. 187–199).

Forcinito, Ana (2018). "Testimonio y vulnerabilidad: hacia la construcción de saberes feministas", *Prácticas de oficio*, 1(21), 5–14.

Franco, Marina (2012). *Un enemigo para la nación. Orden interno, violencia y "subversión" (1973–1976).* Buenos Aires: FCE.

Galante, Diego (2019). *El Juicio a las Juntas: Discursos entre política y justicia en la transición argentina.* La Plata: UNLP; Posadas: UNM; Los Polvorines: UNGS.

Jelin, Elizabeth (2010 [1998]). *Pan y afectos: la transformación de las familias.* Buenos Aires: FCE.

Jelin, Elizabeth (2017). *La lucha por el pasado: Cómo construimos la memoria social.* Buenos Aires: Siglo XXI.

Jelin, Elizabeth (2021 [2002]). *Los trabajos de la memoria.* Buenos Aires: FCE.

Longoni, Ana (2007). *Traiciones. La figura del traidor en los relatos acerca de los sobrevivientes de la represión.* Buenos Aires: Norma.

Macón, Cecilia (2015). "Giro afectivo y reparación testimonial: El caso de la violencia sexual en los juicios por crímenes de lesa humanidad", *Mora*, 21(1).

Marcus, Sharon (1994). "Cuerpos en lucha, palabras en lucha: una teoría y una política de prevención de la violación", *Travesías*, 2(2), 79–102.

Memoria Abierta (2010). *Abogados, derecho y política*. Buenos Aires: Memoria Abierta.

Memoria Abierta (2012). "Y nadie quería saber". *Relatos sobre violencia contra las mujeres en el terrorismo de Estado*. Buenos Aires: Memoria Abierta.

Messina, Luciana (2014). "Entre innocence et héroïsme", Témoigner. *Entre histoire et mémoire*, (118), 128–134. https://doi.org/10.4000/temoigner.974

Oberti, Alejandra (2009). "Memorias y testigos. Una discusión actual". *En Memoria(s) y política. Experiencia, poética y construcciones de la nación*, de la Peza, M. (coord.). Buenos Aires: Prometeo (pp. 67–86).

Oberti, Alejandra (2015). *Las revolucionarias. Militancia, vida cotidiana y afectividad en los setenta*. Buenos Aires: EDHASA.

Oberti, Alejandra (2022). "Partos: el recuerdo como acto de creación". *En Testimonios, género y afectos. América Latina desde los territorios y las memorias al presente*, Oberti, A. y Bacci, C. (comps.). Villa María: EDUVIM (pp. 305–334).

Oberti, Alejandra y Pittaluga, Roberto (2006). *Memorias en montaje. Escrituras de la militancia y pensamientos sobre la historia*. Buenos Aires: El Cielo por Asalto.

Osborne, Raquel (2009). *Apuntes sobre violencia de género*. Barcelona: Ediciones Bellaterra (cap. 2, pp. 51–82).

Passerini, Luisa (2006). *Memoria y utopía. La primacía de la intersubjetividad*. Valencia: Universitat de Valencia.

Passerini, Luisa (2008). "Connecting Emotions. Contributions from Cultural History", *Historein*, (8), 117- 127. https://doi.org/10.12681/historein.44

Peller, Mariela (2023). *La intimidad de la revolución. Afectos y militancia en la guerrilla del PRT-ERP*. Buenos Aires: Prometeo.

Portelli, Alessandro (2004). *La orden ya fue ejecutada: Roma, las Fosas Ardeatinas, la memoria*. Buenos Aires: FCE.

Regueiro, Sabrina y Villalta, Carla (2015). "Una densa trama jurídico-burocrática. El circuito institucional de la apropiación criminal de niños". *En ¿Usted también, Doctor? Complicidad de jueces, fiscales y abogados durante la dictadura*, Bohoslavsky, J. P. (ed.). Buenos Aires: Siglo Veintiuno (pp. 163–180).

Ricoeur, Paul (2004). *La memoria, la historia, el olvido*. Buenos Aires: FCE.

Rousso, Henry (2016). *Face au passé. Essai sur la mémoire contemporaine*. Paris: Belin.

Sarlo, Beatriz (2005). *Tiempo pasado: cultura de la memoria y primera persona*. Buenos Aires: Siglo XXI.

Sarrabayrouse Oliveira, María José (2011). *Poder judicial y dictadura: el caso de la Morgue Judicial*. Buenos Aires: Del Puerto; CELS.

Schmucler, Héctor (2019[1980]). "Testimonio de los sobrevivientes". *En La memoria, entre la política y la ética. Textos reunidos de Héctor Schmucler (1979–2015)*, Papalini, V. (Ed.). Buenos Aires: CLACSO (pp. 69–80).

Spivak, Gayatri C. (2010). *Crítica de la razón poscolonial. Hacia una historia del presente evanescente*. Madrid: AKAL.

Sutton, Bárbara (2018). *Surviving State terror. Women's testimonies of repression and resistance in Argentina*. Nueva York: New York University Press.

Vasallo, Martha (2008). "Militancia y transgresión". *En De minifaldas, militancias y revoluciones. Exploraciones sobre los 70 en la Argentina*, Andújar, A., D'Antonio, D., Gil Lozano, F., Grammático, K., Rosa, M. L. (comps.). Buenos Aires: Luxemburg (pp. 19–32).

Vezzetti, Hugo (2009). *Sobre la violencia revolucionaria. Memorias y olvidos*. Buenos Aires: Siglo Veintiuno.

Los/as autores/as
(presentados/as según el índice del libro)

EMILIO CRENZEL Investigador Principal del Consejo Nacional de Investigaciones Científicas y Técnicas (CONICET) y Profesor de la Carrera de Sociología de la Facultad de Ciencias Sociales de la Universidad de Buenos Aires. Autor de Pensar los 30.000 Que sabíamos sobre los desaparecidos durante la dictadura y que ignoramos todavía (Siglo XXI); La historia política del Nunca Más. La memoria de las desapariciones en Argentina (Siglo XXI) traducido al Inglés, francés, italiano y portugués; Memorias enfrentadas: el voto a Bussi en Tucumán (Universidad Nacional de Tucumán); El Tucumanazo (Centro Editor de América Latina, y Universidad Nacional de Tucumán). Editó, junto a Eugenia Allier, Las luchas por la memoria en América latina: historia reciente y violencia política (Universidad Nacional Autónoma de México) traducido al inglés y, junto a Camillo Robertini, Historia y Memoria de la represión contra los trabajadores en Argentina. Consentimiento, oposición y vida cotidiana (1974–1983) (Peter Lang). Publicó artículos sobre historia reciente y memoria temas sobre los que dictó conferencias en universidades de América latina, los Estados Unidos y Europa.

GISELA CARDOZO Doctoranda en Derechos Humanos, becaria del Consejo Nacional de Investigaciones Científicas y Técnicas (CONICET) y de la Universidad Nacional de Lanús, Argentina. Magíster en Derechos Humanos en la Universidad Nacional de Lanús, Licenciada y Profesora en Ciencia Política por la Universidad de Buenos Aires. Tiene una vasta experiencia en organizaciones de la sociedad civil con énfasis en derechos humanos, memoria social, educación y migraciones. Es miembro del Consejo para la Prevención de la Tortura de la Ciudad Autónoma de Buenos Aires y forma parte de las Comisiones Directivas de la Asamblea Permanente por los Derechos Humanos (APDH Argentina), de Memoria Abierta (Argentina) y de Equipos y Comunidades de Acción por la Paz (ECAP USA).

DIEGO GALANTE Doctor en Ciencias Sociales (Universidad de Buenos Aires), magíster en Ciencia Política (IDAES-Universidad Nacional de San Martín) y licenciado en Sociología (Universidad de Buenos Aires). Es docente-investigador de la Facultad de Ciencias Sociales de la Universidad de Buenos, y miembro del Grupo de Estudios sobre Memoria Social e Historia Reciente del Instituto de Investigaciones Gino Germani. Ha colaborado en distintos programas de investigación dedicados al análisis de las memorias sociales y las violaciones a los derechos humanos en Argentina. Sus trabajos han indagado en las relaciones entre memorias sociales, discurso político, y justicia transicional en la historia argentina reciente. Es autor de El Juicio a las Juntas: Discursos entre política y justicia en la transición argentina, La Plata, Posadas, Los Polvorines: UNLP, UNaM, UNGS (2019).

FABRICIO LAINO SANCHIS Doctor en Historia por la Escuela Interdisciplinaria de Altos Estudios Sociales de la Universidad Nacional de San Martín y Profesor de Historia de la Facultad de Filosofía y Letras de la Universidad de Buenos Aires. Se desempeña como investigador del Consejo Nacional de Investigaciones Científicas y Técnicas (CONICET) y como docente e investigador en la Universidad de Buenos Aires y la Universidad Nacional de José C. Paz. En su investigación doctoral ha indagado en las transformaciones históricas de los procesos de búsqueda y restitución de las personas apropiadas en su temprana infancia durante el terrorismo de Estado en la Argentina, analizando los cambios y continuidades en las formas del activismo, las políticas públicas y los discursos sobre el tema. Ha publicado artículos en revistas especializadas de Argentina y el exterior. Es co-compilador de Arte y Memoria. Abordajes múltiples en la elaboración de experiencias difíciles (EUFyL, 2021).

AYELÉN MEREB Es Licenciada en Sociología por la Universidad de Buenos Aires (UBA) y Doctora en Ciencias Sociales por la Universidad Nacional de La Plata (UNLP). Integra el Grupo de Estudios sobre Historia Reciente y Memorias Sociales en el Instituto de Investigaciones Gino Gemani (IIGG-UBA), la Comisión de Memoria CCT Patagonia Norte-CONICET, y es docente del Instituto de Educación Superior N°813 (Chubut). Participa de proyectos de investigación vinculados al campo de la historia reciente y memorias sociales en las Universidades Nacionales del Comahue y Buenos Aires. Sobre estas temáticas ha publicado el libro: ¿Paraíso mágico y natural?: Historia y memorias de la represión política en El Bolsón (1974–2012). La Plata: Universidad Nacional de La Plata. Facultad de Humanidades y Ciencias de la Educación; Posadas: Universidad Nacional de Misiones; Los Polvorines: Universidad Nacional de General Sarmiento así como artículos en revistas de alcance nacional e internacional.

CECILIA VÁZQUEZ LAREU Es licenciada en Sociología por la Facultad de Ciencias Sociales de la Universidad de Buenos Aires (egresada con diploma de honor). Actualmente es doctoranda en Ciencias Sociales por la Universidad de Buenos Aires y becaria doctoral CONICET desde el 2021, con el proyecto: "Los desaparecidos de Ford". Una experiencia de lucha obrera y familiar por la verdad y la justicia (1976–

2003). Desde el 2017 integra el grupo de estudios sobre Historia Reciente y Memoria dirigido por Emilio Crenzel. Se desempeña como ayudante de primera en la materia La Construcción Social de la Memoria Colectiva en la Facultad de Ciencias Sociales (UBA). Es co-autora del libro «Memoria, Verdad y Justicia: herramientas para la comunicación desde los Derechos Humanos» (2019) y ha participado como organizadora y expositora en distintos eventos académicos orientados a temas de Historia reciente y Memoria.

CLAUDIA CALVO Doctora en Ciencias Sociales, Magister en Investigación en Ciencias Sociales, profesora y Licenciada en Sociología por la Facultad de Ciencias Sociales de la Universidad de Buenos Aires. Integra el "Grupo de Estudios Memoria social e Historia Reciente" y el "Grupo de Estudios del Trabajo de la Facultad Latinoamericana de Ciencias Sociales" en el Instituto de Investigaciones Gino Germani de la Universidad de Buenos Aires. Participa del Proyecto Insumisas de la Tierra, coordinado por Memoria Abierta y la Asociación de Mujeres de la Tierra que documenta la historia oral de las mujeres rurales en Argentina. Coordina la Colección Audiovisual de testimonios de Mujeres de las Ligas Agrarias y el Movimiento Rural Cristiano. Docente de Teoría Social y Teoría Social Latinoamericana de la Facultad de Ciencias Sociales de la Universidad de Buenos Aires co-dirige el Proyecto Estado y Estructura de Clases en América Latina: la pervivencia de los debates históricos en la actualidad (PRI/FSOC-UBA).

VANESA GARBERO Doctora en Ciencias Sociales por la Universidad de Buenos Aires y Magister en Sociología. Se desempeña como investigadora asistente en el Consejo Nacional de Investigaciones Científicas y Técnicas (CONICET) y como profesora asistente en la Facultad de Ciencias Sociales de la Universidad Nacional de Córdoba (UNC), donde imparte clases en los niveles de grado y posgrado. Además, coordina el Programa de Estudios sobre la Memoria del Centro de Estudios Avanzados de la misma universidad. Ha publicado artículos en revistas indexadas, tanto a nivel nacional como internacional, así como capítulos de libro sobre políticas públicas de memoria, espacios de memoria en Córdoba y los procesos de significación, uso y apropiación de estos sitios por parte de la ciudadanía. Ha realizado dos estancias de investigación en Madrid, España, con becas posdoctorales del Madrid Institute for Advanced Study (MIAS), la Fundación Carolina y el Ministerio de Educación de Argentina.

ROSSANA NOFAL Doctora en Letras por la Universidad Nacional de Tucumán (UNT), Investigadora Independiente del CONICET con sede en el Instituto de Investigaciones sobre el lenguaje y la cultura de dicha universidad. Profesora titular de la cátedra de Literatura Latinoamericana en la Facultad de Filosofía y Letras de la UNT. Directora de la carrera de Doctorado en Letras y de proyectos de investigación sobre memoria y dictadura radicados en el Instituto Interdisciplinario de Estudios Latinoamericanos de la UNT. Integra el Consejo Editorial de la Revista Telar del IIELA. Fue vicedecana de la Facultad de Filosofía y Letras de la UNT entre 2010 y 2014 y directora de EDUNT editorial de la UNT entre 2014 y 2022. Fue Premio Bernardo Houssay a la Investigación Científica y Tecnológica de la Nación, categoría Investigador Joven en 2003. Es autora de los libros: La escritura testimonial en América latina. Imaginarios revolucionarios del sur (UNT, 2000) y Cuentos de guerra (Universidad Nacional del Litoral, 2022)

VERÓNICA ESTAY STANGE Es profesora de semiótica en la Universidad París Cité, (laboratorio PHILéPOL) Doctora en lengua y literatura francesas con posdoctorado en semiótica del arte. El primer eje de su investigación está centrado en la transversalidad de las formas estéticas y en su evolución del Romanticismo al arte contemporáneo. El segundo eje está dedicado a la relación entre arte y política, en el marco de las reflexiones sobre la memoria y la posmemoria de los grandes traumas colectivos en América Latina (Chile, Argentina). Ha coordinado quince publicaciones colectivas, y es autora de alrededor de setenta artículos y de los libros Sens et musicalité. Les voix secrètes du symbolisme (París, Classiques Garnier, 2014), La musique hors d'elle-même. Le paradigme musical et l'art contemporain (Classiques Garnier, 2018), La resaca de la memoria (Santiago de Chile, LOM, 2023) y De Papudo al infierno (LOM, 2024).

CLAUDIA BACCI Socióloga y Doctora en Ciencias Sociales por la Universidad de Buenos Aires (UBA). Profesora en la Carrera de Sociología (Facultad de Ciencias Sociales, UBA), y en posgrados (Universidad Nacional de La Plata y Universidad Nacional de Tres de Febrero). Es Investigadora del Instituto de Estudios de América Latina y el Caribe (Facultad de Ciencias Sociales, UBA) donde tiene sede como Becaria Posdoctoral (Extraordinaria) del Consejo Nacional de Investigaciones Científicas y Técnicas (CONICET). Integra proyectos de investigación financiados, nacionales e internacionales. Su investigación actual articula estudios de género y de memorias, desde perspectivas teóricas feministas, en el análisis de los procesos de memoria y justicia en la Argentina. Publicó artículos, capítulos de libro, y libros en coautoría "Y nadie quería saber". Relatos sobre violencia contra las mujeres en el terrorismo de Estado (Memoria Abierta, 2012), y Testimonio, género y transmisión: América Latina desde los territorios y las memorias al presente (EDUVIM, 2022).

www.ingramcontent.com/pod-product-compliance
Lightning Source LLC
Chambersburg PA
CBHW021836220426
43663CB00005B/279